LE DERNIER TABLEAU
DE WANG WEI

ARIANE BUISSET

Le Dernier Tableau de Wang Wei

CONTES DE L'ÉVEIL

Albin Michel

22, rue Huyghens, 75014 Paris

ISBN 2-226-03426-9

INTRODUCTION

Le Cœur Unique

Tous les personnages de ces histoires se posent une question. Wang Wei cherche ce qu'est l'art suprême, Esshun ce qu'est le véritable amour, Raju ce qu'est une cruche, Ananda ce qu'est le Bouddha, Job ce qu'est le mal, Hakuin ce qu'est l'enfer, Chunda ce qui ne meurt pas, Habib ce qu'est le bleu du ciel, et Couperin ce qu'est cette barrière qui nous divise.

Apparemment tout les sépare, que ce soit leur nationalité, leur époque ou leur culture, cependant c'est de la même façon qu'ils découvrent que, pour résoudre leur problème, il leur faut faire preuve de vaillance et de détermination, traverser la peur et l'ignorance, être vigilants, patients et adhérer totalement aux situations. Alors la réponse jaillit, mais il n'y en a qu'une, voilà la merveille. C'est ce « Cœur Unique », qui seul peut unifier les contraires et faire fondre les oppositions fallacieuses qui se présentent à l'esprit. C'est la source de toutes les religions, qu'on l'appelle Dieu, Allah ou Nature-de-Bouddha.

Face à ce Cœur Unique, le héros ne peut faire que comme les détectives devant le mystère de l'insaisissable Fugen Bosatsu : soit il se cramponne aux normes ordinaires, soit il les abandonne et s'incline, pour se laisser pénétrer par cet amour inexplicable qui imbibe chaque parcelle de l'univers. Alors le Cœur Unique le réveille à sa propre perfection et le métamorphose, car il est intelligence du cœur, réconciliation.

Bien que des sutras classiques ou des textes chrétiens

connus aient servi de références à ces récits, il sont tous imaginaires et n'ont de prétention ni à l'histoire, ni à l'érudition. Ce sont des contes d'éveil, la plus aventureuse des aventures !

Si le lecteur, à la suite de ces héros qui mènent tous leur quête jusqu'au bout, réussit à identifier la question qui est la sienne et part à la recherche de ce cœur ultime, qui est aussi le sien, leur but aura été atteint !

LE DERNIER TABLEAU DE WANG WEI

Oui, c'est moi Li-Tchao, le dernier disciple de Wang Wei. Non, ne reculez pas, je ne suis pas un fantôme. Pourtant, si je vous disais mon âge, vous auriez peine à le croire. Non, je ne suis pas un guide anonyme. Mais je réserve la vérité à celui qui me plaît. Et lorsque je vous ai vu, vous m'avez tout de suite plu. Ce n'est pas parce que vous vouliez connaître Wang Wei, cela ils le veulent tous, les historiens, les critiques d'art, les visiteurs, c'est parce que vous utilisiez la bonne méthode. Pour éclaircir le mystère des êtres, il suffit souvent de refaire leurs gestes scrupuleusement. Alors on voit, par soi-même, dans leur cœur. Vous avez fait l'effort de monter jusqu'ici par le sentier abrupt de la montagne qu'il utilisait lui, et non pas par cette espèce de route affreuse qu'on a construite depuis pour la foule de ses admirateurs, vous avez voulu voir son ermitage en dehors des heures de visite et vous êtes resté pour cela tard dans la nuit, vous vous êtes assis, solitaire sur la terrasse, et vous avez regardé la lune monter dans le ciel, exactement comme il le faisait si souvent... D'ailleurs, en vous voyant ainsi tout à l'heure, les jambes croisées, le dos droit, comme un mince pilier sur lequel est accrochée la tente céleste, un instant j'ai cru qu'il était revenu et que c'était lui ! Je l'ai tant surpris à cette place, dans cette attitude... sans doute vous peignez aussi...

Le grand secret, bien sûr, ils veulent tous le savoir ! « Et pourquoi Wang Wei ne nous a-t-il rien laissé ? Et comment se fait-il que toute l'œuvre du plus grand peintre de la dynastie T'ang ait disparu ? Et pourquoi n'avons-nous de lui que deux infâmes copies ?» Voilà ce que j'entends toute la journée, bien que les siècles aient passé ! Vous n'avez pas idée des sornettes que les mandarins d'université ont inventées ! Comme toujours lorsqu'ils ne savent pas, ils se plongent dans les livres et ils disent n'importe quoi. Selon eux, Wang Wei aurait utilisé de la soie si fine et des enduits si révolutionnaires que toute son œuvre serait tombée rapidement en poussière. Lui, le plus grand technicien de son époque, l'auteur de tant de traités sur le travail préparatoire ! C'est risible ! Ou bien, autre hypothèse, ses rouleaux auraient été tout simplement égarés. Égarés ! Je ne vous le fais pas dire ! Il y a de quoi hausser les épaules ! Égare-t-on la lune ? Égare-t-on un trésor ? Ceux qui disent cela ont oublié que, nous, Chinois, nous avons le culte de la préservation. Voyez mon âge, c'est étonnant n'est-ce pas ? Et ceci rien qu'en respirant au rythme de la nature ! Certains disent que la gymnastique taoïste rend immortel... C'est faux ! Je suis juste très, très vieux. J'ai succédé à mon maître qui, lui, était immortel. D'ailleurs, il est mort !

Mais je m'égare, j'étais en train de vous expliquer la conservation des œuvres d'art chez nous. Pour ce qui est des peintures, nous les roulons dans plusieurs épaisseurs de tissu brodé, puis nous les mettons dans des boîtes de laque, les boîtes dans des coffres, les coffres dans des bibliothèques et la clef des bibliothèques dans la poche du maître de maison. Que voulez-vous de mieux ? Nous n'avons pas, comme vous, la vulgarité d'exposer les œuvres de nos grands artistes sur les murs, là où n'importe quel rustre pourrait les voir, n'importe quelle lumière en ternir les couleurs. Non ! Nous nous préparons longuement à la contemplation d'une peinture. Nous écoutons des poèmes, nous jouons du luth, nous buvons quelques coupes du meilleur vin ou du meilleur thé. Et lorsque notre esprit est prêt, nous faisons silence. Alors l'ouverture de la bibliothèque, du coffre, de la boîte, le dépliage des divers tissus, est comme le déshabillage d'une femme par son bien-aimé. Croyez-vous que le monde va s'ouvrir pour vous, comme cela, d'un seul coup ? Nous savons bien, nous, que sans cette sorte d'approche, nous ne serions pas capables de nous hisser jusqu'à la vision juste. Nous ne pourrions pas voir ce qu'un seul parmi nous a pu voir et dont il ne nous laisse que le reflet. Toute l'œuvre de Wang Wei était une porte !

Vous ne me croyez pas ? Pourtant si, je sens que vous êtes proche de cette attitude. Sinon que feriez-vous ici, à cette heure, dans cette position ? Vous savez, si vous continuez de la sorte à sonder votre propre cœur, à approfondir votre propre vision dans le silence de la nuit, vous n'aurez même pas besoin de mes paroles pour comprendre le secret. Vous en aurez la révélation tout seul. Je le sais. Je vois bien que vous n'êtes pas comme ces sots historiens. J'ai toujours envie de leur dire : « Messieurs, quand les œuvres de tant de peintres mineurs ont été préservées avec cette délicatesse fanatique dont nous sommes les seuls capables, comment pouvez-vous supposer que les paysages de Wang Wei qui étaient déjà des trésors nationaux de son vivant se soient perdus ! Ne savez-vous pas qu'en Chine la peinture est un art qui se doit d'être éternel, parce qu'il résume la grande circulation du souffle dans l'univers ? Parce qu'il est aussi nécessaire au bon fonctionnement des saisons que le soleil et les planètes ? Parce que c'est un art sans lequel ne peut se produire aucune germination ? Sans lequel les fleuves, les montagnes, les rochers, les oiseaux, les plantes et les insectes ne peuvent dire ce qu'ils sont, car ils n'ont que notre bouche pour s'exprimer ! Sans lequel la terre entière reste muette et geint dans un état d'incomplétude dont seul l'homme peut la tirer ! »

Il ne nous reste que deux infâmes copies de Wang Wei, une pincée de poèmes et des traités. Les copies, je n'ai nul scrupule à les qualifier de la sorte, car c'est moi, Li-Tchao, qui les ai exécutées. Ces reproductions, l'une d'un village sous la neige et l'autre d'une barque entre des roseaux, sont un si piètre témoignage du génie du maître, que seul lui pouvait me convaincre de les garder. Elles sont comme les premiers traits d'un écolier qui apprend à écrire. Il ne sait pas régler sa respiration sur la pression du pinceau. Il a le corps rigide et tous les muscles noués. Il est enfermé dans lui-même et ne sait regarder ni à droite ni à gauche. Il est, dans toute sa personne, l'obstacle qui le sépare du grand souffle de l'univers... « Bravo », me dit Wang Wei, « conserve-les, l'erreur est une chose sublime ! » Je les gardai donc, non pas en souvenir de lui, mais en souvenir de moi.

Il ne nous reste... Que nous reste-t-il ? Le savez-vous ? Je voudrais que vous le sachiez ! Ce qui nous reste est tellement incommensurable ! Vous ne pouvez pas le concevoir, vous ne pouvez pas l'imaginer ! C'est aussi clair que cette lune que vous regardez ! Le secret de Wang Wei était dans la lune, justement. Mais je ne vous dirai que le début de l'histoire. Le reste, vous allez le deviner. Ah, oui ! c'est bien le secret des secrets. C'est un secret qui dépasse de beaucoup celui de la disparition de quelques tableaux ! C'est le secret de mon maître ! C'est le vôtre, peut-être...

Oui, c'est cela, installons-nous confortablement. Nous avons toute la nuit n'est-ce pas ? Voyez comme la nuit se creuse doucement. Les étoiles s'allument. La brise caresse vos joues... Entendez la cloche du monastère... Les moines se rendent à la méditation du soir... Voyez ces lignes infimes, couleur d'ardoise, qu'on distingue à peine dans l'obscurité... eh bien, si petites, elles sont tout un village de trois cents âmes, avec deux puits et un grenier !... Ah, vous ne vous en seriez pas douté, car d'ici ce ne sont que trois pointillés à l'horizontale ! Mais c'est que vous ignorez encore les vraies lois de la perspective, sur lesquelles Wang Wei composa un traité.

Il fut le premier à remarquer qu'un simple trait peut rendre toute la hauteur du mont Song ou la petitesse d'un saint homme bouddhiste, selon l'endroit où il est placé. Avant lui, on aurait dessiné le village très gros et l'arbre tout petit, parce qu'on les « sait » ainsi. Mais il a osé « voir », et oublier tout ce qui était appris. Il nous a montré que la taille des objets varie en fonction de leur éloignement, et que c'est un vice de l'esprit, bref un mensonge, de leur attribuer une importance en fonction de ce que le raisonnement nous fait croire, ou de l'attachement particulier que nous leur portons. Lorsque nous peignons, nous devons oublier qu'il nous a fallu plusieurs jours pour gravir la montagne, ou que nous pouvons écraser la fourmi sous notre talon. Les véritables lois de l'univers sont celles qui se révèlent au regard purifié de toute croyance et de tout souvenir : deux puits, un grenier dans ce village. Même si nous le savons, nous ne devons pas les faire, car ils sont seulement dans l'œil de notre mémoire ! De même, à cette distance, le contremaître barbu perd sa barbe, il perd son bâton, et quelle que soit sa position sociale ce n'est qu'un point, comme le paysan son voisin !

Alors mon ami, dites-moi, faites-vous partie de ceux qui « observent » ou de ceux qui « savent » ? Comment peignez-vous ? Est-ce que votre main tremble quand vous dessinez le mont Song, car il vous semble que c'est un motif de première importance, et fait négligemment les quelques brins d'herbe au premier plan ? Est-ce que vous vous dites : « Tiens, cette tache-là est un être humain, il ne faut absolument pas la rater », avec toute la crispation qui en résulte, tandis que vous brossez son vêtement ou un pli de colline avec aisance ? Qui vous a dit ce qui est un sujet et ce qui n'en est pas un ? Allons, avouez ! Et puis non, ce n'est pas si simple. Il ne suffit pas de redevenir véridique, de s'affranchir des détails et de suggérer, c'est-à-dire de voir d'un œil neuf, il faut aussi nettoyer son cœur.

Reprenons cette tache. Vous avez regardé, donc vous ne lui avez fait ni sourcils, ni moustache. Mais c'est un homme ! Comment va-t-on le distinguer justement du piquet qui est tout à côté ? Vous vous le demandez ? Eh bien je vais vous donner la réponse. Il faut tout oublier, certes, avec sa tête, mais il ne faut rien oublier avec son cœur. Il faut que votre cœur, tout en faisant ce point infime, exactement tel qu'il est, « sache » qu'il s'agit d'un homme, qu'en faisant ces trois pointillés, il « sache » que ce sont les toits d'un village de trois cents âmes et qu'à cet instant la cloche du monastère sonne. Savoir c'est « être », au même instant, au même endroit !

Si votre cœur est un avec ce minuscule point, ce minuscule point est un homme ! N'hésitez pas à faire ce minuscule point, tout le monde le reconnaîtra ! Si votre cœur est un avec ces pointillés, sans se poser la moindre question au moment où il les fait, ces pointillés sont des toits ! Mais il faut que vous-même, vous ne soyez plus rien. Que vous acceptiez de changer de forme. Que toute connaissance ait été érodée, réduite en cendres. De cette façon, c'est le pinceau qui bouge à travers vous. Il ne reste plus que l'action, l'action qui meut l'univers, le souffle en un mot.

Mais je m'éloigne encore et j'anticipe. Car tout cela, je mis longtemps à le comprendre. Il fallut bien de la patience à Wang Wei pour me l'enseigner, non par des paroles, ainsi que je viens de le faire, mais par ses gestes. Nous autres Chinois, nous sommes taciturnes en ce qui concerne les grandes choses et il nous semble que plus une chose est vraie, moins elle est exprimable. Lorsque vous avez totalement maîtrisé un art, que pouvez-vous en dire ? Rien. Il fait tellement corps avec vous que vous ne savez même plus ce que vous savez. Le but de Wang Wei avait toujours été d'accéder à une ignorance totale, c'est pourquoi il avait peu d'élèves. Il n'y a que l'ignorant qui parle, celui qui cherche enseigne, et celui qui a trouvé se tait. C'est ainsi. Et comme le disait Wang Wei :

> Quand le bambou est totalement un bambou,
> Ce n'est plus un bambou,
> Et quel merveilleux bambou c'est là,
> Ce bambou semblable à nul autre !

Comment avec toutes ses réticences face au rôle d'enseignant Wang Wei m'accepta-t-il, moi, parmi ses élèves ? Moi, le plus rustre, moi, le moins doué ! Moi qui sortais d'une obscure famille de paysans, alors que tant de fils de lettrés l'accablaient de lettres de recommandation pour accéder à son atelier ? Laissez-moi vous raconter cette anecdote.

Nous étions tous dans la pièce principale de cet ermitage où Wang Wei passait le plus clair de son temps. Pièce, le mot est bien pompeux, car le sol était de terre battue et il n'y avait pas le moindre mobilier, à part une natte de paille, une table basse et un buffet de bois brut dans lequel Wang Wei entreposait une partie de son matériel et quelques lampes. Monter jusque-là n'avait pas été facile, mais la plupart de mes compagnons s'en étaient tirés moins bien que moi, car j'ai l'habitude de la vie au grand air et des travaux physiques. De plus, mes vêtements sales et déchirés ne me gênaient pas, comme les robes de soie dont ces jeunes nobles s'étaient, par déférence, affublés. Nous étions douze, et je dois avouer que je décidai de prime abord que je n'avais aucune chance, car je n'ai fait aucune étude digne de ce nom et ma performance au pinceau est des plus médiocres. N'était ce désir ardent d'être peintre, rien ne m'aurait poussé à m'exposer à la honte, pire que tout, d'être ridiculisé en public.

D'où cette idée m'était-elle venue ? Je n'en sais rien, mais je sais qu'enfant déjà je regardais fleurir les campanules avec une extase muette qui me forçait, comme malgré moi, à tenter de les reproduire sur des bouts de bois plats, des écorces et des morceaux de poterie. J'utilisais les seuls pigments que je pouvais m'offrir : des mélanges de terre et de pierre broyée de mon invention. Quand il me surprenait occupé ainsi, mon père se mettait dans une grande colère, mais même la peur que j'avais de lui ne pouvait me retenir d'essayer à nouveau de retranscrire avec mes faibles moyens les beautés fugaces que je voyais défiler devant moi et qui semblaient, hélas, échapper à tous les regards sauf au mien. Le monde me semblait extraordinairement beau. J'étais sans cesse émerveillé. C'est cela que je voulais montrer. J'en étais amoureux fou !

Quand on regarde un pétale de fleur, c'est toujours différent. Certains sont complètement transparents, d'autres opaques, d'autres marqués de fines rides ou plissés sur les bords. Leur couleur est toujours pure. S'agit-il de papillons, s'agit-il de fleurs ? J'aimais les plus diaphanes, les pavots qui font éclater leur bourgeon comme de la soie fripée. Je me demandais par quel miracle la lumière réussissait à les défroisser. Je restais des heures à guetter. Mais mes pauvres essais de peintre n'arrivaient jamais à évoquer fût-ce un lointain souvenir des perfections que je contemplais. Je n'étais jamais satisfait. Mon père n'était point impressionné. Pourtant, à travers moi, le monde entier cherchait une bouche. Je n'étais conscient que de cela. De la façon la plus douloureuse. Cela valait bien tous les efforts pour escalader la montagne de Wang Wei et tous les quolibets auxquels je me préparais !

« Messieurs », dit Wang Wei, qui avait l'intention de n'accepter personne, « l'épreuve sera difficile, et si nul ne satisfait au niveau requis, rien ne saurait me forcer à prendre un apprenti pour le simple plaisir de combler un poste vacant. Le sujet est laissé à votre libre disposition. Vous pouvez commencer quand vous voulez et vous installer où bon vous semblera, mais quand le soleil aura touché cette cime d'arbre, vous devrez avoir fini. » Tous s'inclinèrent, et Wang Wei, avec son air glacial, passa dans la pièce à côté qui comportait, je l'appris plus tard, une issue par laquelle il s'esquivait dans la montagne, dès qu'il apercevait un visiteur importun. Ce n'est point qu'il fût misanthrope, comme cette réception aurait pu le faire supposer, au contraire, il était capable de se montrer charmant, et même bouffon, de la manière la plus déconcertante, avec ses amis ; mais il aimait plus que tout la solitude des pics que nulle pensée ne vient troubler, il aimait pouvoir utiliser les heures à sa guise, quitte à ne pas manger plusieurs jours d'affilée quand l'inspiration le prenait ; il voulait pouvoir courir se laver à l'aube dans le torrent glacial ou passer la nuit face à la lune, sans avoir de comptes à rendre à personne. C'était un homme de liberté.

Après toutes ces heures en compagnie de la nudité formidable de la nature, après tant d'aurores et de tempêtes zébrant le ciel et révélant d'un coup la profondeur de la nuit, les paroles lui semblaient mesquines. Bavarder était une façon intolérable de perdre son temps, de se rendre sourd à ce que la grande voix des saisons aurait pu nous dire.

Ce jour-là, Wang Wei était particulièrement bougon. Ce n'était pas un mais douze imbéciles qui avaient profané sa retraite, tous, sauf un, munis d'abondantes lettres de recommandation qu'on ne pouvait ignorer plus longtemps, sinon en se faisant, en ville, une somme d'ennemis incalculable. D'ordinaire Wang Wei filait par la porte de derrière, et il en avait à peine franchi le seuil que son visage de marbre reprenait des couleurs, son pas se faisait dansant, et il gravissait la montagne en s'esclaffant. Il courait ainsi rejoindre son ami Pei-Ti, le poète, qui vivait sur le sommet d'en face, à quatre heures de marche de là, une broutille pour un gaillard comme Wang Wei. Il vidait avec lui quelques coupes, échangeait des vers et se livrait à toutes ces formes de commerce agréables que seuls peuvent connaître deux « routards » de la vie... Ils ne parlaient que de ce qui est essentiel — la mort, la vie, la beauté, la vieillesse, l'homme dans son mystère en un mot — à partir de « minuscules » événements, et se taisaient le reste du temps. C'était le procédé inverse de celui que ses visiteurs et ceux des villes adoptaient, qui consiste à disserter beaucoup sur de « grands » événements sans mentionner l'essentiel. « À la longue, la question ultime est tue depuis si longtemps qu'il devient inconvenant de la mentionner, et qu'on se demande même si elle existe ! » disait Wang Wei avec mépris.

Comme lui et Pei-Ti appartenaient à la même race, c'est-à-dire celle des sauvages civilisés, si Wang Wei trouvait une pierre blanche devant la porte de son ami, il frappait ou partait à sa recherche, si la pierre était noire, il rentrait chez lui, car l'autre ne voulait pas être dérangé. Une fois il avait trouvé les deux pierres côte à côte. Pei-Ti avait voulu lui poser une énigme. Wang Wei entra donc en prétendant que ce n'était pas lui, mais un importun qu'ils se partageaient, et il se mit à mimer avec tant de conviction les tics verbaux et la démarche du bonhomme que Pei-Ti se prit au jeu et lui donna la réplique. Leur rire devint si incontrôlable que seules quelques bonnes rasades purent l'arrêter. Depuis, Pei-Ti, qui avait pris goût à la performance, avait réitéré la farce, et il était devenu clair que, chaque fois que les deux pierres se trouvaient ensemble, ce n'était pas Wang Wei qui venait, mais l'un ou l'autre de ces personnages dont il y eut bientôt une galerie. Elle comprenait, entre autres, une séduisante prostituée et une fille simple de la campagne, rôles qui permettaient aux amis de se dire qu'ils s'aimaient en riant... et sans rire.

Cette fois-ci Wang Wei aurait bien agi de la sorte, mais

le temps était trop court, pensa-t-il en soupirant. Il se contenta donc de sortir par la porte de derrière, de gravir la pente à laquelle la maison s'adossait, et par un large détour, d'aller s'asseoir à l'écart pour surveiller à leur insu ses visiteurs. Il les eut bientôt repérés tous les douze. Tous s'activaient, penchés vers leur rouleau, qui broyant des couleurs, qui brossant à larges traits, qui frottant avec énergie la pierre d'encre contre la surface polie de son écritoire portative. Un seul, dont les vêtements étaient couleur de terre, semblait avoir abandonné la partie d'avance. Il s'était assis sur la terrasse de l'ermitage, là même où Wang Wei choisissait précisément de s'asseoir, et il regardait à l'ouest l'éboulement de rochers qui attirait toujours son regard malgré lui, quand il était à cette place. L'homme ne faisait rien. Il n'avait l'air ni triste, ni gai. Il ne guettait pas la descente du soleil comme ses camarades. Il regardait...

« Ah, ah », se dit Wang Wei et il plissa les sourcils. Son visage acéré s'allongea comme une lame de couteau. Il lui avait valu, à juste titre, le surnom du corbeau. « Il regarde, mais est-ce qu'il voit ? Nous verrons bien, ah mais ! » Comme un vieil oiseau qui descend de son perchoir, il se glissa parmi les arbres et regagna sa maison. Le temps était écoulé. « Messieurs », dit-il, surgissant tel un démon noir dans l'atelier et donnant à sa voix une note sépulcrale, « vos œuvres ! » Onze rouleaux furent bientôt déposés à ses pieds. Les candidats, en cercle à distance respectueuse, attendaient.

Le premier rouleau représentait des bambous.

— Où les avez-vous vus ? dit Wang Wei.

— Nulle part, j'aime les bambous, c'est tout !

— Si vous ne les avez point vus, pourquoi les avez-vous faits ?

Le candidat, comprenant que son sort était réglé, s'inclina. Il avait perdu.

Le deuxième rouleau représentait trois pins. C'étaient des pins réels, qui se trouvaient en face.

— Il leur manque une branche, dit Wang Wei, pourquoi l'avez-vous supprimée ?

— Parce qu'elle était de trop.

— Si la nature a fait pousser cet arbre ainsi, comment pouvez-vous décider qu'il devrait être autrement ?

Le candidat s'inclina.

Le troisième rouleau représentait des pivoines.

— Je les ai vues jadis, dit le candidat précipitamment.

Espérait-il éviter le motif de rejet du premier ou bien était-il sincère, impossible de le savoir, mais Wang Wei s'exclama :

— S'il en est ainsi, pourquoi traînez-vous vos souvenirs partout ? Et cette montagne-là, elle n'existe pas, alors ?

Le quatrième rouleau représentait la montagne, justement. Le candidat rosit à l'avance des éloges qu'il allait entendre. Il était tombé juste ! Il avait fait exactement ce qu'il fallait faire ! Et c'est vrai que sa montagne était habilement rendue. Qu'elle était ressemblante. Que les proportions en étaient exactes. Qu'elle n'était pas alourdie de détails superflus mais qu'il ne lui manquait rien d'essentiel. Tous comprirent qu'il allait gagner.

— Cette montagne ne tient pas debout, dit Wang Wei. Un souffle d'air la ferait s'écrouler. Qu'est-ce qui fait tenir cette montagne ?

— Mais... cet énorme plissement de roches, dissimulé sous la terre, qu'on ne voit pas mais qu'on devine à ces nervures, à l'ouest, là où le « dragon » s'est soulevé... ce dont la nature différente de la végétation à cet endroit précis atteste, ainsi que cette coulée d'argile qui semble n'avoir avec elle aucun lien, mais permet de suivre à la trace l'histoire.

— Oui, dit Wang Wei radouci, vous connaissez bien la terre, ce qui est bien, et le mouvement des choses cachées, ce qui est mieux encore, car nulle chose ne tient debout sans ces racines invisibles. Mais cela est insuffisant. Je vous le redemande encore. Où est plantée cette montagne ?

Le candidat se tut, penaud.

Wang Wei les foudroya tous du regard. D'un mouvement circulaire, il évalua les huit œuvres qui restaient et vit qu'elles pêchaient toutes par l'un ou l'autre des défauts déjà mentionnés.

— Vous ne savez pas ? Alors, je vous le demande à tous. Celui qui répondra correctement sera mon élève.

Il était évident que personne parmi les auteurs des tableaux qui restaient ne pouvait être homme à répondre à une telle question. Une telle aptitude se serait vue.

Un silence gêné s'établit. Aucun des candidats ne voulait plus se risquer.

— Cette montagne est plantée sur des rochers, dit l'un timidement.

— Vous parlez simplement en termes moins précis que votre collègue, lui, au moins, il connaissait la géologie.

Du fond de la pièce, on entendit un bruissement. C'était moi, le douzième candidat, qui me levais, moi dont les vêtements étaient couleur de terre.

— Je considérerai donc que personne ne sait répondre, dit Wang Wei soulagé.

Je m'approchai. Mon cœur battait à se rompre. Je voulais parler. Mais je n'osais pas. Dire de tels mots, c'était trop fort. J'avais vingt ans, j'étais pauvre et ignare, Wang Wei en avait cinquante et sa réputation s'étendait à tout l'empire. De plus, je ne savais même pas peindre.

— Bande d'abrutis, gâcheurs de soie et de papier ! Comment osez-vous peindre, si vous ne savez pas cela ? Où est plantée cette montagne ? Vous couvrez les murs d'oripeaux bariolés, de telle sorte que l'on ne peut plus que rire de l'homme ! Vous faites mentir la terre même, de telle sorte que nous devenons sans consistance ! Tout n'est plus que rêve trompeur par votre faute. La lune n'est plus la lune ! Le pin n'est plus le pin ! Ce ne sont plus que tous vos désirs imbéciles, vos préférences mesquines, vos choix idiots, le dépotoir de vos petits esprits malpropres ! Mais dites-moi, où est la racine de toutes ces choses ? Où est plantée cette montagne que vous voyez là, juste devant vous ? Oui, celle-là ! Pas une autre !

Sa colère était terrible. Tous étaient glacés d'effroi.

— Cette montagne est plantée dans mon cœur, dit une voix qui sortait de ma bouche. Je tombai à genoux au milieu du cercle et éclatai en sanglots.

C'est ainsi que je devins le seul élève de Wang Wei.

Ici, Li-Tchao écrasa une larme. Il interrompit son récit. La scène qu'il évoquait s'effaça et le paysage actuel reprit ses droits. La nuit était devenue totale et un pâle croissant de lune montait à l'horizon. L'ombre sortait des creux et adoucissait les formes aiguës des sommets.

Vous vous dites, peut-être, que rien de tout cela n'éclaircit le mystère de la disparition des œuvres de Wang Wei, mais vous vous trompez. Pour comprendre la vie intérieure d'un homme, chaque détail a son importance... Mais je continue.

À partir de cette date commença une vie merveilleuse pour moi. Wang Wei, qui n'aurait jamais pu supporter d'avoir quelqu'un autour de lui à temps complet, eut l'idée d'un arrangement selon lequel je passais avec lui un mois sur trois. Nous profitions ainsi ensemble des quatre saisons de la nature, mais il avait deux mois de solitude assurés. J'emmagasinais des expériences et des sujets de réflexion et j'allais les digérer ailleurs. Parfois je regagnais mon village, parfois je louais une petite chambre dans un endroit inconnu, parfois je partais sur les routes de mon côté. Je retrouvais toujours Wang Wei comme si je l'avais quitté de la veille. Je devins familier des longues courses qu'il faisait dans la montagne, des nuits blanches passées à écouter le vent, des visites à Pei-Ti. En été nous portions des vêtements de coton, des chapeaux et des sandales de paille, en hiver des manteaux matelassés, lorsqu'il pleuvait, des capotes d'herbe tressée qui s'attachent sur la tête et descendent le long du corps. J'avais toujours la charge d'une bouteille cerclée de paille de riz et contenant du thé chaud. Je portais en outre quelques rouleaux, deux écritoires, une pierre d'encre et des boulettes de riz. Wang Wei m'appelait alors facétieusement « le domestique ».

Quand nous étions avec Pei-Ti, nous étions comme les trois « Immortels » qui se sont élevés au-dessus de tous les tracas humains. Nous n'avions rien de plus précieux à faire que contempler les nuages et les brins d'herbe, animés par les jeux du vent. Wang Wei ne me faisait jamais peindre. L'essentiel de la peinture semblait se résumer pour lui à deux choses: être là où l'on était et... se promener. Si je le désirais, je faisais un tableau, sinon rien.

Nous passâmes ainsi des moments sublimes dont le plus marquant reste pour moi celui de la nuit de neige. Pendant plusieurs heures Wang Wei m'avait fait remarquer la façon dont, au fur et à mesure que le crépuscule venait, la lumière quittait le ciel et s'installait dans la neige. Pour une fois c'était le sol qui brillait. À présent il guettait l'aube pour voir le processus s'inverser. Il soufflait sur ses doigts, emmitouflé dans plusieurs couvertures de molleton. Je lui passais les pinceaux. Notre haleine se condensait. Des chiens puis des chouettes crièrent. On entendait les pas furtifs d'animaux invisibles. Je luttais contre le sommeil. Les esquisses s'entassaient. Il me semblait démoniaque de la part de Wang Wei de tenter de saisir des éclairages si changeants. De seconde en seconde, ce n'était plus le même paysage. Il fallait peindre vite, toujours plus vite. Il était toujours en retard, en décalage. Malgré moi je sentais la fatigue et la colère monter. Qui était cet homme qui faisait des paris si stupides, qui jetait toute son énergie dans ces absurdes défis? N'avait-il pas pitié de moi, de lui-même? Alors Wang Wei fit un miracle. Il traça un trait sur sa feuille, et toute la montagne émergea de cette blancheur vierge à l'instant même où, illuminée par un rayon soudain, elle bondissait de la brume. Je poussai un cri de joie. La montagne s'était révélée! La montagne venait de naître! Nous avions fait naître la montagne! Je dis « nous » spontanément, mais c'était lui... et pourtant je ressentais que c'était nous... Je ne sais pas comment. À cet instant ma présence s'était confondue avec la sienne, qui se confondait à celle de la montagne: « Il y a beaucoup d'objets, mais une seule présence », disait-il.

Cette concordance des moments reste ce que Wang Wei m'a montré de plus précieux. C'est le cœur de son enseignement. Pour la réaliser, il avait inventé une technique tout à fait nouvelle dont ses successeurs firent un usage abusif, parce que systématique. Il avait eu l'idée de diluer beaucoup l'encre et de l'appliquer en larges surfaces sur lesquelles il superposait d'autres couches. Il obtenait ainsi des effets de transparence et toutes les nuances de gris avec une couleur unique, le noir. Il utilisait rarement d'autres pigments. Pour lui tout pouvait sortir du noir comme tout sortait déjà du blanc. Le blanc primordial de la feuille. Il appelait cette méthode un lavis. Ce qui était merveilleux, c'est effectivement tout ce qu'on pouvait voir dans ce qu'il faisait, et qui n'y était pas... On projetait des détails absents, on prolongeait des lignes laissées en suspens. « De cette façon le spectateur peint autant que le peintre, disait Wang Wei. C'est une œuvre commune. Et s'il projette un ruisseau là où moi j'en projette aussi un, qui n'est pas peint, c'est parce qu'il n'y a qu'un seul esprit, et l'on voit bien que c'est cet esprit qui peint ! »

Tout cela semble facile, mais la difficulté était de réussir à faire projeter quelque chose de réel. Parfois l'œil faisait apparaître un dragon ou une crête de coq dans un paysage totalement étranger à ces fantaisies. Ou bien on inspirait la terreur ou la tristesse parce qu'on les portait en soi. Ceci était encore une surimposition fâcheuse. « Si la douleur du papillon qui meurt devient la tienne, c'est parfait », disait Wang Wei, « mais si ta douleur devient celle du papillon, jette ton pinceau ! »

Je suivais ses conseils, mais non sa technique. Jamais œuvres ne furent plus dissemblables que les nôtres. Lorsque j'effectuai les deux copies ce fut sur son ordre, et non par soumission admirative à sa personnalité. Ce fut un tour qu'il me joua. Quand bon gré, mal gré, j'eus terminé, avec le résultat déplorable que l'on sait, il me dit : « Tu vois, on ne peut jamais entrer dans le cœur de quelqu'un d'autre en l'imitant. Mais si tu trouves ton vrai cœur, il est certain que ce sera le mien ! Car les hommes n'ont qu'un seul cœur en commun ! C'est le Cœur Unique ! »

J'étais d'une maladresse insigne. Seul Wang Wei sut y déceler la cause des plus grands espoirs. Son caractère le portait vers les vastes paysages. C'était un homme des montagnes. Mon caractère me portait vers les petites choses : les fleurs, les oiseaux, les libellules. La première fois que je réalisai quelque chose devant lui et Pei-Ti, j'étais si ému que je renversai plusieurs fois ma bouteille d'eau. Je rompis deux bâtons d'encre. Le papier ne cessa de me glisser des mains, si bien que la tige du frêle asphodèle que j'avais choisi pour modèle avait autant de souplesse que le tronc d'un chêne centenaire. « Est-ce une courge ? » demanda Pei-Ti, devant l'œuvre qui m'avait tiré tant de sueur. « C'est un lapin qui a avalé un asphodèle, la fleur est à l'intérieur », dit Wang Wei devant ma feuille maculée, et ma mine déconfite le fit rire. « Parfait, on ne peut mieux. Je prédis que cet homme, d'ici dix ans, sera réputé surtout pour la délicatesse de son travail. Un tel handicap ne peut être surmonté que par une excellence hors pair ! Ceux qui sont doués d'habileté en font montre avec désinvolture. Ils n'ont pas besoin de brûler de tout leur cœur pour arriver à quelque chose. Parce qu'ils ont un don, ils ne se donnent pas ! Voilà tout ! De plus, ils peuvent résoudre, par la technique, une difficulté qui se trouve sur un autre plan. Ceci les confine dans un monde étriqué, dont ils sont pourtant vains.

Tout le monde sait bien que les grands calligraphes ne sont pas ceux qui ont eu le plus d'aisance au départ. Ceux qui ont la grâce du doigté sont souvent bloqués par cela même. Ils ne peuvent s'empêcher d'être gracieux. Mais celui qui éprouve de terribles résistances et les vainc n'a aucune raison de s'arrêter nulle part. Quand on a franchi un mur, pourquoi pas cent ? C'est toujours pareil !

Au fond, quand on y regarde de près, il n'y a pas une suite d'obstacles, mais un seul obstacle, toujours le même, qui se répète. J'aime autant qu'il soit au début, plutôt qu'à la fin ! »

Et il disait vrai. Quelques années plus tard ma réputation, sans être égale à la sienne, s'était répandue dans tout l'empire. J'étais célèbre parce que j'étais le seul à pouvoir rendre un pétale, une nervure. Cette renommée finit par atteindre mon père qui n'en crut pas ses oreilles. Mais nous n'en sommes pas encore là. Nous sommes en train de boire avec Pei-Ti à la gloire de mon insigne maladresse, et je crois bien que c'est tout vu... Non plus un asphodèle, mais deux !

Les mois et les années passèrent. Pour moi Wang Wei

avait atteint le zénith et je ne pensais pas qu'il pût encore progresser. Mais lui n'était pas satisfait. Quand le ver le travaillait trop, il se rendait de l'autre côté de la montagne dans un petit monastère où vivait l'ancien supérieur de T. Ce maître qui n'acceptait plus d'élèves et finissait ses jours dans la retraite avait été l'un des plus grands de son temps. Nul ne sait pourquoi, il avait fait exception pour Wang Wei, seul. Il était d'une parcimonie de mots et d'une sévérité exemplaires. Il imposait à son disciple de rudes travaux physiques et des séances de méditation interminables dans la neige. Pourtant, quand Wang Wei revenait de ces visites, il avait l'air dispos et rajeuni de quelqu'un qui sort de son bain. Plus la discipline était stricte, plus les fibres acérées de son être s'adoucissaient.

Cet homme était le seul dont Wang Wei acceptât les leçons et le seul qu'il considérât comme son supérieur. Avec Pei-Ti il avait des rapports d'égal à égal, et avec moi de frère aîné. Qui sait les formes étranges que peut revêtir l'amitié? Sans aucun doute, malgré la froideur apparente de leurs relations, Wang Wei aimait ce maître avec ardeur. Et celui-ci ne lui faisait que du bien. « Le noir "corbeau" est parti, la blanche colombe revient! » disait Wang Wei, chaque fois qu'il rouvrait la porte de son ermitage. Je l'accueillais à bras ouverts.

Ses éclipses se faisaient plus fréquentes, mais je ne remarquais pas que ses attaques de mélancolie aussi, et qu'il vieillissait. À cinquante-cinq ans, lui qui ne cessait de randonner par monts et par vaux présentait une silhouette de jeune homme. Mince, de petite stature, il était comme condensé sur lui-même, tendu comme une corde d'arc. L'énergie qu'il dégageait était telle qu'il semblait grand. Quand il rentrait quelque part personne ne le serrait jamais de trop près. On l'entourait à une certaine distance, comme s'il avait occupé l'espace... Il devenait franchement émacié, ses joues se creusaient et son nez fin ressemblait de plus en plus à un bec dans son visage étroit. Dans le courant de l'hiver il s'était mis à tousser, ce qui ne l'empêchait pas de peindre la nuit en plein air, comme de coutume, ou de s'élancer dans les frimas de l'aube vers la hutte de Pei-Ti sur ses sandales de paille. Je me souviens d'une de ses lettres de cette époque-là. Il écrivait :

> « En cette fin du douzième mois, le temps demeure clair et agréable. J'eusse pu traverser la montagne pour venir te voir mais je me retins te sachant profondément plongé dans les classiques. Alors je me dirigeai vers les collines et me rendis au temple de la Miséricorde. Après un frugal repas en compagnie des moines, je repartis. Au nord de la source noire que je traversai, la lune en se levant éclairait tout le pays. Je montai sur la colline Hua-Tzu d'où je pouvais voir l'eau de la rivière Wang-Tchuan onduler au clair de lune. Quelques feux lointains scintillaient à travers les arbres de la forêt. Plus près, au fond des ruelles du village, l'aboiement des chiens résonna comme le hurlement du léopard. Le bruit des villageoises qui moulaient le riz alternait avec le son des cloches. À présent tout est silencieux. Le jeune "domestique" (c'était moi) est endormi. Assis seul, je me laisse envahir par le souvenir de moments délicieux où nous nous promenions, la main dans la main sur les sentiers qui longeaient la rivière en composant des poèmes. Que vienne le printemps qui fait s'épanouir les plantes sur la montagne ! Les poissons gracieux frétillent dans l'eau et les mouettes s'envolent à tire-d'aile. Les faisans chantent à l'aube au milieu des champs d'émeraude encore tout brillants de rosée. Ah, ce temps n'est plus loin ! Tu viendras avec moi jouir de ce paysage. Toi, esprit si élevé, si subtil, tu en saisis la beauté mystérieuse, sinon je n'aurais pas osé t'ennuyer avec une invitation aussi futile. Je profite du passage d'un transporteur de bois pour t'apporter ce message.
>
> L'ermite de la montagne,
> Wang Wei. »

Hélas, ces jours ne devaient plus jamais revenir. Le printemps était loin encore. Mais j'anticipe. Restons à cet hiver de 760. L'inquiétude sans cause de Wang Wei augmentait.

Il était tantôt excessivement taciturne, tantôt excessivement bouffon, allant même jusqu'à se déguiser. Il reprenait des sujets qu'il avait déjà dix ou douze fois traités, comme s'il n'en était pas encore satisfait. Il se remit au « portrait » de la grande montagne qui fait face à l'ermitage, comme à une nouveauté. Pour ma part, je ne voyais pas ce qu'il pourrait en tirer de plus, mais cette œuvre l'accaparait. Il en oubliait de manger. J'avais beau déposer devant lui ses repas tout préparés, il n'y touchait pas. Il ne détournait même pas la tête. Il ne lâchait pas son pinceau. J'avais beau entretenir un beau feu dans notre cabane, il ne s'en approchait pas. Il demeurait sur cette terrasse qui surplombe la vallée, exposé à la bise glaciale, mais face à son sujet. Quand il rentrait, le feu que j'avais allumé en vain s'était éteint. Il s'écroulait sur son lit. Mais souvent la nuit, alors que je le croyais endormi, je me réveillais à l'improviste et je l'entendais marcher de long en large en grommelant. Bientôt, la porte de l'armoire de rangement grinçait. Bientôt, il était dehors.

Toujours il aima la lumière de l'hiver plus que toutes les autres, le vent et les frimas. Bien sûr, il prit froid. Mais cela ne l'arrêta pas. Sa mauvaise toux s'amplifia. Il maigrit. Un nombre incalculable de versions de cette montagne commençèrent à s'entasser. Toutes me semblèrent plus magnifiques les unes que les autres. Toutes plus lunaires. Toutes plus aptes à faire pressentir le vide de l'esprit dont elles jaillissaient. Ces montagnes si solides, lourdes de tonnes de matière, étaient légères comme des nuages. Leur base s'estompait dans la brume. C'était le blanc du papier. En les voyant on comprenait soudain comment ce monde tangible n'est que l'invisible rendu visible. Est pure lumière. Pur esprit.

La toux de Wang Wei s'aggrava. J'avais mal de le voir plié en deux par les quintes. Je le suppliai de prendre un peu de repos, mais il refusa. « Le vieux maître avait raison », me dit-il un jour les yeux brillants, « je ne suis pas allé jusqu'au bout ! On peut encore voir au-delà ! » Il se remit au travail d'arrache-pied et la fièvre finit par le prendre. C'était une misère que d'entendre son souffle résonner dans sa maigre poitrine. Mais il était têtu comme une mule, et c'était étonnant la résistance que son corps si menu avait conservée. Entre deux tableaux, il s'alitait. Mais bientôt une force irrésistible le poussait à se lever, à se remettre au travail. Alors je lui dis : « Maître, puisque vous avez ouvert les portes du Vide pour tous les peintres de la Chine, si vous voulez encore combler votre patrie de bienfaits, vous devez vous arrêter et attendre le printemps. » « Les portes ne sont pas assez grandes ouvertes », me répondit Wang Wei de sa voix cassée, si bien que je cessai de lutter contre lui.

Voyant que sa volonté était plus forte que la mienne, je décidai de veiller sur lui, en lui tenant compagnie. Silencieux, je ne le lâchais pas d'une semelle, et ceci me permettait de lui rendre les menus services que la situation suggérait. Nous passâmes beaucoup de nuits ainsi. Parfois la lune était voilée. Parfois des nuages gigantesques projetaient sur la montagne des ombres monstrueuses. Parfois la pluie zébrait le ciel, la lune fondait et les rochers prenaient des teintes sépulcrales. Nous étions trempés. Alors Wang Wei riait. Il composait un poème comme celui-ci :

Rochers blancs surgissant des eaux de King
Feuilles rouges çà et là dans le ciel froid
Il n'a pas plu sur le sentier de la montagne
Seul l'azur du Vide mouille nos habits...

Et il attendait que je lui réponde sur ce ton.

Je vous le dis, nous étions comme deux fous !

Cette frénésie d'activité prit fin aussi brusquement qu'elle avait commencé, une nuit de pleine lune. La main nerveuse de Wang Wei s'activait rythmiquement sur la soie depuis plusieurs heures déjà, mais je ne pouvais en distinguer le résultat. Je me préparais à un miracle identique à celui qui avait fait coïncider pour la première fois devant mes yeux éblouis l'apparition de la montagne réelle et celle de la montagne peinte. Cette fois Wang Wei guettait la lune. Mais pour l'instant la lune était cachée. Un nuage noir la dissimulait. Je savais qu'il attendait. Sa main s'était arrêtée. Mon cœur aussi. Nos deux souffles étaient identiquement suspendus. Il allait bondir, tel un tigre, et en faire à la seconde même de ses premiers rayons le couronnement de son tableau ! Tout le reste était en place. Il ne manquait que cette lumière ! Je bénissais le ciel qui m'avait fait don d'un tel maître. J'allais assister à la naissance de l'univers dans l'âme d'un homme parfaitement épuré. Dans l'âme d'un homme qui avait tout donné à l'art sans rien garder pour lui-même. Dans l'âme d'un homme dont la générosité était si folle qu'il ne pensait ni à son propre corps, ni à son propre esprit. « Je ne peins pas pour moi, je ne peins pas pour les Chinois, je peins pour tous les hommes », m'avait-il récemment répliqué. Et je sentais à côté de moi cette âme brûlante, toujours plus ouverte, qui ne s'était laissé corrompre par aucune des futilités du monde et qui s'était trempée dans l'ascèse de la peinture comme une lame trempée au feu.

La lune apparut. Ronde. Blanche.

« 0000 h », dit Wang Wei comme si sa voix se perdait.

Le pinceau ne bougea pas.

Il tomba.

Quand je l'eus porté sur son lit, je lui demandai s'il avait eu un malaise. Il me répondit que non. Qu'il s'agissait d'autre chose. Que ce tableau était le plus beau qu'il eût jamais fait. Qu'il était pleinement satisfait. Je fis du feu, mis de l'eau à bouillir, l'enveloppai de toutes les couvertures que nous possédions. Il me laissa faire. Il avait l'air détendu qui était le sien quand il revenait du monastère, air que je ne lui avais pas vu depuis longtemps. Tout son visage brillait. Il irradiait de paix. Ceci au moins me réjouit, mais ma joie fut de courte durée. Je ressortis dans le froid pour en rescaper le tableau qu'il avait laissé choir. Je le dépliai avidement. Le tableau était inachevé ! La place de la lune restait vide !

— Maître, lui dis-je déçu, il est vrai que ce tableau dans ses prémices est bien le plus beau que vous ayez jamais fait, mais quel dommage qu'il ne soit pas terminé !

— Il l'est ! dit Wang Wei.

Alors je me livrai au désespoir. Seul un état de délire

grave pouvait faire ainsi faillir mon maître. Dans l'état de tension qui était le sien depuis des mois, il croyait avoir accompli un geste dont sa main n'avait plus été capable. Il en était persuadé. Que dire ? Que faire ? Après l'avoir tant pressé de se reposer, je ne pouvais pas lui demander, à présent, de se relever. Je n'avais pas le cœur de lui exposer la vérité. Quant à finir l'œuvre moi-même pour le tromper, j'en étais incapable. Même s'il ne s'agissait que d'un cercle à tracer. Je n'en avais pas l'audace. Quelle connaissance de la lune avais-je, moi qui ne vivais que pour les fleurs ? Comment aurais-je accordé mes énergies à celles de Wang Wei, si vastes, moi le peintre du petit ? Il est vrai qu'il n'y a pas de petit, ni de grand sujet. Il n'y a que petite ou grande pénétration. Mais je n'avais percé le secret de l'univers qu'à une petite place. Quand les herbes ployaient, je ployais, c'était tout. La lune et moi n'avions pas encore la même face !

— Je vais bientôt mourir, dit Wang Wei, comme pour faire écho à mes pensées.

Son visage était joyeux, lisse.

— Je veux te demander un dernier service.

Je ne fis pas semblant de mentir, comme on ment lâchement aux malades, en leur enlevant ainsi toute dignité.

— Bien maître, dis-je.

— Je dispose d'une forte somme d'argent, car mes besoins ont toujours été inexistants ici. Tu sais comment nous vivons ! Je n'ai jamais réussi à faire comprendre à mes « acheteurs » que je ne voulais rien, que je leur faisais cadeau de mon œuvre parce que je les estimais. Ou parce que je sentais qu'ils pourraient la comprendre. Ils ont insisté pour me payer. Tu trouveras leur liste dans l'armoire. Pars vite ! Va les voir ! Et ceux qui sont trop loin, fais-les contacter par des coursiers. Dis-leur que Wang Wei leur rachète son œuvre au prix qu'ils l'ont eue, et qu'en échange, il promet de leur donner à chacun un tableau cent fois plus beau que le précédent ! Tu diras bien DONNER. Et ce tableau unique, qui marquera l'histoire de la Chine, en effacera toutes les frontières ! Il atteindra la totalité du monde, et il sera éternel ! Foi de Wang Wei ! Je crois pouvoir tenir encore trois jours. Cuis-moi une grosse marmite de gruau de riz et pars à l'instant.

Il en fut ainsi. Je préparai une provision de bûches, l'huile des lampes et, muni du sceau de Wang Wei, je m'enfonçai dans la nuit. La tempête venait de se lever. Il faut avoir marché sous la lune dans la montagne pour savoir ce que c'est. Qui dira mon angoisse ? Ma douleur ? J'allais perdre celui qui était comme un frère aîné, comme un père, et son esprit s'était abîmé dans un délire des grandeurs irréparable. Je trébuchais à chaque pas malgré la lumière de la lune, je luttais contre le vent qui m'arrachait mes habits. Il faisait clair comme en plein jour sous cette lune parfaite, mais cette transparence était démoniaque. Elle donnait envie de se cacher pour s'en protéger. Je haïssais cette lune qui avait rendu Wang Wei fou. Dans les ululements de la bise, je descendais la montagne en courant.

L'affaire fut difficile, mais je la menai à bien. En Chine, on ne résiste pas aux derniers vœux d'un mourant de peur de s'attirer sa malédiction. La promesse d'un tableau encore plus merveilleux réussit à convaincre les réticents. On connaissait la sûreté de jugement de Wang Wei. N'était-ce pas le plus grand peintre de l'empire ? S'il disait cela, sa parole ne pouvait mentir. « Quel miracle va-t-il encore faire ? » me demandait, parfois, l'un de ces vieux lettrés, de cet air gourmand qu'ont les esthètes dans notre pays. « Tu le sais, toi, son élève ? » J'éludais la question poliment. J'étais sur des charbons ardents. Comment tout cela allait-il se terminer ? Certes les derniers tableaux de Wang Wei étaient tous des chefs-d'œuvre, mais il les avait laissés s'empiler au hasard. Il les avait traînés dans la boue. Pour lui, ce n'étaient que des ébauches, en préparation de l'œuvre ultime de ce soir-là. On prenait mon silence pour de la modestie. Bref, tout le monde était ravi, sauf moi et mon terrible secret.

Trois jours plus tard, le cœur lourd, et encore plus lourdement accablé par le poids des rouleaux que j'avais rassemblés, je regrimpais le chemin de l'ermitage. Je redoutais de trouver Wang Wei déjà mort et en même temps je l'espérais, car ainsi son nom aurait été préservé. J'aurais rendu les tableaux, c'est tout. Mais il était vivant. Il souriait. Il prit un air soulagé à la vue de ses œuvres.

— La Chine est sauvée du désastre, dit-il gaiement, j'aurais eu honte de laisser de telles choses derrière moi ! Ah, cher Li-Tchao, je ne sais comment te remercier ! Grâce à toi, je vais leur laisser la porte grande ouverte ! Maintenant tout est vu et il n'y a plus rien à voir !

Je compris à ces mots qu'il délirait toujours. Mon cœur se serra davantage, mais je n'en laissai rien voir.

— Tu es un grand peintre, Li-Tchao. Encore un pas et tu comprendras tout. Toi aussi, tu es né pour voir. Je le sais. Maintenant, pourrais-tu aller chercher Pei-Ti, je n'en ai plus que pour quelques heures.

J'étais épuisé mais je ressortis aussitôt.

J'accomplis un prodige. D'une seule traite je couvris la distance entre les deux cabanes. J'arrivai tard dans la soirée et revins en pleine nuit avec Pei-Ti. La lune, encore presque pleine, éclairait notre chemin silencieux et nous rappelait amèrement les multiples poèmes que nous avions composés ensemble à son sujet. Nous nous taisions. Comme l'homme est éphémère ! Comme son cri est vite passé ! À peine un éclair qui zèbre l'obscurité ! Nous marchions d'un pas vif, pressés d'arriver. Le spectacle des rochers éboulés et les silhouettes fantomatiques des arbres étaient sublimes. En accord avec notre humeur. Lorsque nous arrivâmes, la lune était juste au-dessus de l'ermitage. Elle éclairait en plein la terrasse. Nous ouvrîmes la porte.

Un rai de lumière pénétra à notre suite. Un étrange silence nous accueillit. Wang Wei était mort. Son visage souriait. Près de son lit se trouvaient une cinquantaine de petites lettres destinées à ses acheteurs. Sur les deux du dessus, il avait calligraphié de sa main encore ferme nos deux noms. « Li-Tchao. Pei-Ti. À lire incessamment sur la terrasse. » Dans l'âtre fumait un tas de cendres noircies. Sa grosseur attira mon attention. Je poussai un cri d'horreur. Wang Wei avait brûlé tous ses tableaux !

Alors nous sortîmes et nous nous assîmes en silence sur la terrasse. Autour de nous la grande montagne, le vaste ciel, les arbres, toutes ces merveilles auxquelles il avait prêté tant de fois sa voix, se taisaient. Elles retombaient dans l'inarticulé. Il me semblait que les rochers et les cascades devaient savoir qu'ils avaient perdu leur seule façon de s'exprimer, ainsi que nos frères et sœurs, les animaux. Ils ne pourraient plus parler avec nous. Ils étaient tristes comme nous, et muets. Les portes s'étaient refermées.

Ensemble nous regardions la lune. Il est vrai que sa beauté était indicible, mais c'est elle qui avait causé la mort de Wang Wei et je la haïssais. C'est au cours de cette lutte folle pour l'exprimer qu'il s'était épuisé, et qu'il était mort. Je levai le poing vers elle. Pour la première fois j'émis des doutes sur la valeur de notre art :

— Je ne crois pas qu'être peintre y suffira. Cette réalité nous dépasse ! Nous ne pourrons jamais la saisir ! Regarde, même Wang Wei...

— Wang Wei n'était pas un peintre, dit Pei-Ti doucement.

— Et quoi alors ?

— C'était un pèlerin.

Je laissai cette déclaration s'enfoncer en moi comme une révélation. C'était une pierre qui s'abîme dans un lac. J'en contemplai les répercussions avec effroi. Cependant la colère rejaillit :

— Et ces tableaux qui étaient de telles merveilles, même eux, il les a brûlés de désespoir !

— Son visage n'exprimait pas le désespoir, dit Pei-Ti. Tu n'as pas bien regardé.

Je sentis ma jeunesse. Il y avait chez Pei-Ti un calme que je ne saisissais pas.

— Nous n'avons pas lu son dernier message ; si nous essayions ?

— Ainsi, tu ne crois pas que l'art débouche sur une incomplétude, hasardai-je, sur une soif de plus en plus grande ?

— Tout chemin parcouru mène à la perfection dit Pei-Ti. Allons, lis !

Nous décachetâmes les lettres qui, nous l'apprîmes par la suite, contenaient toutes les même mots.

Savez-vous ce que Wang Wei avait écrit ?

L'avez vous deviné ?

Allons, regardez encore une fois cette lune, ces montagnes, ces bois ! Ceux que vous avez sous les yeux à présent sont ceux-là mêmes que nous regardions ! Tout était exactement ainsi, à la même place !

Comprenez-vous ?

Vous faites signe que non...

Pour moi, soudain, j'en eu le pressentiment fulgurant ! Le poème disait :

> La main veut peindre la lune
> Mais soudain la main retombe
> Car la lune se peint d'elle-même
> C'est moi Wang Wei qui ai peint tout cela !
> Et il signait : Celui qui n'a pas de nom.

Nous regardâmes autour de nous, les yeux embués de larmes. Tout autour et dans toutes les directions, le vaste monde s'exprimait. Tel qu'il était dans sa virginale innocence. Tel qu'il était par nous ! Nous-mêmes ! La lune nous éclairait, mais sans rien faire, c'est nous qui l'éclairions. Qu'il était donc insurpassable, le dernier tableau que Wang Wei avait légué à la Chine ! Avant de mourir il avait peint tout cela ! Tout cela ! Et dans toutes les directions, aussi loin que le regard s'étendait, son pinceau magique s'activait !

LES CINQ NUITS DE FUGEN BOSATSU

« C'est moi qui l'ai arrêtée », commença le policier Watanabe, fier de parler à des officiels venus spécialement de la capitale. Il les entraînait vers une de ces rues nauséabondes de Kyoto, dans laquelle aucun d'eux n'aurait jamais mis les pieds, n'étaient les ordres stricts du shogun et ceux du supérieur de H., un monastère fameux des environs. « Étrange affaire », pensait-il, mais il n'en soufflait mot, car son métier lui avait appris la discrétion. Il avait en outre, face à ses supérieurs, ce mélange de crainte et d'envie, d'effacement empressé et de culpabilité rentrée qui caractérise les rapports hiérarchiques au Japon. Tout cela faisait taire ses questions. Ces messieurs voulaient visiter la ville close? Lui, le modeste responsable du district, il obtempérait. Mais c'est vrai que l'affaire était étrange. C'est vrai qu'on ne voyait pas tous les jours le « gratin » débarquer dans cette zone, surtout depuis que la cour s'était installée à Tokyo, délaissant son ancienne capitale. Il y naissait un nouveau mode de vie plus facile et plus luxueux, imposé par la classe marchande, avide de nouveautés et de plaisirs. Du coup Kyoto, avec ses innombrables temples, semblait campagnarde et guindée. La ville de la noblesse et de la religion sombrait doucement dans l'ombre, tandis que la ville du commerce et des arts profanes grandissait au soleil. « Pour eux, nous sommes des rustres », se disait Watanabe et il comparait mentalement l'élégance faite de retenue de Kyoto aux spécimens de kimonos bariolés qu'il avait à présent sous les yeux. Ce n'était pas tous les jours non plus qu'on voyait un monastère se préoccuper de la disparition d'une prostituée et ordonner une enquête en secret. Et depuis quand le gouvernement et le bouddhisme coopéraient-ils de cette façon, alors que leurs rapports n'avaient pas toujours été des plus simples ? N'avait-on pas parfois tenté, en des lieux officiels, de limiter la prolifération des riches monastères qui entouraient la ville ? Il y en avait dans toutes les collines, dans le moindre repli de terrain ! Silencieux, Watanabe marchait, en remuant toutes ces pensées dans sa tête. Derrière lui, les trois officiels se taisaient, eux aussi.

On était dans le quartier des boutiquiers. Les échoppes étaient minuscules, sales et sans air. Watanabe suait à grosses gouttes sous son chapeau, tant de chaleur que de confusion, ce qui donnait à son visage rebondi l'aspect huileux d'un gros poisson rissolant dans la friture. D'ailleurs, tout ici puait le poisson. Poisson mariné dans du gros sel, dans du vinaigre, poisson séché, poisson fumé, poisson liquéfié et transformé en d'immondes sauces, poissons en beignet, poisson-saucisson blanc, dépourvu de goût et d'odeur par on ne sait quel miracle, prêt à être découpé en rondelles dans la soupe, et à faire douter le consommateur qu'il a bien avalé quelque chose ! Les officiels suaient aussi, mais avec distinction, comme si cette eau sur leur front n'avait pas été de la sueur, mais un de ces phénomènes de hasard auquel la dignité interdisait de prêter attention. Tandis que Watanabe marchait à grands pas, ils allaient à pas comptés, le regard fixé au sol, évitant les détritus comme ils auraient joué au jeu des parfums.

Kyoto ! Quel labyrinthe à cet endroit ! Enfin, les boutiques s'espacèrent et le petit groupe arriva sur les berges de la rivière Kano, face à un pont. Ce pont séparait la ville close du reste du monde, aussi sûrement que le jugement hâtif sépare le vice de la vertu ! Une barrière qui ne s'ouvrait qu'à certaines heures en interdisait l'accès. Normalement, ils auraient dû attendre, mais Watanabe fit un signe au gardien, un collègue, et la barrière se leva comme par enchantement. Un officiel se pencha par-dessus le parapet. « L'eau est sale », dit-il. « C'est qu'il fait jour », dit Watanabe, « si vous étiez venus ici de nuit, vous auriez vu un tout autre spectacle! Alors cette eau brille des mille lanternes qui s'y reflètent! Les guirlandes et les rubans claquent au vent! On entend des éclats de rire portés par la rivière, des chansons, et par-dessus tout, la voix cristalline des kotos!» «Humpf!» grogna l'officiel d'un air dubitatif. Visiblement sa mission lui pesait.

Les quatre hommes traversèrent le pont et prirent pied dans l'autre monde. Watanabe ne poursuivit pas sa description. Sa voix avait tremblé d'enthousiasme, ce qui était presque un manquement. Mais comment aurait-il pu leur faire partager la vision qu'il avait de cette ville, à la vue des larges bâtisses grises qui leur faisaient face à présent? Qui aurait pu croire que ces demeures fermées sur elles-mêmes et n'offrant sur la rue que des murs anonymes, des portails clos aux lampes éteintes, resplendissaient la nuit? Alors les grilles s'ouvraient comme les portes du paradis. Elles semblaient promettre à tous les mortels qui l'avait vainement cherchée pendant la journée cette joie dont la nostalgie habite constamment le cœur de l'homme. La beauté si fugace, il semblait qu'ici enfin elle serait atteinte! L'ivresse qui est notre véritable nature, goûtée pour l'éternité! Le monde réel s'ouvrait! Il en jaillissait des éclairs fulgurants! Il était captif entre les mains des geishas qui le faisaient miroiter soudain, dans leur démarche, leur voix, leurs instruments. Pour cela, nul prix n'était trop élevé. Pour cette splendeur passagère, des marchands compromettaient leur fortune, des nobles leur nom, des adolescents leur santé; nigauds, ils composaient des poèmes remplis de feuilles d'érable ou de fleurs de cerisier, tandis que les artistes, torturés par le doute, buvaient et plaisantaient. Mais ni des uns ni des autres, il n'était possible de rire, car tous étaient atteints de la même langueur du «pays natal» que seules les geishas pouvaient évoquer.

Voilà ce que se disait Watanabe, et tandis qu'ils marchaient le long des murs hostiles, il lui semblait entendre les escortes, les palanquins, les chaises à porteurs, les chevaux, les cortèges, les rires, les chansons, les querelles, les pleurs, tandis qu'à travers les cloisons de bois ou de papier, par-dessus les enceintes et les palissades, partout retentissait la voix des kotos. Il était amoureux des kotos!

Watanabe avait sillonné cette ville en tout sens pendant des années, et il lui semblait qu'elle était une dans le plaisir ou la débauche, mais la voix des kotos planait au-dessus de tous les autres bruits, comme la voix d'un ruisseau. Rien ne peut troubler la pureté d'un ruisseau. Rien ne peut l'arrêter. Il coule sans trouble dans la fange, comme le rire d'une jeune fille. Il est la soif inexplicable, qui donne envie de boire autre chose que de l'eau, de boire de la lumière ou du son, sous forme de ruisseau. De boire du rire qui pétille... Cette voix des kotos pincée sur les cordes par les doigts de femmes ivres, trop fardées, coulait sans cesse, comme les gouttes de rosée égrenées d'un chapelet, toujours neuve, toujours étincelante. Et si elle s'arrêtait à un endroit, une autre fille la reprenait ailleurs, et souvent la fille était fatiguée, découragée, souvent elle avait trop bu et elle se sentait emprisonnée dans ce monde de caresses lascives ou brutales, accablée par les dettes et le souci de ses vieux parents restés à la campagne, de son enfant illégitime, de son frère dont il fallait payer l'installation, réparer les fautes, laver l'honneur, mais jamais, jamais la voix des kotos ne traduisait rien de tout cela! Elle restait tendre et claire. Elle montait vers les étoiles et descendait dans les caniveaux, elle se glissait comme un miroir qui a volé en éclats à l'intérieur du bouge le plus obscur, et, sur chacun des éclats du miroir, chacun pouvait voir la pureté de son visage originel, ce visage dont la soif était si lointaine, la source si près!

— Fugen jouait du koto? demanda un des officiels au policier Watanabe, comme s'il avait lu dans ses pensées.

— Oui, répondit celui-ci, et même que c'est comme cela que Mme Pourpre l'a laissée passer la nuit chez elle. Normalement une fille ne devient jamais geisha dans une bonne maison avant d'avoir passé plusieurs années auprès d'une aînée qui la forme. Celle-ci lui apprend comment s'habiller, se farder, parler, marcher; elle lui enseigne la danse, la musique, la poésie, les bonnes manières, tout cela pour une somme exorbitante qu'elle s'engage à rembourser plus tard, quand elle volera de ses propres ailes. Ainsi la vieille geisha, c'est-à-dire la « femme-artiste », s'assure des revenus pour sa vieillesse, et la jeune est protégée. Protégée mais prisonnière ! Pour un sacré bout de temps ! Celui qui la veut pour lui seul doit la racheter. C'est quasiment impossible. Et, soit dit en passant, c'est aussi quasiment impossible pour elle de se libérer de ses dettes. Bien qu'au début elle croie le contraire. Mais il y a toujours les aléas de la vie : la maladie, un enfant, la défaveur contre laquelle elle ne pourra rien, les intrigues des autres geishas, les frais de garde-robe qui sont incalculables, etc. Car évidemment, il lui faut des kimonos de parade en soie brodée d'or, accordés à chaque saison, des perruques, des parfums, des peignes, toutes ces choses sans lesquelles elle ne pourrait travailler. Il lui faut incarner la perfection en tout. Ne jamais laisser voir ce que tout cela a coûté. Souvent, elle n'a d'autre solution que de prendre à son tour des novices pour les former et de les exploiter. Ainsi le cycle se perpétue. Autour de chaque geisha célèbre gravitent toutes celles qui sont à son service, qui forment une sorte de maison. Chaque maison ayant, bien sûr, ses protecteurs privilégiés. Mais tandis qu'on pourrait croire toutes ces geishas riches, elles sont souvent, en fait, en train de payer, tard dans la vieillesse, leur propre formation à une autre, si fanée que plus personne ne se souvient de son nom. Mais vous savez tout cela !

— Oui, grogna l'officiel principal, en évitant de poser le pied sur un tas d'épluchures. Et alors ?

— Et alors ? Eh bien, comme je vous le disais, honorable seigneur, c'est parce que Fugen jouait si bien du koto que Mme Pourpre l'a gardée. Pourtant elle a déjà suffisamment de personnel à gérer, et on sait qu'elle refuse constamment du monde.

— C'est une grande maison, alors ?

— Oh, oui ! d'ailleurs, je m'étonne que sa renommée ne soit pas parvenue jusqu'à la capitale de l'Est dont votre honorable délégation nous a fait l'honneur de venir.

— Tokyo est la nouvelle capitale qui a été choisie par l'empereur, et nous n'avons que faire d'écouter les rumeurs de l'ancienne, dit l'officiel sèchement. Ceci déplairait aussi au régent qui assure le pouvoir à sa place !

Watanabe s'inclina plusieurs fois pour marquer son approbation. Il savait qu'il venait de commettre un impair dont sa carrière risquait de souffrir indéfiniment, tout d'abord en mettant en lumière l'ignorance d'un officiel, ensuite en semblant prétendre qu'il pouvait y avoir quoi que ce soit de valable à Kyoto. La sueur redoubla d'abondance sur son visage rebondi, mais cette fois, c'était une sueur glacée...

L'officiel, cependant, devait être exceptionnellement généreux, car loin de marquer son avantage en restant sur un silence pesant, il pointa le doigt vers une toiture de tuiles vernissées, comme pour en admirer la facture, et à ce geste, Watanabe comprit que sa maladresse serait enterrée. Un soupir lui échappa.

— C'est ici, dit-il. Justement, ce toit de tuiles bleues marque les appartements de Mme Pourpre. Permettez-moi de vous précéder.

Comme par enchantement, le portail s'ouvrit et la cour intérieure se révéla. Elle était plantée de massifs et d'arbustes et ornée d'un minuscule bassin. Le sol était couvert de gravier beige ou gris selon les endroits, mais les deux couleurs étaient si voisines qu'elles faisaient vibrer l'œil et le charmaient à son insu. Il fallait un examen attentif pour dévoiler cette délicatesse du jardinier qui n'avait fait que tenter d'amplifier ainsi les accidents de l'espace qu'on lui avait confié. De la même façon secrète, un peu de mousse qu'on aurait dit semée là par hasard entourait quelques rochers dont l'un penchait avec une exquise maladresse. L'officiel, agréablement surpris, loin de mentionner son admiration, prit un air grognon qui semblait dire « Peuh ! un jardin de campagne ! » mais, en son for intérieur, il prenait des notes pour sa propre demeure.

Déjà Mme Pourpre s'avançait, alignant les courbettes, dénigrant sa maison, priant les nobles seigneurs de lui pardonner la chaleur (comme si elle avait été responsable du temps), l'inconfort, le caractère improvisé de sa tenue (elle avait en fait passé plusieurs heures à s'habiller), le désordre général (la maison avait été récurée de fond en comble), ce malheureux incident, enfin bref tout, jusqu'à sa misérable existence, qu'une seule de leurs visites suffisait néanmoins à racheter! Habitués à être reçus de la sorte, les officiels restaient cois, inclinant à chacune de ses révérences le buste un infime degré moins bas, afin de marquer leur rang. Malgré la chaleur, Mme Pourpre était somptueusement vêtue de plusieurs kimonos superposés, tous de la couleur qui lui valut son nom. Ses sourcils totalement épilés avaient été redessinés, non pas à leur place normale, mais dix centimètres plus haut, ainsi que le voulait la mode. Ses cheveux laqués, agrémentés de postiches, comportaient tant de barrettes, tant d'épingles et de peignes, que sa tête ressemblait plus à un jardin que son jardin même. Elle parlait de cette voix doucereuse et haut perchée que les femmes japonaises affectent, tandis que les hommes sont tenus d'adopter un ton guttural.

Quand après mille tergiversations ils furent installés dans la pièce d'apparat et que Mme Pourpre leur eut fait servir des rafraîchissements, Watanabe put reprendre son enquête.

— Voyons, Mme Pourpre, combien de temps cette jeune personne est-elle restée chez vous?

— Une nuit, mes seigneurs, une seule nuit, ce qui est inexplicable car je lui avais fait une faveur insigne en l'acceptant chez moi, je veux dire en ne la rejetant pas dehors, et elle avait eu un franc succès pour une débutante.

C'est Watanabe qui avait posé la question, mais Mme Pourpre, dans sa réponse, s'était adressée directement aux officiels, comme si elle avait bien compris que c'était par un simple caprice de la nature que leur voix à tous trois sortait de son unique gorge.

— Et pourquoi l'avez-vous engagée? continua Watanabe.

— Je ne sais pas, mes nobles seigneurs, répondit Mme Pourpre qui avait de la suite dans les idées. D'ailleurs, je ne l'ai pas vraiment engagée. Je n'en ai pas eu le temps. Non, c'est vraiment inexplicable! Elle a frappé au portail, je me souviens, c'était au crépuscule. Elle était pâle comme un linge et essoufflée comme si elle avait couru. Elle regardait fréquemment derrière elle, comme si on l'avait poursuivie. C'est sa beauté qui m'a frappée en premier.

— Et elle ne vous a rien dit, elle ne vous a pas suppliée ?

— Non, d'ailleurs j'aurais refusé de l'engager. Je n'avais besoin de personne. Et puis, il me semblait que c'était une jeune fille de qualité.

— Qu'est-ce qui vous fait dire cela ? Ses vêtements ?

— Oh non ! sa mise était des plus simples. C'était un kimono de coton bleu avec des dessins tout petits, exactement comme des... oui c'est cela, comme des pépins, dit Mme Pourpre qui, semblable à toutes les femmes, ne laissait pas échapper le moindre détail vestimentaire.

— Avec des taches comme des pépins ! intervint un des officiels, surpris.

La remarque lui avait échappé.

— Oui, comme des pépins de raisin, dit Mme Pourpre.

L'officiel haussa les épaules comme pour marquer qu'il lui semblait de plus en plus ridicule d'être contraint de mener une enquête à propos de la disparition d'une jeune fille qui avait le mauvais goût de choisir des kimonos décorés de... pépins de raisin !

— Et alors ? demanda Watanabe.

— Et alors ?... Mme Pourpre plissa les yeux. Vous savez bien mes seigneurs que la race se sent, quel que soit le vêtement. J'en ai eu tout de suite la certitude, cette jeune fille était déguisée. La noblesse se voyait à travers tous ses gestes, à travers la finesse de ses traits et l'expression de son visage...

Si proche, si loin.
Un voyage sur l'eau...

Mme Pourpre ne termina pas la citation poétique dont d'ailleurs le lien avec la situation était fort ténu, si ce n'est que ces vers avaient été écrits par une poétesse ancienne, sans doute aussi belle que l'apparition qui était venue frapper à sa porte.

Les officiels hochèrent la tête poliment et, comme s'ils se recueillaient pour goûter les échos intimes de cette évocation, laissèrent passer un long silence. Watanabe après un délai opportun le rompit :

— Comment est-elle entrée, si vous ne l'avez pas engagée ?

— Cela s'est fait malgré moi, comme si j'avais été ensorcelée. Voyant que j'hésitais, cette jeune fille, si frêle, a poussé la porte, et avant que j'aie eu le temps de dire quoi que ce soit, elle s'était faufilée dans le jardin. Le seigneur Fujiwara était assis près du bassin. Il venait d'arriver. Il n'a sans doute pas remarqué qu'elle ne faisait pas partie de la maison. Dès qu'il l'a vue il a été comme saisi. Ses traits ont d'abord exprimé la plus intense stupéfaction, puis la joie a éclaté sur son visage. Il lui a fait signe de s'approcher. Elle s'est assise près de lui. Elle regardait l'eau modestement sans rien dire. Il était trop tard pour intervenir et contrecarrer la volonté d'un habitué. Voilà.

— Et savez-vous pourquoi le seigneur Fujiwara a eu ce comportement ?

— Il m'a dit par la suite qu'il avait eu le sentiment d'avoir déjà vu cette jeune fille, qu'elle était intimement liée à sa vie, mais il ne savait pas où. Il s'agissait de ce bonheur qu'on éprouve à retrouver un être qu'on a passionnément aimé, en ayant par une amnésie étrange oublié son existence. Tout l'amour revient, on ne sait pas d'où, et on ne savait même pas l'avoir perdu.

— Le seigneur Fujiwara s'est-il souvenu l'avoir effectivement rencontrée ailleurs ?

— Il m'a affirmé que non. Sa famille est très noble et très ancienne. Elle ne s'associe qu'à des femmes de haut rang. Elle est aussi très pieuse. Sa tante, par exemple, finit en ce moment ses jours dans un monastère. Non, en cherchant dans ses souvenirs, il n'a pu saisir qu'une chose.

Ici Mme Pourpre prit un air mystérieux, comme pour souligner l'incongruité de ce qu'elle allait dire :

— Cette femme est le portrait craché d'un tableau très antique qui ne sort jamais de l'ermitage de N. et que le seigneur Fujiwara a été l'un des rares privilégiés à contempler.

— Et qui représente ce tableau? Une dame de la cour? La favorite d'un empereur?

— Il était si bouleversé qu'il n'a pas voulu le dire.

— Bien, dit Watanabe, déçu. Et au cours de la soirée, que s'est-il passé?

— Elle s'est mêlée aux autres, apportant des éventails, servant du saké, comme si elle avait passé sa vie à faire cela. Le seigneur Fujiwara voulait toujours l'avoir auprès de lui. Il lui faisait signe constamment de venir s'asseoir à ses côtés. Elle ne refusait pas. Ils restaient tous deux silencieux. Ils souriaient doucement. Sans se regarder, comme s'ils avaient partagé un secret. Son visage à elle était pâle comme la lune.

— Voilà une histoire extraordinaire! Et elle n'a pas prononcé un mot de toute la nuit?

— Non. Quand on lui posait des questions, elle souriait simplement. De telle sorte que je crois qu'elle était muette. Mais ceci n'est rien!

— Quoi encore?

— Quand les hommes ont commencé à être réchauffés par le saké, ils ont proposé de faire un concours de poésie sur la danse et la musique. Alors Enfant-de-Neige s'est installée derrière son koto (c'est ma première dame, elle joue divinement), et Saule s'est levée pour danser. Pendant un certain temps, nous avons joui du spectacle. Puis les dames ont regagné leur place, les rires ont repris, ainsi que les conversations. Les hommes se sont efforcés de composer trois vers sur chacune d'elles. Ils lançaient leurs trouvailles à tue-tête. Chacun voulait faire gagner sa favorite. Les coupes défilaient bon train. Quel brouhaha! On n'entendait plus rien! C'est alors qu'à l'insu de tous, la musique a commencé à s'élever...

Mme Pourpre essuya ses yeux dans sa manche.

— Pardonnez-moi, mes nobles seigneurs, je suis gagnée par l'émotion.

— Expliquez-moi, dit l'officiel principal rudement.

— Un silence de mort est tombé sur l'assistance, parce

que jamais personne n'avait entendu une telle musique avant. Les rires se sont arrêtés net, les mots sont restés suspendus sur les lèvres. Le seigneur Fujiwara a tourné la tête et il a vu que Fugen n'était plus à ses côtés. C'est elle qui s'était agenouillée derrière le koto. C'est elle qui jouait.

— Vous dites qu'un silence de mort est tombé sur l'assistance, cette jeune fille jouait-elle des airs funèbres ?

— Mais pas du tout ! Elle jouait des airs que nous connaissons tous, des airs de Gagaku, des danses de la cour de Chine, des morceaux très anciens, mais qui semblaient nouveaux. Elle a même repris ce qu'avait joué Enfant-de-Neige, mais cela d'une façon si neuve que nous l'avons à peine reconnu.

— Pouvez-vous décrire cette musique un peu mieux ?

Mme Pourpre se remit à pleurer.

— C'est impossible, jamais personne n'avait entendu cette sorte de musique ici, et jamais personne ne pourra l'entendre ailleurs non plus.

— Vous l'avez déjà dit, remarqua l'officiel nullement convaincu, pris par l'intérêt malgré lui, et se mettant à poser lui-même des questions.

— C'était une musique céleste, dit Mme Pourpre. Et après l'avoir entendue, on comprenait qu'il n'y avait que cette façon-là de jouer. C'était l'évidence même.

— Expliquez-vous.

— C'était comme si, au fur et à mesure qu'elle jouait, chacun entendait ce qui était enfoui dans son propre cœur. Chacun comprenait ce qu'il n'avait pas compris. Le passé resurgissait, le futur se déroulait. Et tout prenait un sens. Ce n'étaient plus des bribes de vie accolées les unes aux autres, c'était un seul paysage. Et les choses de cette pièce aussi devenaient comme les traits d'un seul visage. Et ce visage parlait enfin ! J'ai interrogé toute ma maisonnée. Le cuisinier m'a dit qu'il avait vu une branche de prunier se balancer dans le vent, la cuisinière le sourire de sa vieille mère morte, des clients m'ont dit que les cartes qu'ils tenaient à la main se sont mises à leur brûler les doigts.

— Et vous ? demanda l'officiel.

— J'ai eu envie de donner de l'argent à un mendiant, dit

Mme Pourpre confuse, comme si cela suffisait à montrer l'ampleur de sa folie.

— Continuez !

— Elle jouait. C'était comme un ruisseau, comme un rire d'enfant, comme une feuille, puis c'était comme une montagne, comme un précipice, comme un orage, puis c'était comme de passer du soleil à la fraîcheur, comme de boire de la tisane d'orge après un long trajet, comme de sentir le vent sur sa peau brûlée, puis c'était comme le tonnerre, comme un reproche, comme une agonie, et... certains hommes me l'ont même dit, comme d'être avec une femme au lit !

— Bigre ! dit l'officiel principal, car c'était le seul mot que son éducation lui permettait.

— Alors tous se sont mis à pleurer comme je pleure maintenant, rien qu'au souvenir de cette musique. Ils ont commencé à avoir la gorge serrée, les yeux embués. Puis les larmes ont coulé sur leur visage, puis ils se sont mouchés dans leur manche, puis ils se sont caché la tête dans leur coude plié, et, appuyés sur les tables, ils ont sangloté.

— Et vous ?

— Moi aussi, je me suis rappelé que j'avais battu mon chien le matin, et j'ai pleuré comme les autres.

— C'est inexplicable, dit l'officiel, et pour la première fois, il se tourna vers les autres.

Les autres hochèrent la tête.

— Et cette femme n'a absolument rien dit ?

— Non, quand elle s'est arrêtée, il y a eu un silence comme je n'en avais jamais entendu non plus. Toute l'existence était là suspendue. C'était un silence comme de la neige. Quand nous avons levé les yeux, la jeune fille avait disparu.

— C'est tout ?

— C'est tout.

— Et qu'avez-vous fait ? Vous n'êtes pas allée à sa poursuite ?

— Court-on après de telles choses ? dit Mme Pourpre. J'ai regardé le croissant de lune par la fenêtre et je me suis tue...

Le cortège était à présent dans une autre ruelle, toujours guidé par le policier Watanabe. Il avait l'air plus soudé.

— C'est moi qui l'ai arrêtée, répéta Watanabe pour la seconde fois. Et c'est pour cela que je sais où elle est allée ensuite. Sa disparition m'a tellement surpris, le dernier soir, que j'ai de moi-même pris son histoire à rebours et reconstitué son itinéraire, avant que vos seigneuries n'arrivent de la capitale. Je connais ce quartier comme ma manche. Comme vous voyez, par ici, les maisons sont plus pauvres, les murs plus lézardés. C'est le chic de deuxième classe.

— Certes, dirent les officiels à l'unisson.

— Enfin, nous y voilà, dit Watanabe. C'est ici que Fugen a passé sa deuxième nuit.

— Et voilà la patronne.

La maison ressemblait à un magasin sur le devant et par-derrière à une auberge.

Une femme grassouillette, d'un certain âge, et d'allure moins distinguée que Mme Pourpre, s'avança à leur rencontre, courbée en deux.

L'interrogatoire fut mené plus rondement et devant des nourritures plus copieuses. C'est comme si, au fur et à mesure qu'ils descendaient dans la société, les estomacs perdaient leur qualité d'accessoire. Dame Pastèque fit apporter du riz, de la soupe, des nouilles de sarrasin, du saké, bref tout ce qu'un noble estomac réclame, quand il n'est pas trop entiché de distinction !

— La jeune fille s'est tout de suite mise à la cuisine, dit-elle. C'est par là qu'elle est entrée. Comme c'était le coup de feu et qu'elle avait l'air agile, le cuisinier n'a rien dit. Elle n'a pas semblé vouloir répondre à ses questions, il n'a pas insisté, il avait autre chose à faire.

— Ensuite ?

— Ensuite, toute la soirée, elle a servi les clients, passé les plats. Je ne m'y suis pas opposée.

— Pourquoi ?

— Quelqu'un qui travaille d'abord et réclame un salaire ensuite, c'est rare.

— A-t-elle joué du koto ?

— Oui. Il y a bien un koto dans la maison, mais on ne s'en sert pas tellement. On n'a pas le temps.

— Et elle s'est mise à jouer tout de suite après le repas ?

— Non, parce qu'un client l'a enlacée. Il a commencé à l'embrasser.

— Elle ne l'a pas repoussé ? dit l'officiel principal surpris.

— Pas du tout, et puis quoi encore ? Ce ne sont pas les habitudes de la maison. Comment pourrions-nous vivre, sinon ? Faut bien qu'on vive, non ?

— Alors elle lui a rendu ses caresses ?

Dame Pastèque rit :

— Bien sûr, à quoi voulez-vous qu'une fille de salle serve d'autre, quand elle a fini avec la cuisine ?

— Je sais, dit l'officiel (qui décidément s'était mis à mener seul l'interrogatoire et se prenait au jeu), mais une jeune fille si distinguée, c'est étonnant que ça ne vous ait pas fait vous poser des questions.

— Distinguée ! dit dame Pastèque en ouvrant des yeux ronds. Qui vous a dit ça ! Jolie, c'est sûr, très jolie même, mais comme nous autres ! Pas du genre à rêvasser en regardant la lune, ou à écrire des poèmes sans queue ni tête quand la soupe chauffe ! Non, elle avait l'air robuste et bien planté des filles de la campagne qui n'ont pas les deux pieds dans la même sandale. Je pensais qu'elle débarquait chez nous parce qu'elle n'avait plus de travail dans sa ferme. Vous comprenez, le cas est courant.

— Je vois, dit l'officiel qui ne comprenait plus rien du tout. Et elle est montée à l'étage avec cet homme ?

— Non, parce que en bas de l'escalier, il y a le koto. Alors elle, juste comme elle s'apprêtait à le suivre, elle est tombée en arrêt devant l'instrument. Il est assez poussiéreux et pas de très bonne qualité. Comme je vous l'ai dit, on ne s'en sert pas souvent. C'est un client qui nous l'a laissé en paiement. L'homme a remarqué son mouvement, et pour rire, il lui a dit, peut-être en se moquant, « et si tu nous jouais un autre air d'abord ? » Sans mot dire, elle s'est agenouillée, et immédiatement, elle a pincé les cordes.

— Et alors ?

— Et alors..., dit dame Pastèque la gorge serrée, excusez-moi, il faut que je me mouche.

— Je vois. Elle vous a tous fait pleurer.

— Ah, pour ça, l'homme qui la voulait pour lui est resté planté comme un mort au bas de l'escalier. Je ne sais pas ce qu'il disait, mais ses lèvres remuaient. Les autres ont arrêté de manger, ma bonne soupe, vous vous rendez compte, et même moi qui ai toujours faim, je ne pouvais plus avaler une bouchée...

— Et elle vous a joué des airs de la Chine ancienne qui évoquaient des saules et des pruniers, dit l'officiel, qui n'avait aucune peine à imaginer le choc esthétique que cette jeune fille avait causé, dans un si rustre milieu.

— Mais pas du tout, protesta dame Pastèque. Qu'est-ce qui vous fait croire cela ? Elle nous a joué des airs pour le repiquage dans les rizières, pour les moissons, et pour les battages, et des chansons pour se faire la cour en dansant, filles et garçons, et aussi des chansons à boire.

— Je vois, dit l'officiel de plus en plus perplexe. Mais pourquoi pleurer alors ?

— Mais parce que c'est la vie, ça, monseigneur, le travail, l'amour, les saisons, la terre et les champs ! Nous, on le savait déjà, mais avant qu'elle joue, c'est comme si on ne le savait pas ! C'était comme si tout, avant qu'elle joue, n'avait été qu'un rêve, une illusion ! Mais quand elle jouait, c'était vivant ! Si saturé de vie que ça en éclatait ! Ça brisait ses propres limites, tellement c'était vivant ! Vous comprenez ? Il me semblait que, soudain, je saisissais tout, je voyais tout, je me souvenais de tout. Et je sais que c'était pareil pour les autres, c'est pour ça qu'ils pleuraient. Les choses... les choses... devenaient comme des gens !... Voilà, c'est ça ! s'exclama dame Pastèque, consciente de dire une énormité.

L'officiel fronça les sourcils.

— Oui, tenez par exemple, ce baquet, cette serpillière avec laquelle on venait de nettoyer le sol de la cuisine, eh bien, j'avais les yeux fixés sur eux, et voilà qu'ils se mettaient à me regarder, moi, comme s'ils voulaient me parler, me dire quelque chose...

— Hum, et que vous disaient... ce baquet et cette serpillière ?

— Ils me disaient... de pleurer..., dit dame Pastèque en pleurant de plus belle.

— Séchez vos larmes, dit l'officiel, agacé.

— Oh, mais elles me sont douces, ce ne sont pas des larmes ordinaires, comme celles que j'ai versées à la mort de mon fils, ou lorsque quelque chose m'irrite. Ce sont des larmes qui viennent parce que ça fond à l'intérieur. On ne savait pas que c'était dur avant, mais ça l'était, on s'en rend compte alors.

— Continuez, dit l'officiel, qui s'intéressait fort peu aux diverses sortes de larmes. Et qu'a fait l'homme, quand elle s'est arrêtée ? L'a-t-il emmenée dans sa chambre ?

— Non.

L'officiel eut l'air soulagé.

— Est-ce que c'est une grande dame qu'on recherche ? demanda dame Pastèque à qui rien n'échappait.

— Je ne peux rien vous dire, je ne fais qu'exécuter les ordres.

— En tout cas, elle n'en avait pas l'air. Quoi qu'il en soit, le client s'est ravisé. Quand elle s'est levée, il s'est incliné devant elle, puis il est revenu au milieu de la pièce.

— Alors ?

— Alors il est tombé à genoux et il s'est écrié devant tout le monde : « Je suis un scélérat ! » Il se frappait la poitrine. Nous nous sommes tous levés pour l'empêcher de se faire du mal. Nous avons fait cercle autour de lui. Il y a eu un brouhaha. Quelques secondes après, quand j'ai pensé à elle, elle était déjà partie.

— Et l'homme ?

— Il va bien. Il ne sait pas ce qui lui est arrivé. Maintenant il ne pleure plus, il rit. Pareillement sans raison ! Vous pouvez l'interroger si vous voulez, c'est un marchand du quartier ouest.

— Ce n'est pas la peine, votre témoignage nous suffit.

— C'est tout ce que je peux vous dire, je ne sais pas comment elle est entrée, je ne sais pas comment elle est sortie, je ne sais même pas qui c'était, mais je sais que je ne l'oublierai jamais. Parce que maintenant, ma serpillière et mon baquet ne sont plus comme avant.

— Et c'était bien une jeune fille qui portait un kimono de coton bleu ? demanda l'officiel, comme s'il était pris d'un doute soudain.

— Oui, avec un motif bizarre, comme de tout petits, tout petits pépins de raisin.

Le cortège s'était maintenant enfoncé dans un dédale de petites maisons noires de crasse et d'humidité. La plupart étaient faites de planches pourries. Une rigole au milieu de la rue charriait les eaux sales et les détritus.

— Êtes-vous sûr que nous faisons bonne route ? demanda l'officiel principal.

— Oui, dit le policier Watanabe, n'oubliez pas que c'est moi qui l'ai arrêtée.

— C'est la troisième fois que vous le mentionnez, dit l'officiel.

— Ce n'est pas que ma modeste personne en tire la moindre vanité, expliqua Watanabe, mais parce que le fait m'a tellement marqué, que j'y reviens sans cesse malgré moi. C'est incroyable que cette jeune fille m'ait échappé ainsi ! Je n'ai jamais vu rien de tel dans mon métier. C'est comme si des forces surnaturelles s'étaient interposées.

— Contrôlez-vous, Watanabe, vous nous raconterez tout cela après. D'ailleurs, si votre description est exacte, nous arrivons.

Comme ils approchaient d'une maison aussi délabrée que les autres, un homme en sortit précipitamment et faillit les bousculer. Il avait l'air si préoccupé qu'il ne remarqua pas le chapeau de l'officiel tombé à terre.

— Vous pourriez faire attention ! dit Watanabe.

L'homme le dévisagea fixement et passa son chemin sans mot dire. Sur ces entrefaites, la patronne apparut et se mit à lancer des injures, du pas de la porte. Les officiels entrèrent. Lorsqu'elle eut reconnu ses visiteurs, la vieille, qu'on appelait « mère-grand » ou « grand-mère » ainsi que c'est la coutume dans le peuple pour toute femme âgée, se confondit en excuses. Son visage chafouin respirait la veulerie.

Cette fois, il n'était pas question de laisser les officiels s'entretenir avec un être si vulgaire. Watanabe prit les devants :

— Alors mère-grand, c'est chez toi que la fille a passé sa troisième nuit ?

— Oui, dit la vieille, et même qu'elle n'avait pas réglé sa chambre !

— Allons donc, nous te connaissons tous, mère-grand, et nous savons que tu es bien trop avisée pour laisser quelqu'un rentrer s'il n'a pas payé avant. Ces messieurs-là ne sont pas venus pour te donner de l'argent.

La vieille prit un air penaud, car sa ruse avait été éventée.

— Par contre, tu risques d'aller en prison, si tu ne dis pas la vérité.

La vieille se mit à geindre.

— Ainsi, tu as des pensionnaires, dit Watanabe sans y prêter la moindre attention.

— Oui, bien sûr.

— Combien ?

— Une petite dizaine, juste une petite dizaine, mes nobles seigneurs.

— Pourquoi dis-tu « une petite dizaine » ? C'est dix, ou moins, dix c'est toujours dix !

— Il y en a qui sont si paresseuses qu'elles comptent pour la moitié.

— Ceci veut dire qu'il y a parmi elles des enfants, dit Watanabe aux officiels.

— Pas du tout ! répliqua la vieille.

— Quel âge a la plus jeune ?

— Onze ans. Vous voyez, à cet âge-là, on n'est plus une enfant, on peut gagner sa croûte !

— Soit, dit Watanabe qui ne voulait pas s'attarder sur ce sujet épineux... Et tu loues aussi des chambres à la journée ?

— J'en ai quelques-unes.

— Alors, mère-grand, explique-nous comment ça s'est passé.

— Elle est entrée avec l'homme que vous avez croisé sur le seuil. C'est lui qui a pris la chambre.

— Et payé !

— Et payé, admit la vieille. Je n'ai pas posé de questions. Ce n'est pas mon métier. Et quant à l'homme je ne l'avais jamais vu. Il devait être travailleur manuel, forgeron peut-être.

— Pourquoi dis-tu cela ?

— Parce que la corne de ses ongles était brûlée. Il sentait le roussi. Le vieux cuir. Et quant à elle, je l'ai bien observée.

— À quoi ressemblait-elle ?

— Elle était jolie, mais plutôt sale. Ses vêtements étaient fripés. Elle sentait la sueur. Comme les filles du quartier, quoi !

— Sont-ils restés longtemps dans la chambre ?

— Le temps normal.

— Qu'est-ce que c'est, le temps normal ? demanda Watanabe. Il me semble que ça peut varier !

— Le temps normal pour le prix qu'ils avaient payé ! C'est moi qui décide, une heure, une journée...

— C'est-à-dire quoi ?

— L'homme avait payé pour la nuit. Au matin, il est redescendu seul.

— Et elle ?

— Elle avait disparu. Il paraît qu'elle avait dû se réveiller avant lui et qu'elle était sortie sans crier gare, à l'aube.

— Et vous ne l'avez pas vue passer ?

— Non, ce n'est pas mon affaire de surveiller les chambres, j'ai bien assez à faire avec l'autre partie de la maison. Mais lui, il était comme fou. Il la cherchait partout. Il voulait savoir qui elle était, si je la connaissais. Je lui ai bien juré que non. Il l'avait ramassée dans la rue, il l'avait amenée ici, c'est tout.

— Et elle ne lui a pas parlé ?

— Il paraît que non, mais lui, depuis, il a perdu la tête. Il passe son temps à dire : « Ce n'est pas une femme, c'est un ange. Ce n'est pas une femme que j'ai tenue dans mes bras, c'est un ange!... » Ce que les hommes peuvent être idiots! C'est vrai qu'elle était jolie, mais des femmes comme elle, il y en a des millions. Une femme c'est une femme, je sais bien, moi, ce que les hommes en font! L'ennui, c'est que depuis cette nuit, il passe son temps à ma boutique. Il la cherche partout. Il dérange mon commerce. Il raconte des histoires à dormir debout aux autres clients.

— Quoi par exemple?

— C'est tellement ridicule que j'ose à peine vous le dire. Il dit par exemple que cette femme l'a lavé des pieds à la tête. Lavé! Il dit que dès qu'elle l'a touché il s'est senti redevenir comme un petit enfant. Toute sa souffrance est partie. « J'étais comme une statue d'or », qu'il crie, une statue d'or, vous vous rendez compte! Et je n'avais pas honte de la toucher et elle n'avait pas honte de me toucher. C'était sacré. C'était comme de se coucher au milieu d'une cascade et de se laisser emporter par elle. Comme de se coucher dans un immense linceul blanc et de mourir, et de ressusciter!

— Bon cela suffit, dit Watanabe gêné.

— Il y a encore un détail, je ne sais pas ce qu'il vaut, mais ça peut peut-être vous aider. Il paraît que tout le temps qu'ils étaient ensemble, la fille n'a pas soufflé mot, mais quand l'homme a eu terminé, comme il s'endormait, elle lui a chanté une berceuse. Elle avait une voix comme un koto.

— Alors l'homme s'est mis à pleurer...

— Effectivement, comment le savez-vous?

— Simple déduction.

— Il dit qu'il a pleuré toute les larmes de son corps, sans savoir pourquoi. Ensuite il s'est endormi. Vous savez la suite.

— Et comment était-elle habillée?

— Bleu comme de l'eau, dit la vieille, avec un dessin comme des pépins de raisin.

— C'est cela, dit Watanabe.

Ils se tenaient tous à présent au bord du fleuve. Watanabe n'était pas étonné de ce qu'il voyait, parce que, ainsi qu'il l'avait dit, il connaissait la ville close comme sa manche, mais le groupe des officiels découvrait un monde qu'il n'aurait pas soupçonné et que, pour son confort, il aurait préféré oublier. Ces hommes de cour ne savaient plus s'ils devaient regarder à droite et à gauche avec effarement, pour pouvoir instruire Sa Majesté, ou fixer le bout de leurs chaussures, pour leur commodité. Les cabanes avaient succédé aux maisons, puis les baraques aux cabanes. Elles étaient construites de morceaux disparates, rejetés par le fleuve, colmatées avec de la paille et de la boue. Des femmes se tenaient assises à leur porte, l'air las, les cheveux emmêlés, avec cette sorte d'expression apathique que donne la faim chronique. Il y avait aussi, visiblement, des pêcheurs, tout dépenaillés, des enfants, la morve au nez, et toute une clique de jeunes hommes, sans doute des « protecteurs », qui devaient exploiter cette misère, en y trempant eux-mêmes les pieds.

— Devons-nous vraiment poursuivre ?

— Vous devez voir par vous-même, afin de renseigner le shogun, dit Watanabe.

Un sourire éclaira son visage. Au fond il n'était pas mécontent que ces gens soient obligés de voir ce que leur monde évitait si soigneusement. Par la faute de Fugen, ou fallait-il dire grâce à elle, ils découvraient le Japon sur lequel leur splendeur était assise.

Si proche si loin
Un voyage sur l'eau
Si proche si loin
L'acte d'amour entre homme et femme...

Watanabe pensait aux vers que Mme Pourpre n'avait pas complétés.

Eh bien, ici, de quel acte d'amour pouvait-il s'agir ? Dans cette gadoue, de quelle poésie ? Le policier soupira.

— J'ai fait dire aux deux hommes de nous attendre, dit-il. Ils doivent être dans la baraque du bout.

« La baraque du bout », tout le monde ici savait ce que c'était. Mais les officiels ne le savaient pas. Ils verraient!

Effectivement, lorsqu'ils arrivèrent à l'extrémité de la berge, deux hommes assis par terre dans la poussière les attendaient. Ils étaient tous deux hirsutes et vêtus d'un méchant bout de tissu enroulé autour des reins. À la vue des officiels ils prirent un air gêné, mais la présence de Watanabe, qui leur avait accordé maintes faveurs, sembla les détendre. Après quelques tournures embarrassées qui témoignaient de leur difficulté à manier la langue japonaise classique, ils furent priés de retourner pour plus de clarté à leur patois. C'est ce qu'ils firent, s'interrompant l'un l'autre avec des mots grossiers, remplaçant le vocabulaire absent par un geste ou un grognement. Watanabe servit d'interprète. Voici en résumé ce qu'il apprit : L'un des hommes était pêcheur et l'autre faisait des paniers avec les roseaux du fleuve. Ils n'habitaient pas ici. Tous deux allaient voir les prostituées une fois par semaine, s'ils le pouvaient. Comme l'argent n'était pas courant, ils payaient en apportant de la nourriture ou des objets. Les femmes qui travaillaient dans cette rangée de baraques le long du fleuve étaient les moins chères. Elles n'étaient ni très propres, ni très jolies, mais qui s'en souciait ? Un homme passait régulièrement et leur prélevait une dîme. Si celle-ci n'était pas assez élevée, il les battait. La baraque du bout était réservée aux femmes malades ou mourantes. Comme elle donnait directement sur le fleuve, les clients n'avaient pas besoin de passer devant et d'entendre les gémissements de fièvre ou d'agonie. Quand on arrivait au bout, c'était mauvais signe. Si la femme mourait, on n'avait plus qu'à la jeter à l'eau. C'était pratique. Comme la cabane était inoccupée ce soir-là, c'est là que Fugen s'était installée. Ça n'avait pas semblé la gêner. Tout de suite elle avait eu des clients. Combien ? Impossible de le savoir. En tout cas eux-mêmes. Ils avaient fait la queue à sa porte parce qu'ils avaient entendu dire par les autres femmes qu'une nouvelle était arrivée. Qu'elle était bizarre mais jolie. Non, ils ne se connaissaient pas avant ce soir-là. Ils s'étaient rencontrés à sa porte. L'un attendait debout dehors que l'autre ait fini.

Quand le premier était sorti l'autre était entré. C'était tout? Non, ce n'était pas tout. Quand le deuxième était sorti, le premier était rerentré. Et quand il était sorti, l'autre était rerentré aussi. Et ainsi de suite...

Le groupe des officiels éclata de rire. Watanabe resta silencieux. Il lui semblait qu'il y avait dans ce récit une dimension qui dépassait les expériences communes.

Au bout d'un certain nombre de fois, les deux hommes, qui n'avaient fait que se croiser, se rendirent compte du manège, et engagèrent la conversation. Ils firent quelques pas ensemble et s'installèrent sur la berge.

— Pas mal, hein? dit le premier en gloussant.

L'autre ne répondit pas, comme s'il était embarrassé du ton de son compagnon.

— Ce n'est pas ce que je voulais dire, dit le premier, en comprenant immédiatement qu'il était inutile de pavoiser. Il y eut un long silence. Finalement le premier, celui qui avait dit « pas mal » reprit d'une voix tout autre:

— As-tu entendu le koto?

— Aya, dit l'autre.

Ils restèrent encore silencieux, comme s'ils tentaient de prendre la mesure de leur propre expérience.

— Au début j'ai cru que c'était un vrai koto, un bruit porté par les vagues, un bruit venu des riches, dans une bouffée de vent.

— Aya, dit l'autre en soupirant.

Visiblement les mots lui manquaient.

— Je suis retourné, non pas parce que j'avais envie d'elle, mais parce que je voulais en avoir le cœur net. Et toi? Tu as aussi cru qu'on jouait du koto dans le quartier?

— Espèce de con, qui jouerait du koto ici? On ne sait même pas ce que c'est, nous autres. Moi je le sais, parce que des fois, j'ai vendu des paniers chez des rupins.

— Et tu dis quoi, alors?

— Je dis rien. Y a rien à comprendre.

— Ça devait être une musique dans notre tête.

— T'as de la musique dans la tête, toi? De la musique comme ça? Pauv'con! Moi, ma tête ça fait longtemps qu'elle ne fait plus de musique!

— Ou bien c'était dans son corps?

— T'as déjà vu une femme dont le corps fait de la musique comme un koto?

Ils laissèrent passer un temps immensément long. Les vagues porteuses de détritus clapotaient à leurs pieds. Des parcelles de lune portées par l'eau venaient mourir sous eux dans la boue.

— Et tu l'entends encore? dit le premier enfin, comme s'il se décidait à rompre un secret très intime.

L'autre se racla la gorge avec émotion.

— J'en sais rin. C'est parti où? J'en sais rin. C'était quand je la tenais dans mes bras.

— Moi, c'était quand elle me tenait dans ses bras.

— Alors, c'est pareil.

— Tu crois?

— Oui, c'est pareil. Que ce soit toi ou elle, pof tu la touches et tu entends le koto.

— C'était peut-être dans sa tête à elle?

— T'entends dans la tête des gens toi?

— Non.

— Comment ça serait-y possible d'entendre ce que le pauv'monde y pense?

— Peut-être que ça se peut, si on est très... euh très...

— Très quoi, hein?

— Très doux.

— Pauv'con! Elle était pas douce, elle était claire!

— Elle était pas claire, elle brûlait!

Tous deux grognèrent et se replongèrent dans le silence. Leurs pensées s'éloignaient et se rapprochaient les unes des autres, au fil de l'eau. Soudain, le pêcheur s'exclama:

— Je l'entends!

— Tu l'entends quoi?

— Le koto!

L'autre tendit l'oreille. Des bruissements d'herbe, des clapotis, un éclat de voix venu d'une autre cabane. C'était tout.

— Où ça? chuchota-t-il.

— Là! Il montra du doigt les éclats de lune à leurs pieds. C'est très très faible, comme un écho.

Ils retinrent tous deux leur souffle.

— Sûr que cette femme entendait tout, comprenait tout...

— Elle nous le fait entendre aussi.

Ils restèrent assis sans bouger, dans la plénitude de la nuit. Le reflet de la lune, un tapis d'argent. Le koto jouait faiblement, mais à chaque nouvelle vague, au fur et à mesure que leur cœur s'apaisait, ils l'entendaient davantage.

Watanabe interrompit leur récit et fit mine de regarder alentour. Il avait les yeux embués et il ne voulait pas le montrer. Les officiels qui jusqu'ici avaient écouté les deux hommes avec répulsion les regardaient maintenant avec stupéfaction. Ceux-ci n'étaient pas conscients de l'effet qu'ils avaient produit. Ils ne le savaient pas, mais leur visage brillait. Le groupe se figea dans l'immobilité et plus personne ne dit rien.

Les officiels semblaient pensifs, comme s'ils entendaient, eux aussi, le son d'une musique lointaine, lointaine, lointaine...

— Si proche si loin..., dit une voix que nul ne reconnut.

— Un voyage sur l'eau..., répondit une autre.

— Si proche si loin..., continua une troisième.

— L'acte d'amour entre homme et femme...

— Si proche si loin...

— La voix du Bouddha ! conclut le pêcheur fortement, à sa manière.

Ce n'était pas la fin du poème réel, mais ils étaient japonais, et les vers étaient faits pour eux, ils étaient tous d'accord en cela. Ils se refermèrent dans le silence.

C'est un cortège tout différent qui marchait à présent vers la partie est de la ville. Il n'avait plus rien d'un cortège car Watanabe, qui jusqu'alors avait précédé les officiels, se trouvait maintenant au milieu d'eux, et ceux-ci, ayant laissé tomber toute morgue académique, le pressaient de questions.

— Incroyable ! disait l'un.

— Effectivement, disait l'autre, et elle a fait pleurer les deux pêcheurs aussi !

— Un pêcheur et un vannier, soyons exacts !

— Qu'importe ! est-ce que ce ne sont pas tous deux des hommes ?

— Oui, des hommes !

— Nous sommes des hommes aussi !

— Messieurs, dit Watanabe, calmez-vous, l'histoire n'est pas finie, mais c'est ici que le mystère se referme, car nous ne pouvons aller plus loin.

— Mais c'est le dépotoir ! dit un des officiels revenant à lui.

— C'est une décharge, dit un autre. Il regarda autour de lui.

— Oui, messieurs, dit Watanabe qui semblait avoir pris une assurance extraordinaire, c'est ici que s'entassent tous les rebuts de la cité. Mais des êtres y vivent encore. Ils collectent les déchets. Ils se nourrissent des restes des autres, des épluchures. Si misérables qu'ils soient, ils ont encore leur territoire, et gare à celui ou celle qui empiète sur celui du voisin. Et comme ce sont aussi des hommes, ils ont encore des putains. Des putains à leur mesure.

— Devons-nous rencontrer ces gens malgré tout ? demanda l'officiel principal, hésitant. Une fois la première vague de fraternité passée, il revenait à ses positions.

— Fugen est vraiment allée partout, dit le deuxième admiratif.

— Si elle l'a fait, pourquoi pas nous ? dit le troisième, gagné par son enthousiasme.

— Messieurs — on remarquera que Watanabe avait laissé tomber imperceptiblement les « vos seigneuries » du début —, cette minutie dans l'accomplissement de vos devoirs vous honore, mais ce ne sera pas nécessaire, car ainsi que je vous le disais, la cinquième nuit, c'est moi qui ai découvert Fugen ici.

— Et que faisiez vous dans cet endroit ? Vous ne la connaissiez pas encore !

— Je cherchais un voleur qu'on m'avait dit s'y être caché.

— Qu'avait-il volé ?

— Il avait volé un koto.

— Un koto ! s'exclamèrent les officiels d'une seule voix.

— Oui, il avait volé un koto, dans une maison de geishas comme celle de Mme Pourpre. Un koto précieux, incrusté d'ivoire sur le manche. Un objet d'une valeur inestimable.

— Et il n'avait rien pris d'autre ?

— Non. C'est une des geishas qui l'a surpris. Il faisait nuit. Il avait escaladé la balustrade. Il s'est faufilé comme un chat. Pour ce qu'elle en a vu, il était repoussant de saleté.

— S'il habitait ici, on ne peut pas lui en vouloir, ce n'est pas étonnant, dit l'officiel numéro deux.

— Mais enfin, depuis quand les éboueurs volent-ils des kotos ? dit le numéro trois.

— Ils en ont peut-être autant besoin que nous, dit le principal, pensif.

— Nous avons tous besoin d'un koto, messieurs, dit Watanabe sans ambages et d'un ton assuré qui montrait qu'il avait eu le temps de réfléchir à la question.

Les autres le dévisagèrent comme s'ils le voyaient pour la première fois. Comme son aspect avait changé ! Où était partie sa timidité ? Qu'étaient devenues ses courbettes ?

— Monsieur Watanabe, dit le principal en appuyant sur le mot « Monsieur », évidemment votre opinion nous intéresse, mais pour l'instant, donnez-nous des faits !

— Oui, éclairez un peu notre lanterne, dit le deuxième toujours plus conciliant.

— Et d'abord expliquez-nous pourquoi cette femme est tombée dans une si rapide dégradation, dit le supérieur. Est-ce normal ? Elle aurait pu rester chez Mme Pourpre, n'est-ce pas ? Alors ?

— C'était un choix, dit le numéro deux.

— Cette femme VOULAIT aller partout ! dit le troisième ému. Voilà c'est tout !

— Mais dans quel but ? reprit le principal.

— Nous ne le saurons jamais, puisqu'elle a disparu, dit le deuxième.

— Elle était sans doute folle, dit le principal.

— Je ne le crois pas. Comment un fou pourrait-il avoir de telles facultés d'adaptation ?

— Dans ce cas, le soleil est fou, la lune est folle, puisqu'ils brillent partout ! dit le troisième plein d'exaltation.

— Messieurs, nous nous égarons en nous livrant à des conjectures, dit le principal. Watanabe, continuez votre histoire.

— Ainsi donc il faisait nuit, imaginez le spectacle. À gauche, à droite, devant, derrière, des monceaux d'immondices. L'obscurité. La lune qui éclairait tout cela. Je marchais dans ce paysage spectral avec mon chien, pas trop rassuré... et soudain... je l'ai entendu.

— Quoi ?

— Le koto ! C'était une musique divine. Comme si les étoiles étaient tombées sur la terre. Chaque note était une étoile. Chaque note une perle de lumière. Et cela ruisselait, ruisselait, sans fin. J'entendais cette musique et je ne savais plus où j'étais. Cette décharge était le paradis. J'entendais cette musique et je ne savais plus qui j'étais. J'étais ce qui écoute. Et mon cœur était rassasié. Je n'osais même plus avancer. Il y avait de l'eau sur mon visage. C'était des larmes. Au bout d'un moment, j'ai pu bouger malgré tout. Je me suis approché et je l'ai vue, elle. Elle était assise au sommet d'un tas d'ordures, le plus gros, et ils étaient tous à ses pieds.

— Qui ?

— Les bodhisattvas ?

— Non, dit Watanabe, les gens de la décharge ! Ils étaient assis bouché bée et il n'y en avait pas un qui remuait. Ils n'avaient jamais entendu une musique pareille. Moi non plus. Alors le temps s'est arrêté. Nous étions tous différents. Plus rien ne nous séparait ! Nous étions tous ennemis les uns des autres. Tout était oublié ! Nous étions un, enfin, et de nos yeux qui voyaient pour la première fois, coulaient sans cesse des larmes, encore des larmes... L'œil de l'homme est fait pour pleurer et sa bouche pour sourire et quand la bouche de l'homme sourit, tandis que son œil pleure en même temps, c'est devenu un homme ! Un vrai !

— Et vous l'avez vue, elle ? demanda le deuxième.

— Si je l'ai vue ! Pas un de nous n'osait la regarder en face. Elle brillait trop. Tout ce que je sais c'est que son visage était d'une douceur insoutenable. Et elle aussi, sa bouche souriait tandis que ses yeux pleuraient.

— Mais pourquoi pleurait-elle ? demanda le troisième.

— Comment le savoir ? dit Watanabe.

— Moi ça me donne envie de pleurer rien qu'à l'entendre...

— Et vous n'avez pas eu le réflexe de l'arrêter ? demanda le principal.

— J'étais bien loin de tout cela, dit Watanabe. C'est seulement quand la musique a pris fin que je me suis souvenu du koto précieux.

— Alors vous avez couru vers elle et vous l'avez saisie par le bras, ainsi que vous nous l'avez déjà raconté, dit le principal.

— Oui et j'ai aussi attrapé le voleur qui était assis à ses pieds.

— Mais vous les avez relâchés tous les deux.

— Non ! Ce sont mes mains qui l'ont fait. Pourtant je les tenais fermement. Et je suis fort. Mais mes doigts se sont desserrés malgré moi. Je les regardais terrifié et je les voyais s'ouvrir comme s'ils ne m'appartenaient plus. Alors Fugen est partie vers la droite, le voleur vers la gauche, et je les ai perdus de vue. Ils ont disparu tous deux au milieu des ordures.

— C'est bien regrettable, dit le principal. Et pensez-vous qu'il y ait la moindre chance de la retrouver ?

— Autant chercher une aiguille dans une botte de foin. Vous avez vu comment est cette décharge !

— D'autant plus qu'elle ne va sûrement pas en rester là. Il y a tant d'autres lieux où elle pourrait aller, dit le deuxième officiel.

— Encore plus bas ! dit le troisième.

— Plus bas que ça, ça n'existe pas, dit le principal.

— Il y a toujours plus bas, rétorqua le troisième, sans se soucier de contrer son supérieur. L'autre le dévisagea avec surprise.

— Oui, qui de nous peut l'imaginer? Il y a plus bas chez les hommes, mais aussi sans doute chez les chiens, les poissons, les fourmis!

— Vous délirez, mon cher!

— Et pourquoi pas? Comment pouvons-nous imaginer l'immensité du monde, puisque nous ne connaissons même pas celle de notre propre cœur!

— Vous pensez que cette femme peut devenir une fourmi? demanda numéro deux.

— Qui sait? dit numéro trois.

— Non! Et je vais vous dire pourquoi, moi, dit le principal excédé. Tout simplement parce que cette femme, si étrange soit-elle, est une simple femme comme les autres!

— Sûrement pas, protesta numéro trois.

— Comment le savez-vous? demanda Watanabe.

— Parce que je le sais! Et je ne sais pas ce qui vous prend tous! Vous perdez votre bon sens! Vous perdez votre rang! Vous perdez le respect des convenances! Où allons-nous? explosa le principal.

— Nous allons où Fugen nous a emmenés.

— Fugen! Vous êtes tous fous avec votre Fugen! Elle n'est rien! Ou plutôt rien de ce que vous imaginez! C'est un secret d'État. Rien ne m'oblige à vous le révéler, mais puisque vous m'y forcez, voilà. C'est la propre sœur du shogun. Sa cadette. Depuis son enfance elle a toujours été bizarre. Un jour, toute jeune, elle a été surprise avec un palefrenier. Vous imaginez l'horreur de sa famille. Mais le scandale a été étouffé. Puis ç'a été avec un garçon de cuisine. Avec un laveur de parquet. Cette femme avait la dépravation dans le sang. Rien ne pouvait la raisonner. Elle était insensible aux reproches, à la honte. Elle disait sans cesse: « Si je n'y vais pas, qui ira? Si je ne le fais pas, qui le fera? Si je n'entends pas, qui entendra? » Finalement, comme il était impossible de la surveiller, impossible de l'exécuter, car son âge et sa beauté faisaient pitié, on l'a mise au monastère de H. Et là, c'est étrange, elle a semblé s'adapter à la règle sans le moindre problème. Elle prétendait qu'elle était rentrée chez elle! Vous voyez sa folie! Mais l'abbé n'a jamais eu à s'en plaindre. Au contraire, il était plutôt étonné de sa dévotion. On croyait le problème réglé. C'est pourquoi tout le monde a été surpris lorsqu'elle s'est échappée. Vous voyez le chemin qu'elle a fait en cinq jours ! Il n'y a pas de quoi être fier !

— En cinq nuits, dit Watanabe.

— Tous les êtres sont dans la nuit, dit le deuxième officiel.

Le troisième ne disait rien. Son visage s'était décomposé.

— Je vous enlève vos illusions, hein ? dit le principal.

— Nous ne devons juger personne, dit le deuxième.

— L'être humain est insondable, dit Watanabe.

Le troisième ne disait toujours rien. Finalement, les autres se tournèrent vers lui et virent qu'il s'était assis par terre. Il pleurait doucement, le visage dans ses mains.

— Je le savais bien ! disait-il. Je le savais bien !

— Reprenez-vous mon cher, dit son supérieur radouci, chacun de nous peut avoir un moment de faiblesse.

— Oui, calmez-vous, dit Watanabe. Nous avons tous été secoués par cette affaire.

— Cette jeune fille, cette jeune fille ! hoquetait l'homme. Cette jeune fille au kimono couvert de pépins de raisin !

— Eh bien ?

— C'était la déesse Kannon, celle qui entend tout, c'était son émanation terrestre, Fugen Bosatsu, celle qui a pitié de tout, et sur son kimono bleu, bleu comme de l'eau, ce n'étaient pas des pépins de raisin !

— Et quoi alors ? dit le principal.

— C'étaient des larmes ! rugit l'homme.

LA CRUCHE

Le Bouddha monta sur l'estrade et s'assit en lotus. Il jeta un regard circulaire sur l'assemblée. La foule était peu nombreuse. À peine une cinquantaine d'hommes, pour la plupart des paysans des environs. Il y avait aussi quelques notables, des moines et des femmes avec leurs enfants. On était en plein air et un vent frais balayait les nuages. Le ciel était mouvant. Le Bouddha commença sans ambages :

— Noble assemblée, merci d'être venue. Sans perdre de temps, je m'en vais maintenant tenter de vous éclairer. Certains d'entre vous ont beaucoup marché, et la vie est courte, aussi pas question de longs discours. Alors de quoi s'agit-il et de quoi parlons-nous sans cesse ? Nous parlons d'attachement et de libération. Mais de quel attachement et de quelle libération, en avez-vous idée ? De l'attachement à l'ignorance, et de la libération de l'illusion ! De rien d'autre ! En vérité, si vous y regardez de plus près, vous verrez que tout est attachement ! Vous êtes attachés à l'idée que les choses existent d'une façon solide, indépendamment les unes des autres et indépendamment de vous ! Comme ce n'est pas le cas, vous souffrez ! Vous croyez les voir apparaître et disparaître ! Vous pensez qu'elles croissent et qu'elles déclinent !

D'abord vous « inventez » un objet ou un être indépendant de vous, puis vous vous « inventez » vous-même. Ou bien vous vous « inventez » vous-même et par suite vous « inventez » ce qui vous entoure, comme si cela vous était étranger et extérieur ! Une fois que ceci est fait, vous avez une sorte de trou de mémoire. Vous oubliez cette double création simultanée, et vous vous mettez, par un enchaînement d'une logique inaltérable, à vouloir toucher, saisir garder, prolonger ce que vous avez faussement isolé. Mais ce qui n'existe pas par soi-même, de façon indépendante, ne saurait se maintenir ! C'est pourquoi vous vivez dans un monde où règne l'impermanence. Votre désir de faire durer des choses qui n'ont par elles-mêmes aucune consistance est la cause de votre expérience du transitoire et de la douleur. La soif d'une existence séparée, bien que cette existence séparée soit entièrement illusoire, est la racine d'une souffrance bien réelle ! Vue ainsi, la vie n'est qu'une suite de frustrations. À chaque instant vous constatez l'échec de votre entreprise. Le sol se dérobe sous vos pas. Vous voudriez continuer à vivre, tel que vous êtes, et pour cela vous avez besoin de solidité autour de vous, mais tout se transforme ! Vous vous transformez aussi ! Que d'angoisses ! Que de peurs ! Tout dans cette position n'est qu'insécurité ! Ce que vous appelez votre corps se maintient-il ? Ce que vous appelez vos sensations se maintient-il ? Ce que vous appelez vos sentiments se maintient-il ? Ce que vous appelez vos pensées se maintient-il ? Ce que vous appelez votre esprit se maintient-il ? Alors quel est ce JE dont vous parlez comme si vous le connaissiez et comme si vous deviez sans cesse lutter pour le garder intact ? Quand fut-il jamais intact, sinon dans votre fausse conception de vous-même ? Qui êtes-vous ? Si vous utilisez le mot JE vous devez pouvoir trouver une entité réelle à mettre dessous. De même que si vous utilisez le mot cruche, vous devez pouvoir y mettre quelque chose ! Allons-y pour la cruche ! Qu'est-ce qu'une cruche ? Il est évident que si je la jette par terre, vous direz tous « la cruche est cassée ! », comme si vous saviez de façon évidente ce qu'est une cruche. De même si vous voyez quelqu'un mourir vous dites « Untel est mort ! » comme si vous saviez de façon évidente qui est Untel. Mais je vous le demande, quel est le Untel qui est mort ? Est-ce le Untel bébé, petit garçon, adulte, vieillard ? Lequel fut vraiment Untel ? Quand Untel est-il vraiment devenu pleinement Untel ? Quand Untel est-il apparu ? Et quand a-t-il disparu ? De même : Quand cette cruche est-elle apparue et quand a-t-elle disparu? Si je la casse, est-ce la glaise que je casse? L'ébauche qu'elle fut sur le tour du potier? La terre cuite au four? Le récipient décoré et verni? Où sont allées les étapes préliminaires? Sont-elles mortes elles aussi? Quand? Comment? Ne voyez-vous pas que vous mettez des mots fixes sur des phénomènes mouvants! Des mots séparés sur des choses ou des processus qui ne le sont pas? Allons, constatez, et cessez d'être tourmentés par la soif de ce qui ne peut pas être. Voyez les choses telles qu'elles sont et comment vous en êtes arrivés à cet état de souffrance. S'il n'existe pas de chose ni d'ego indépendants, s'il n'existe en soi ni JE ni CRUCHE, il est impossible de dire que quoi que ce soit apparaisse ou disparaisse! Impossible de dire que quoi que ce soit est impermanent! Ce qui n'existe pas n'a ni début ni fin! L'impermanence même est une illusion! La mer des phénomènes roule à l'infini, c'est la libération!

Un silence écrasa l'assistance.

— Avez-vous compris? demanda le Bouddha.

Plusieurs hommes hochèrent la tête d'un air dubitatif.

Tout d'un coup, ils avaient eu la sensation d'avoir saisi quelque chose, ils avaient été transpercés comme d'un éclair, puis l'éclair s'était évanoui. C'était irritant.

Lorsqu'on entendait parler cet homme, on ressentait un certain malaise. Le monde habituel s'écroulait. D'abord il était décrit de façon reconnaissable: «Vous souffrez, vous avez peur!» puis venaient des phrases incompréhensibles comme: «Vous inventez un objet» ou «vous inventez un vous-même!» Comment pouvait-on s'inventer soi-même? Qu'est-ce que cela voulait dire?

Le Bouddha ne parlait pas toujours de manière si radicale. Ses tournures étaient rarement si énigmatiques. Mais ce jour-là, il s'était senti d'humeur à faire naître un doute profond dans l'esprit des gens. Peu importe s'ils ne comprenaient pas tout! Le désarroi les pousserait sur le chemin.

Comme personne ne répondait, le Bouddha prit une cruche qui était posée à côté de lui et dont sans doute avait jailli spontanément son exemple. Il la tint en l'air.

— Quelqu'un peut-il me dire ce que c'est? Quand le

potier était en train de tourner la glaise sur son tour, pouvait-on dire : « Ceci est une cruche » ?

— Non, répondirent des voix enhardies.

— Vous disiez alors : « C'est de la glaise », n'est-ce pas ?

— Oui, et je ne vois pas de mal à cela, dit un homme. D'ailleurs, cette cruche, c'est moi qui l'ai faite, je suis potier.

— Parfait ! Et quand la glaise était encore dans le sol, mêlée à des pierres et à la terre, que disiez-vous ? Était-ce de la glaise, était-ce cette cruche ? Quand cette cruche est-elle apparue ?

Toutes ces questions n'ont ni queue ni tête, pensaient les paysans, que veut-il nous faire dire ? Une cruche comme ça il y en avait des millions ! Les femmes les posaient sur leur tête pour aller au puits ! Voilà tout !

— Alors, demanda le Bouddha, je suis sûr que vous pensez que ceci n'est pas bien important ! Vous croyez que c'est une abstraction. Mais que diriez-vous si je parlais de vous-même ? Où avez-vous commencé ? À votre naissance ? Qui étiez-vous avant que votre père et votre mère soient nés ? Montrez-le-moi !

Un soupçon d'inquiétude parcourut l'assistance. Un homme grand et maigre se leva. C'était un lettré.

— Si nous avions un nom spécifique pour ce mélange de glaise, de terre et de pierre, alors cette chose semblerait exister pour nous de façon autonome et il nous semblerait que l'extraction de la glaise la détruit. En bref, il me semble que si une chose a de l'intérêt pour nous, nous lui donnons un nom et l'extrayons ainsi, artificiellement, du flux des phénomènes dont elle semble faire partie. C'est comme si, dans une rivière perpétuellement en mouvement, nous sélectionnions quelques gouttes en considérant que le reste n'est que leur environnement. Bien sûr, alors, nous voyons ces gouttes se transformer et mourir ! Mais c'est nous qui les avons créées !

— L'image est astucieuse, dit le Bouddha, il faudra que je m'en souvienne.

— Ainsi du temps ou de l'espace, qui sont des continuums, nous faisons de petits morceaux collés bout à bout.

Certains de ces morceaux — ceux auxquels nous sommes attachés — portent un nom, les autres sont « inexistants ».

— Donne-moi un exemple.

— Dans l'espace nous n'avons pas de nom pour décrire les intervalles entre les objets. Ainsi il nous semble que ce sont les objets qui sont posés ou qui bougent dans un vide inexistant. Ceci parce que c'est la matière solide qui nous intéresse. Mais si nous étions des oiseaux, nous donnerions un nom aux espaces et lorsque les objets bougent nous considérerions que c'est cet espace entre eux qui est détruit. Peut-être cette destruction nous arracherait-elle des larmes, comme la fin des objets nous chagrine à présent !

— Voici une intéressante réflexion linguistique ! dit le Bouddha. Mais ce que j'aimerais savoir, c'est ce que tu en fais dans ta vie quotidienne.

— J'essaye de regarder le monde sans préjugés, dit l'homme, car en fait, à tout bien observer, il me semble que presque tout est habitude, arbitraire. Nous vivons dans un monde de conventions, dont nous oublions que nous les avons fabriquées.

— Je suis bien d'accord, dit le Bouddha. Regardons encore ! Qu'est-ce que cela ? Ultimement ? En soi ?

Il leva la cruche à nouveau.

— Parfait. Puisse cette question vous hanter ! Puissiez-vous sortir de la souffrance dans laquelle vous êtes si sottement entrés !

Les membres de l'assistance, pour la plupart, commençaient à se demander s'ils n'avaient pas affaire à un fou. Pas à pas, avec leurs esprits lents, ils tentaient de refaire le raisonnement auquel ils venaient d'assister. Cela donnait des choses de ce genre : De seconde en seconde, tout change. Soit ! Si tout change il est impossible de dire d'une seule chose qu'elle change, car elle a à peine eu le temps d'exister en tant que chose. Ce n'est que son faux nom qui se prolonge, tandis qu'elle est déjà dans un autre état. Soit ! Si elle n'a pas eu le temps d'exister, elle ne peut pas disparaître. Elle n'est, non plus, jamais apparue ! Si tout est impermanent, l'impermanence n'existe pas, elle n'a aucun sens ! Pour exister en tant qu'impermanence il faut l'opposer à un fond de permanence. Soit ! L'impermanence n'existe pas, parce que tout est impermanence. Si tout est impermanent, rien n'existe vraiment. Si rien n'existe vraiment, rien ne peut, vraiment, être impermanent... Ceci était une façon de voir ! Mais qu'est-ce que cela faisait, sinon donner envie de hurler de terreur ?

— Mes amis, dit le Bouddha tendrement, ne soyez pas surpris. Prenez n'importe laquelle des questions que vous vous posez à présent et laissez se dérouler jusqu'au bout votre perplexité. Regardez avec des yeux neufs. Qu'avez-vous vérifié vraiment ? De quoi êtes-vous sûrs ? Que pouvez-vous observer à partir de rien, comme si vous n'aviez rien appris ? Pour l'instant vous êtes sûrs qu'il se cache quelque chose derrière ce mot JE que vous croyez si solide. Mais il n'y a peut-être derrière tout cela qu'un désir, et non une réalité. Vous craignez de reconnaître qu'il n'y a pas d'ego permanent. Mais si vous le reconnaissez, s'il n'y a effectivement pas d'ego permanent, où donc la mort s'accrocherait-elle ? Si la mort est permanente, sur quel fond se produit-elle ? Y a-t-il un fond ? Allez et découvrez par vous-même ce que signifient mort et vie ! Allez et découvrez ce qui ne dépend de rien, ce qui n'est jamais apparu et ne disparaîtra jamais !

— Et la cruche, et la cruche ? cria l'homme qui avait pris la parole au début et était potier. Je voudrais savoir, pour la cruche ! Qu'est-ce que c'est qu'une cruche ? Je n'ai rien compris de tout ce que vous avez dit, mais ça, ça m'intéressait !

On va voir, pensait-il, car des cruches comme ça, il en faisait à tour de bras.

— Tu sais tout sur les cruches ?

— Un peu ! dit l'homme sûr de lui.

Le Bouddha leva la cruche et la fracassa sur le sol.

— Où cette cruche est-elle allée ? demanda le Bouddha.

Le potier, perplexe, se gratta la tête.

Mahakashapa, qui était un disciple ancien, leva le poing, l'ouvrit, le ferma...

Nul ne le remarqua.

L'assemblée se dispersa.

De retour dans son échoppe, Raju s'assit devant son tour. Il prit dans sa main une poignée de terre et se mit à la contempler avec étonnement. Les milliers de petits grains dont elle était constituée n'avaient rien de nouveau pour lui et cependant, il n'arrivait pas à se décider. Quelque chose d'étrange remuait dans son ventre et lui donnait la nausée. Comme s'il avait avalé un gros poisson vivant qu'il ne pouvait ni digérer, ni recracher. Mentalement il revit le geste provocant du Bouddha : « Où la cruche est-elle allée ? » Puis comme cela ne suffisait pas tout à fait à ranimer la sensation bizarre qui l'avait alors saisi, il façonna rapidement une petite tasse et la jeta de toutes ses forces sur le sol. Comme elle n'était ni sèche, ni cuite, elle s'écrasa dans la poussière avec un bruit mou qui lui sembla répugnant. Il se leva, se pencha au-dessus du petit tas informe collé sur lui-même et cracha. Loin d'avoir apporté la paix dans son cœur, le sage inconnu y avait amené la guerre !

Les jours passaient. À quelque distance de là, le Bouddha continuait ses pérégrinations et de loin en loin, on apportait à Raju de ses nouvelles. Il avait dîné chez un riche marchand, il avait prêché sur les quatre nobles vérités, il avait fait halte à K. pour se reposer. Raju serait bien allé le voir pour lui poser d'autres questions et l'envie l'en démangeait, mais il savait que c'était inutile, car il n'aurait pas compris les réponses. Il avait entendu tout ce qu'il y avait à entendre, le reste ne dépendait que de lui. On lui avait maintes fois répété que le Bouddha n'encourageait pas les foules à le suivre passivement, qu'il avait coutume, au contraire, de renvoyer les gens chez eux, en leur recommandant d'être leur propre lampe. « Les Bouddhas ne peuvent qu'enseigner, disait-il, ils n'ont aucun pouvoir pour vous délivrer. C'est à vous de parcourir le chemin qu'ils ont défriché ! » Ayant vaincu le démon de la tentation, Raju se rasseyait devant son tour, et il faisait monter entre ses pouces des vases et des cruches, comme s'il avait été en train de tordre le cou à un ennemi. Il avait senti que la réponse se situait sur un autre plan que la question, qu'elle devait la faire voler en éclats comme le Bouddha avait brisé la cruche. Mais comment s'effectuait ce passage d'un niveau à un autre ? Pendant ses loisirs, il arpentait la campagne, les mains croisées dans le dos, avec une expression si féroce que les passants s'écartaient.

Des mois passèrent encore. Tous avaient remarqué le brusque changement de caractère du potier et s'en désolaient. Sa femme, soumise et douce, ne savait plus par quel bout le prendre. « Tu me déranges ! grognait-il lorsqu'elle lui apportait du thé. Retourne à la maison, j'ai du travail urgent ! » Mais dès qu'elle avait tourné les talons, il demeurait devant son tour sans rien faire, immobile et dégoûté, sans souci des commandes qui s'accumulaient. Ou bien, il était pris de frénésie, et fabriquait plusieurs centaines de petites tasses, qu'il jetait au fur et à mesure sur le sol derrière lui. Elle lui fit ses plats préférés. Il ne le remarqua pas. Elle pleura. Il ne le remarqua pas non plus. Il se mit à recevoir les clients au gré de son humeur. Il y en avait qu'il chassait en hurlant, sous prétexte qu'il n'avait pas le temps, d'autres pour lesquels il accomplissait des merveilles en un délai record. D'autres devant lesquels il cassait la pièce commandée au moment même où il la leur remettait. Il leur en faisait admirer les détails, s'assurait qu'ils étaient satisfaits et crac ! « Vous voyez, vociférait-il, crac ! Plus rien ! Pourtant elle était belle, hein ! Allez-y, ramassez les morceaux, je ne vous en empêche pas ! Crac ! Ha, ha, ha ! Mais qu'est-ce que c'est ? Hein ? Dites-le-moi ? Et où la cruche est-elle maintenant ? Y a-t-il quelque chose qui demeure ? Si cela demeure, c'était là aussi avant ! Avant la cruche, non ? S'il ne reste rien, alors nous sommes foutus ! Avant, après, pendant ? Qu'est-ce qui est là ? Qu'est-ce qui n'est pas affecté ? Cela seul peut être une cruche ! La vraie ! Répondez ! »

Terrorisé, le client s'enfuyait et ne revenait pas.

Raju était un manuel, et exprimer les idées avec des mots n'était pas son fort. Il ne pouvait pas expliquer ce qui le rongeait, ni le cheminement de sa pensée. Sa réflexion était plutôt comme une digestion. Parfois, au cours de la journée, il avait l'impression qu'un nœud s'était dénoué, mais il n'aurait su dire en quoi. Une fois, au cours d'une promenade il était tombé en arrêt devant une fourmilière. Les colonnes de guerriers encadraient les ramasseuses. À travers les brindilles, il apercevait les éclats blancs des œufs que, pour une obscure raison, ce jour-là, on déménageait. À ce spectacle, mais pourquoi ? son cœur avait bondi : « Elles aussi ! Elles aussi ! » Il en avait eu les larmes aux yeux. Il ne savait pas par quel obscur détour, il avait rapproché ce sentiment de celui que lui inspirait la vue de son fils, se traînant à quatre pattes dans le sable. Tout était si vulnérable ! Tant de monde s'entrecroisait tout en s'ignorant ! Parfois il s'apprêtait à rire : « Ah, comme c'était fort ! Comme cette chose était forte, omniprésente, même chez les tout-petits, chez les insectes et les larves ! » mais à la place, ce sont des larmes qui coulaient sur ses joues. Il suffisait de poser le pied en travers de la piste, comme un géant, et alors, et alors...

Il rentrait chez lui en courant, poursuivi du démon et se repenchait sur son tour. Il voulait déterminer l'instant précis où la corolle qu'il élevait se transformait effectivement en cruche : « Est-ce maintenant ? Est-ce maintenant ? » et celui où il pouvait la rendre à la motte informe dont il l'avait sortie. Il observait, non seulement la façon dont la matière réagissait, mais aussi ses propres sentiments. Qu'est-ce qui l'avertissait que l'objet était fini ou qu'il était retourné vers un état amorphe ?

Sa femme vint l'avertir qu'ils attendaient un autre enfant. Il dit : « Pour quoi faire ? » Un voisin lui commanda un vase très précieux pour le mariage de sa fille. Il dit : « Ne se cassera-t-il pas comme un autre ? » Et sa morosité ne fit qu'empirer. C'était vrai ce que le Bouddha avait dit, il ne suffisait pas d'avoir fait des cruches toute sa vie pour tout savoir sur elles, encore fallait-il s'être posé à leur sujet les bonnes questions. Il ne savait ni où une cruche commençait, ni où elle finissait, ni ce qu'elle était !

Il reprenait une poignée de terre. « Je crée cette cruche, se répétait-il en actionnant son tour, et maintenant, je la détruis. » La terre était toujours là, en même quantité. Qu'avait-il créé, qu'avait-il détruit ? Que s'était-il passé ? Qu'avait-il ajouté en façonnant cette cruche puisque rien n'en demeurait. Quelque chose survivait-il au processus ? À quoi rimait tout cela ? « Je ne peux quand même pas imaginer des "âmes de cruches" pensait-il, et dans ce cas, non plus, des "âmes-de-nous-mêmes". Antérieur et postérieur ! Voilà ce qu'il faut trouver ! Avant, pendant et après ! » Mais il ne trouvait pas !

Son commerce périclitait. Sa femme, pourtant si douce, commença à lui faire des reproches. Il la repoussa comme une mouche qui l'aurait harcelé. Ses problèmes étaient plus importants que des histoires de cuisine, de riz emprunté et de créanciers ! À quoi bon vivre, si c'est comme une bête qu'on mène à l'abattoir, un animal qu'on traîne avec un licou !

Une énergie de colère et de doute formidable s'accumulait en Raju. Il se sentait prêt à éclater à la moindre secousse. À l'intérieur, il était comme un paquet d'étoupe qui a longtemps fumé : le feu va se déclarer d'un instant à l'autre. À l'extérieur, le moment était venu de fermer l'échoppe et de déménager ! Sa femme était debout près de lui dans la cour. Elle avait rassemblé tout ce qu'elle avait pu dans des morceaux de tissu. Elle ne disait plus rien depuis longtemps. Raju ne comprenait pas clairement comment il en était arrivé à cette situation, et même à cet instant où elle s'était indéniablement concrétisée, il n'arrivait pas à en éprouver la réalité. Seule sa question lui semblait « véritable ». Tout le reste était un rêve sans intérêt.

Ils allaient partir. Raju regarda le tour une dernière fois. Le bébé se traînait à quatre pattes entre leurs jambes, sans comprendre. Alors la femme de Raju, celle qui était bonne et douce, celle qui n'avait jamais montré un geste de colère, saisit la dernière cruche qui restait et dit : « Tu vas voir, moi aussi, je peux en casser ! »

Crac !

L'enfant leva des yeux étonnés vers sa mère.
Raju se mit à rire comme un dément.

Raju est assis devant son tour. Celui-ci ressemble fort à l'ancien, au point qu'on pourrait s'y méprendre. L'atelier aussi d'ailleurs, sauf qu'il y règne une propreté méticuleuse. Une femme frappe. C'est la femme de Raju. Elle apporte du thé.

— Bonjour ma chérie!

— As-tu bien travaillé aujourd'hui?

— Oui, on m'a commandé tout un service. Si cela continue ainsi, non seulement le mois prochain nous aurons payé toutes nos dettes, mais je crois bien que nous aurons de l'argent de côté.

— Nous sommes en train de devenir riches!

— Presque.

— Qui l'aurait cru il y a quelques mois? Quand tu m'as dit « nous ne partons plus! » après que j'ai eu cassé la dernière cruche, j'ai cru que tu plaisantais. Ton rire était si étrange.

— La tempête s'amasse, soudain les éclairs jaillissent, puis le ciel est clair!

— Tu m'as fait tout déballer. Enfin, pour ce qui restait!

— Il n'y a pas eu de temps perdu. C'est du temps rattrapé.

— Surtout que depuis, ton travail a tellement changé. Tous les artisans de la région viennent te voir. Les gens disent qu'ils n'ont jamais vu des formes aussi parfaites.

— C'est parce que je commence à savoir ce que c'est qu'une cruche! Il prit un air moqueur.

— Mais tu ne peux pas me l'expliquer, cette merveille?

— Non bien sûr! Tu ne peux comprendre que par toi-même. Tiens, tout à l'heure, un client est entré. Il voulait savoir la même chose que toi. Il s'est exclamé: « Pourquoi ce que vous faites a-t-il l'air si simple et dégage-t-il une impression aussi extraordinaire? » J'ai ri. « Oui, vos plats donnent déjà la sensation de nourriture dans la bouche. Vos cruches ont l'air d'avoir inventé l'eau! » Sais-tu ce que je lui ai dit?

— Non

— Je lui ai dit : « Regardez bien, je vais vous montrer ce que c'est qu'une cruche... »

— Et tu t'es levé et tu l'as cassée.

— Bien sûr que non !

Raju se leva et alla la remplir au puits.

— Je ne comprends rien, je croyais qu'il fallait casser la cruche !

— Cherche !

Sa femme resta silencieuse un instant comme si le problème ne la concernait guère. Tout ce qu'elle voyait, c'est que son mari avait l'air heureux, et que leurs affaires s'arrangeaient. Elle ne voyait pas en quoi le fait de vraiment savoir la nature d'une cruche pouvait changer totalement l'existence. Pourtant, apparemment, il en était ainsi.

Raju s'absorba à nouveau dans son travail.

— Et là, que fais-tu ?

— Ah ça, ce sera mon chef-d'œuvre. Tout ceux qui le verront comprendront... Enfin peut-être. Cette cruche sera une offrande au Seigneur Bouddha. Dès qu'elle sera terminée j'irai la lui porter. Il paraît qu'il est de retour dans notre région.

— Béni soit le Seigneur Bouddha, dit la femme. Peu de temps avant elle l'aurait bien maudit, mais il était devenu l'artisan de leur prospérité.

— C'est sûr que c'est une pièce à laquelle je tiendrai !

Pendant que cette scène avait lieu, le Bouddha était préoccupé par une tout autre cruche. Décidément il y en avait beaucoup depuis le fameux sermon ! Mais celle-ci était considérée par la foule comme beaucoup plus extraordinaire que celles de Raju. C'était une cruche soit-disant miraculeuse. Pour faire montre de ses pouvoirs un yogi l'avait pourvue du don de se déplacer. Dès qu'on tendait la main vers elle, elle s'esquivait. Il paraît que seul un être d'une pureté parfaite aurait pu la saisir, ou quelqu'un d'une puissance égale à celle de son propriétaire.

— Quel égarement ! se disait le Bouddha. On veut leur

montrer comment faire cesser toute la souffrance et ils se distraient avec des mômeries ! Celui qui a mis au point un tel spectacle est profondément enfoncé dans l'ignorance. Il ne sait pas ce que c'est qu'un vrai miracle !

Le Bouddha soupira.

Ananda leva la tête.

— Vous êtes songeur, Seigneur.

— Oui, je pense encore à cette cruche.

— Les moines se réunissent le soir et ils engagent des paris. Le campement de la sangha est devenu comme un champ de foire !

— Je sais.

— Ne pouvez-vous pas donner l'ordre de cesser ces distractions ?

— Bien sûr, je le peux. Mais je préférerais qu'ils comprennent par eux-mêmes. Ne voient-ils pas que s'ils sont confrontés à la vieillesse, à la maladie, à la mort d'un être cher, la possession d'une cruche miraculeuse ne leur sera d'aucun secours ! Il en serait de même s'ils pouvaient voler dans les airs ! Quelle en serait l'utilité face aux grandes questions de l'existence, et face à la douleur ?

— Ne pouvez-vous pas aller saisir cette cruche vous-même et ainsi leur montrer que vos pouvoirs sont égaux, et même supérieurs ?

— Tu veux que j'aille gagner de l'argent pour remplacer mes vieilles robes et monter le cirque du Bouddha ! dis-le tout de suite, Ananda. Ah, je m'y vois ! Le Bouddha rit de ce rire cristallin qui était toujours une surprise, puis sans prévenir il se mit en colère :

— Le Bouddha ne fera jamais étalage de pouvoirs ! Le Bouddha n'a aucun pouvoir...

— Sauf une patience infinie. Une compassion infinie, dit Ananda.

— Le Bouddha ne possède rien ! dit le Bouddha. La nature-de-Bouddha n'est pas du domaine de l'avoir ! Ne parlons plus de ces choses ! Il vaudrait mieux se rincer la bouche ! Je vais attendre encore quelques jours. Une solution viendra.

Raju s'était mis en chemin. Tout en marchant il regardait la campagne qui défilait. C'était comme si les couleurs étaient devenues plus fraîches, les formes plus nettes, la vie plus luxuriante. « Où ai-je passé toutes ces années ? se disait-il. Dans quel tombeau ai-je vécu ! Et dire que tant d'hommes y vivent encore sans le savoir ! » Il rencontra une fourmilière, vieille connaissance. Il lui fit une petite révérence et passa son chemin. « Merci, merci, merci à tout ! » Son pas était alerte et élastique. Son visage respirait la bonne humeur. On aurait eu peine à reconnaître le Raju d'antan. « Ces nuages, hein ? Quelle merveille, disait-il aux vaches qu'il croisait. Les avez-vous remarqués ? Et le plus magnifique, c'est qu'ils n'arrêtent pas de changer ! Tout change ! Tout est constamment nouveau ! C'est fantastique non ? L'impermanence est partout ! Vive l'impermanence ! »

Alors qu'il approchait d'un petit bois, Raju entendit des cris et des rires. Le soir tombait. Un groupe d'hommes était assis autour d'un feu. Ils faisaient des gestes comme s'ils jouaient à un jeu. Une cruche était par terre. Raju s'approcha. Il ne s'attendait pas à trouver les compagnons du maître ainsi, mais visiblement, le Bouddha n'était pas là. Peut-être son enseignement avait-il volé en éclats comme maintes et maintes cruches ? C'était la loi de la vie ! Raju était devenu philosophe. S'il en était ainsi, il partirait. Il fit encore quelques pas et attendit.

Un grand gaillard au nez rouge faisait le bonimenteur :

— Et maintenant, mesdames, messieurs, qui veut se risquer à saisir l'inégalable cruche ? Les paris sont engagés. Un contre trois pour Nagabodhi ! Qui dit mieux ? Et si vous l'attrapez elle est à vous ! Tout incrustée de pierres précieuses ! Allons, allons, qui veut montrer qu'il a réalisé la voie des Bouddhas ? Qui se lance ?

— On n'en a rien à faire de ta cruche ! tonna Raju. La voix était sortie de sa gorge à son insu.

— D'où vient-il celui-là ?

— Peu importe !

— Et quel miracle peux-tu faire ?

— Un bien plus grand miracle que celui que vous contemplez en ce moment !

— Ah, dit la foule intéressée.

Le bonimenteur prit une mine déconfite.

— Eh bien, montre-le, ton si grand miracle !

— Si vous voulez. Mais laissez-moi vous avertir que c'est un miracle spécial. Seuls ceux qui ont réalisé la nature de l'univers pourront le comprendre. Les autres sont des imbéciles de la pire espèce, des porcs aveugles, des ânes destinés à errer sans fin dans le samsara.

La foule se tut, pleine d'un effroi sacré.

— C'est un truc, dit le bonimenteur, il ne va rien faire de spécial et nous n'oserons rien dire, de peur de passer pour des idiots !

— Pas du tout ! dit Raju et, prenant en main la précieuse cruche de terre qu'il avait façonnée pour l'offrir au Bouddha, le résumé de tout son art, il la jeta à terre.

Son chef-d'œuvre vola en éclats. Des hommes reculèrent en se protégeant les yeux, puis le cercle se reforma.

— Alors avez-vous vu ? Avez-vous compris ?

— C'est bien ce que je disais, dit le bonimenteur, cet homme n'a rien fait de spécial, mais il voudrait nous le faire croire !

— Quand on laisse tomber une cruche, elle se brise, dit un autre, et alors ?

— Et alors, dit Raju, cela c'est tout l'univers ! Quand vous voyez cela, vous pouvez tout voir ! Tout est exposé au grand jour, il n'y a rien de plus infini ! Ici, la terre entière tremble ! Mais vous ne le voyez pas !

— Tu mens, ce n'est pas un miracle, dit quelqu'un. Tout le monde peut en faire autant ! Et si moi je le fais, ce sera exactement pareil !

— Pas du tout ! rugit le Bouddha.

Tous se retournèrent. Maintenant ils avaient l'air d'enfants pris en faute. D'abord on leur présentait des miracles, puis on leur disait que ça n'en étaient pas ! Puis on leur présentait des choses ordinaires, et on leur disait que c'étaient des miracles ! Qui fallait-il croire ?

— Ce que cet homme a fait, aucun de vous ne peut le faire ! Et il n'y a pas besoin pour cela de preuves, ni de championnat ! C'est clair ! Ainsi toi, par exemple, si tu jettes cette cruche par terre, tu ne feras que jeter une cruche par terre, mais lorsque cet homme le fait, le tonnerre retentit à travers les trois mondes et la terre est secouée sur ses fondements ! D'un geste il a renversé le mont Sumeru ! D'un geste il a abattu les murs des six prisons ! Il a libéré les animaux, les démons de l'enfer, les esprits affamés, les hommes, les titans-guerriers, les dieux ! Au-dessus de sa tête tous les devas sont groupés et chantent des chants célestes ! Sous ses pieds tous les êtres tourmentés laissent tomber leurs chaînes et se prosternent ! Non, ne levez pas les yeux ! Vous ne verrez rien ! Ne regardez pas en bas ! Tout ceci est hors de votre ressort ! Mais il en est ainsi ! C'est moi, le Bouddha, l'éveillé, qui vous le dit ! Ce que cet homme a fait, aucun de vous ne peut le faire, parce qu'il est le seul à savoir exactement ce qu'il fait et de quoi il s'agit ! Tous les autres miracles pâlissent à côté de celui-là ! Tous les autres miracles lui seront donnés en sus, mais il ne saura qu'en faire ! Il n'en aura cure ! À quoi bon faire des mômeries avec une partie de l'univers quand on l'ébranle à chaque seconde en entier !

La foule recula avec effroi. La colère du Bouddha était formidable. Hasard ou coïncidence, le vent venait de se lever et soulevait tandis qu'il parlait sa robe orange. Les nuages s'étaient amassés. Les cimes des arbres se tordaient. Ses yeux lançaient des éclairs. Sous cette avalanche de compliments Raju s'était tassé. Il voulait se faire oublier. Maintenant qu'il avait cassé sa cruche il se sentait stupide d'être apparu devant le maître les mains vides. Quel dommage ! Il n'avait plus rien à lui donner !

En un instant la colère du Bouddha tomba.

— Mes amis, dit-il doucement, je vous en prie, sortez de l'ignorance ! Ce n'est que parce que je sais vos souffrances que je parle ainsi. Une mère peut-elle laisser son enfant se brûler au feu ? L'enfant croit que le feu est un jouet ! Mais le feu le tue et le brûle ! Vous brûlez sans le savoir ! Aucun de ces passe-temps qui vous fascinent n'est innocent ! Tous vous enchaînent encore plus sûrement à une vision ordinaire des choses, à une conception banale et conditionnée, à une opposition entre ceci et cela, entre l'univers et vous !

Vous avez pu voir à l'instant deux miracles! Le premier, je viens de vous l'expliquer. Qu'il vous ait échappé, soit! Un jour vous le saisirez! Mais le deuxième, si votre cœur avait été un peu ouvert, aurait dû vous mettre les larmes aux yeux: nous sommes tous attachés à nos biens, à nos dons ou à nos accomplissements et par là nous prouvons à quel point nous sommes des êtres vulgaires! Mais vous avez eu devant vous, à l'instant, un homme qui ne vous connaissait pas, et que d'ailleurs je ne connais pas non plus, qui ne vous devait rien, et qui cependant, en un éclair, a été capable de sacrifier ce qu'il avait de plus précieux! Pourquoi a-t-il fait cela? Pour vous instruire! Ainsi ce qu'il a fait n'est pas le bris d'une cruche, c'est le bris de tous les égoïsmes et par là de toutes les ignorances, c'est le bris de tous les esclavages! Cet homme vient d'ouvrir toute grande devant vous la porte de la Liberté!

Raju rougit encore davantage. Tout ceci était bien immérité. Il n'avait rien fait de spécial. Le seul ennui est qu'il avait les mains douloureusement vides! Quoi, avoir fait tout ce chemin, se trouver devant le maître et être incapable d'exprimer sa gratitude, c'était encore plus intolérable que d'avoir tous ces yeux fixés sur lui!

— La vie n'est que miracles! continua le Bouddha tout à fait radouci. La lumière inonda son visage. Voyez-vous, c'est ainsi...

Il n'eut pas le temps d'achever sa phrase, Raju se prosternait devant lui.

Sans savoir ce qu'il faisait, il venait de saisir la « cruche magique » comme une vulgaire brindille et il la lui tendait à bout de bras.

— Merci, dit le Bouddha.

— Merci à vous, Seigneur! dit Raju sans oser lever la tête.

— Et cet homme me remercie, moi qui n'ai jamais rien fait pour lui!

Le Bouddha sourit.

Miracle!

LA MORT D'HABIB LE MARCHAND

Habib était un riche marchand dont les voisins disaient qu'il avait tout pour être heureux : caravanes de chameaux qui sillonnaient le Moyen-Orient en tous sens, femmes qui lui avaient donné une nombreuse descendance, maisons confortables, serviteurs, en un mot, tout ce qui peut rendre la vie agréable et digne d'être vécue. Mais il n'en était rien. Chaque fois qu'il se levait le matin, Habib, qui était dans la force de l'âge et jouissait d'une robuste santé, se sentait pris d'une inquiétude insurmontable. Il n'aurait pu dire où le bât le blessait, mais le fait était là, qu'il se trouvait quelque part en porte à faux. Il avait l'impression de jouer dans une pièce d'amateurs un rôle en désaccord si complet avec son être véritable, qu'il ne pouvait tirer ni de ses expériences, ni de son intuition, ni de son imagination, la moindre ressource pour le rendre crédible.

En vain avait-il consulté son docteur qui lui avait prescrit un tonique pour le foie et une suite de médications si contraignantes, tant par leurs ingrédients que par leur horaire, que s'il avait voulu s'y conformer, il y aurait passé ses journées. Il avait agi ainsi, comme savent le faire tous les médecins, pour l'occuper, mais Habib n'était point dupe et sa sagacité de marchand valait bien la rouerie de l'Esculape. Le mal était resté et il avait même empiré, au point qu'Habib, le matin, n'avait plus du tout envie de se lever. La vue du ciel bleu et du grand soleil le remplissait de désarroi. Il avait envie de se cacher la tête sous les couvertures et de ne jamais plus se réveiller. Oui, vraiment, dans ce bel édifice qu'aucun des maux communs à l'humanité ne déparait, quelque chose «clochait».

Que faire? Les associés du marchand, ses fournisseurs, ses femmes, ses enfants, ses serviteurs, bref, tous ceux dont la prospérité dépendait de sa santé, s'inquiétaient. Ce n'étaient que des: «Et comment allez-vous ce matin, cher ami, cher collègue, cher époux, cher père, cher maître?» si bien qu'Habib en avait les oreilles rebattues. S'il n'avait pas été déjà malade, à coup sûr, il le serait devenu! Bientôt chacun se mit à courtiser sa maladie, afin de rentrer dans ses bonnes grâces, et à tenter d'en découvrir la cause. Car il était clair que, la cause étant trouvée, Habib serait guéri. Mais de cause, nenni! On avait beau suggérer à Habib qu'il regrettait inconsciemment la mort de son premier enfant mort en bas âge, il y avait vingt-huit ans de cela (et depuis Habib avait marié ses quatre fils aînés dans de nobles familles et assuré les bases de leur richesse), ou qu'il s'inquiétait d'avoir égaré dix ans auparavant un chameau, (il en avait acquis depuis trois cents, tous de solides bêtes bien charpentées), toutes ces causes lui semblaient, à lui, par trop intangibles. «Me prenez-vous pour une faible femme-nourrice? rugissait-il dans sa colère. Mon esprit est-il si débile qu'il serait influencé à distance par de telles futilités?» Les serviteurs se terraient. Amis et femmes s'excusaient. Évidemment! Un tel désarroi ne pouvait avoir qu'une cause d'ampleur équivalente. Bien sûr. On chercherait! On trouverait! Habib se calmait. Mais au fond, il était déçu, car il savait bien que, le lendemain matin, l'affaire n'étant pas réglée, le miroir lui renverrait son image, comme un puits qui laisse remonter à sa surface un noyé.

Finalement Habib, qui n'était point sot, constata que son entourage, tout en mettant un point d'honneur à tenter de résoudre le problème de son impalpable maladie, prétendait n'avoir jamais, au grand jamais, éprouvé quoi que ce soit de semblable! Chacun se concentrait sur les symptômes physiques, comme pour bien prouver que les doutes de l'esprit ne l'atteignaient pas. C'est avec un grand soulagement que le médecin (encore lui!) envisagea l'hypothèse d'une vertèbre sournoisement déplacée, qui comprimerait les organes ! Quant à la grand-mère d'Habib, elle lui reprochait de n'avoir pas porté les sous-vêtements en laine de chamelle qu'elle lui avait tricotés, et qui sont, comme chacun sait, une telle panacée ! Elle en faisait chaque jour elle-même l'expérience, et elle remerciait Allah de lui avoir fait découvrir assez tôt, par l'intermédiaire d'un bonimenteur rencontré sur le marché (grâces lui soit rendues ! il vendait des bonnets), le remède infaillible, non seulement aux circulations sanguines déficientes, mais à tous les maux !

Las de sa maisonnée, de sa ville, et même de son travail qui n'apportaient aucune réponse satisfaisante à sa sournoise inquiétude, Habib allait désespérer de trouver un seul homme, sinon sensé, du moins honnête à qui parler, quand une de ses femmes, moins sotte que les autres et qu'il avait toujours particulièrement favorisée dans son cœur, lui suggéra de rendre visite au grand maître sufi Ibn Mansur, dans la ville de Bagdad, celui-là même qui était connu sous le nom de : « l'homme-qui-dit-toujours-la-vérité ». Et si, lui, ne savait pas la raison de son mal, le voyage, étant long et malaisé, peut-être, oui, le distrairait...

— Je ne veux point être distrait, dit Habib qui n'était pas frivole. Je veux aller jusqu'au bout de cette question, s'il y en a un ! Il est sans doute bon, pour vous autres, de vous distraire, mais le mal reste là, et il vous saute dessus à l'improviste, dès que vous cessez de courir à droite et à gauche, quoique vous prétendiez ne jamais avoir eu affaire à lui ! Pour moi, je marcherai vers Bagdad, les yeux fixés sur mon but, sans rien voir, jusqu'à ce que j'aie trouvé cet homme.

La femme qui n'était point sotte détourna la tête et regarda par terre, Habib regarda le ciel. Il partit.

Il fit ainsi qu'il avait dit, et ayant réglé ses affaires, il ne lui fallut pas plus de quinze jours pour voir apparaître les tours de Bagdad à l'horizon. Ayant laissé ses bagages et ses gens dans une auberge, il s'enquit de la demeure du maître, qu'on finit par lui indiquer avec beaucoup de difficulté, comme se situant à l'autre bout de la ville, dans un quartier modeste, de l'autre côté du Jardin-des-Roses, qu'il fallait traverser. Sans prendre de repos, Habib partit de ce pas, dans la direction indiquée. Il marchait à grandes enjambées et regardait toujours par terre. Du dédale des ruelles, il ne vit rien, du jardin il ne vit rien. Il ruminait sans cesse sa question et imaginait des dialogues entre lui et l'homme-qui-dit-toujours-la-vérité. Maintenant qu'il en était arrivé là, il lui semblait ridicule de se présenter devant le maître avec un problème aussi grossièrement formulé que: « Je me demande ce qui cloche », ou bien: « L'étendue du ciel me fait peur, il est trop bleu ! » Il regrettait de ne pas avoir à sa disposition tout un arsenal de rébus philosophiques, dont il imaginait que le maître était friand, ou quelques versets du Coran qui illustreraient son sentiment avec habileté. « Cette question que je me pose, visiblement, n'a aucun sens ! se disait-il maintenant. Tous me l'on dit ! Il va me le dire aussi ! Il n'y a pas de remède à mon mal, puisque mon mal est informulable, et que tous s'entendent à affirmer qu'il n'existe pas ! » Le plus affreux de tout, c'était donc qu'après ce si long voyage et tant de dérangement dans l'ordonnance de son quotidien, là, si près du but, Habib sentait même la question lui échapper définitivment. Tout s'était envolé, il ne restait plus rien ! Mais il était trop tard pour reculer. Il était assis devant le maître, et le maître le regardait avec une acuité insondable et, semble-t-il, quelque peu amusée. Il sourit avec bonhomie et caressa les poils rares de sa barbe... Tout ceci était un cauchemar. Comment était-il arrivé ici ?... Qui l'avait fait asseoir sur ces coussins ?... Qui lui avait donné cette tasse de thé ?... Avait-il vu un serviteur ?... S'était-il déjà présenté ?... Le maître caressait toujours sa barbe: « Je vois, je vois, semblait-il dire. L'affaire est claire. » Mais il se contenta de désigner du doigt la tasse de thé, en souriant toujours.

« Je n'ai pas soif », voulut dire Habib, mais il ne dit rien. Il ouvrit stupidement la bouche comme un poisson qui se noie et il dit:

— Haaaaa.

Ce n'était qu'un gargouillis, mais le maître n'eut pas l'air surpris. Habib était furieux contre lui-même et il tenta de repousser la tasse, mais il se vit la porter à ses lèvres et en prendre une gorgée. Cette politesse accomplie, il voulut se présenter décemment, mais les larmes lui vinrent aux yeux et tout se brouilla dans sa tête : maisons, femmes, enfants, voyage, miroir, pas qui s'enchaînent, poussière, repas, sommeil, transaction, profit, naissance, deuil, vent du désert, ciel, fêlure. FÊLURE !

— Haaaaa, dit-il encore.

Le maître le regarda avec une grande bonté. « Beaucoup d'hommes se sont posé cette intéressante question, semblait-il dire. Vous n'êtes pas le premier, et si d'autres ont pu disserter sur elle un grand nombre de volumes, je peux vous assurer que je ne fais pas la différence ! »

— Haaaaa, dit Habib en sentant les larmes couler sur son visage, et il serrait la tasse de thé dans son poing à la casser.

Les mots ne voulaient pas sortir, mais comment mettre en mots tout ce qui remuait dans son cœur ? Comment traduire tous ces mouvements contradictoires qui n'avaient plus aucune histoire, qui n'étaient plus que la présence de la tasse dans sa main, des poils rares de la barbe du maître, des motifs rouges et jaunes du tapis.

— Haaaaa, dit Habib, en pleurant tout à fait, et la tasse pleurait, les poils de la barbe du maître pleuraient, les motifs rouges et jaunes du tapis pleuraient !

Ceci était un deuil inexprimable, et tout l'exprimait.

— OUI ! dit le maître d'une voix forte, comme s'il approuvait tout ce qu'Habib lui avait décrit de sa vie sans rien dire... La figue est mûre !... Écoutez bien ces paroles, car je dis toujours la vérité. Dans une heure vous aurez trouvé le remède définitif à votre mal. Mal que je ne connais que trop bien et dont les symptômes me sont familiers. Vous n'avez plus nul souci à vous faire.

— Je suis sauvé ? dit Habib.

Le maître roula des yeux terribles.

— Sans qu'on n'y puisse rien, et par accident inévitable, dans une heure exactement, vous serez mort ! dit-il.

Sans savoir comment, Habib était assis sous les feuillages, sur un banc. Il remarqua un nuage pâle qui s'effilochait et devenait transparent. « Quand ce nuage aura complètement fondu dans le ciel, je ne serai plus », pensa-t-il. Comment avait-il atterri ici? Son esprit hébété semblait s'être solidifié comme un bout de bois. Que faire? Que ne pas faire? Une heure c'était trop court, ou trop long. Et cet homme doué de clairvoyance, cet homme qui lisait dans le futur, cet homme qui ne mentait jamais, pourquoi lui avait-il annoncé cette terrible nouvelle! Si le mal était incurable, pourquoi le lui avoir dit? Qu'avait-il lu dans ses yeux à lui, Habib? Bien sûr il se savait malade, mais pas à ce point! Son émotivité en face du maître avait dû être un des signaux terminaux. Non, un homme qui a toute sa santé ne réagit pas de façon aussi disproportionnée! Stupidement Habib vit que sa main traçait dans le sable des dessins incohérents. Elle avait ramassé toute seule une petite branche. Elle menait une vie indépendante. Elle faisait des lignes, des volutes, des arabesques, elle ne se souciait pas de lui, Habib, avec son esprit solide comme une bûche. Habib se pencha. Ce gribouillis dans le sable, était-ce la carte de son destin?

Le temps passa. Habib vit l'ombre qui déclinait sous son banc. « Quand cette ombre aura avancé de dix centimètres, je ne serai plus, pensa-t-il. Mais il n'y a rien à faire, et il est trop tard pour rechercher les causes. Trop tard aussi pour éviter les conséquences, puisque tout est écrit, comme me l'a dit cet homme démoniaque, cet homme qui, en rien, n'a eu pitié de moi. Que faire? Que ne pas faire? »

Il ne pouvait être question de régler sa succession dans un délai aussi court, de conclure un marché, de doter ses filles, de faire, même, prévenir sa maison. Aucune œuvre ne pouvait être entreprise, aucune ne pouvait être achevée.

« Cette affaire ne peut être conclue! se dit Habib. Je suis comme un poisson dans un filet. Plus il bouge plus il s'étrangle. » Et il se prit à rire d'un rire dément: « Cette affaire ne peut être conclue parce qu'elle est conclue définitivement... et ce, par ma mort! Oh oh oh! C'est parce que cette affaire est définitivement conclue que je ne peux la conclure ! Oh oh oh ! Mais toute la vie est ainsi, en plus diffus, c'est tout ! »

Une fois atteint ce point critique, Habib se leva du banc. Au fait, où était-il ? Il demanda à un passant. Ah, c'était le fameux Jardin-des-Roses ? Il y était entré sans le savoir ! Eh bien, puisqu'il en était ainsi et puisqu'il n'y avait rien à faire, il avait tout le loisir de le visiter. D'un pas hésitant, puis de plus en plus ferme, il se mit à parcourir les allées. Oui vraiment, ce jardin méritait sa réputation. La disposition en était admirable. À chaque détour, aidée par la main de l'homme, la nature se révélait de façon imprévisible. À tel endroit c'était un bosquet qui avait été mis en valeur, à tel autre une vasque, une touffe de narcisses, un unique glaïeul. L'art du jardinier avait consisté en un soutien si invisible du caractère de chaque plante qu'elle semblait avoir poussé là d'elle-même. Les formes les plus éclatantes, celles qui attiraient tout de suite les yeux, ne servaient qu'à faire apparaître les détails des plus modestes qui, sinon, auraient été oubliés. De tout cela, on ne s'apercevait qu'à la longue. « Par Allah, pensa Habib, cet homme est-il vraiment un jardinier, qui fait plier ainsi une branche sous le poids qui est exactement le sien ? Elle ne pèse pas un gramme de plus, et cela sans y toucher ! Mais maintenant, cette branche, telle qu'elle est, forme une arcade qui répond à la courbe de la pelouse, qui elle-même donne naissance à la ligne de l'eau ! Ce sont des miroirs qui se reflètent les uns dans les autres, qui s'illuminent et qui s'engendrent ! Chaque feuille renvoie à chaque herbe, chaque herbe renvoie à chaque fleur, chaque fleur renvoie à chaque arbre et chaque arbre renvoie au ciel ! Non, par Allah, cet homme n'est pas un jardinier, qui a conçu un tel jardin, c'est un dieu ! Il a fait que chaque chose s'éclaire d'elle-même et en resplendissant révèle les autres. Chaque gravier est la totalité du jardin ! »

Habib continuait à marcher, et comme il marchait, il se rendait compte qu'il n'avait jamais regardé de cette façon chaque plante pour elle-même, qu'il avait toujours tout ramené à lui, pour en tirer la plus grande jouissance, ou le plus grand profit... « Cet arbrisseau chétif, là, j'en aurais détourné les yeux, pour ne respirer que le parfum des roses! Pourtant alors, le parfum des roses n'aurait pas réjoui mon cœur comme maintenant que je ne sépare plus les choses. Comme c'est étrange, il faut que j'aille le dire à cet homme! C'est une histoire extraordinaire, incompréhensible! Jamais personne avant moi n'a été le témoin d'un tel spectacle! Jamais personne n'a vu une telle beauté!»

Il sortit du jardin et se mit à marcher dans les ruelles surpeuplées et souvent nauséabondes, à la recherche de la demeure du sufi. Il ne se demandait même plus s'il aurait le temps de retrouver son chemin avant sa mort. Loin de la fraîcheur des feuillages, le soleil tapait de toute sa force entre les murs blancs. Des gamins dépenaillés jouaient dans la poussière. Ils lançaient des dés, ils se poursuivaient en criant. Du linge de couleurs vives pendait des balcons. Il faisait très chaud, mais c'était étrange, tout cela n'était pas désagréable. Cela avait même un charme certain. C'était une affaire «non conclue» toute la vie était en train. Et soudain Habib comprit clairement ce dont il commençait à peine à se douter, avec ses sensations bizarres: il vit que chaque balcon renvoyait à chaque fenêtre, chaque fenêtre à chaque couloir, chaque couloir à chaque venelle, chaque venelle à chaque toit et chaque toit au ciel. Il n'était pas sorti du jardin!

«C'est encore plus incroyable! pensa-t-il le cœur transporté, je vais tout raconter, de ce pas, à ce sufi. Il ne va pas me croire, tellement tout ceci est limpide!» Mais cette pensée fut immédiatement remplacée par une autre: «Imbécile, bien sûr qu'il va te croire! Il ne connaît que cela!» Puis immédiatement par une autre encore: «À quoi bon en parler? Le désir même de parler est dissous! Vouloir communiquer! Tout cela est éteint! Je suis là! Partout! Tous ceux qui ne me comprennent pas me comprennent! Tous ceux qui nient mon existence me vivent! Je suis la bouche même qui forme leurs paroles. Je suis les phrases futiles par lesquelles ils me repoussent. La bouche peut-elle parler à la bouche? Ah, comme l'amour est grand! Comme ils sont aimés, comme je les aime!» Il regarda les enfants. Il jeta une pièce à un mendiant. Il ramassa la pièce d'étoffe qu'un autre passant avait bousculée et reçut sans sourciller les injures du marchand qui n'avait rien compris. Il caressa un chien. Allah était grand! Marcher dans cette rue était une bénédiction. Il se sentait devenu transparent.

« Quel miracle! Quelle merveille! » pensa Habib en s'engouffrant dans le corridor obscur qui menait chez le sufi. Le maître était toujours assis dans la cour intérieure, près d'un mur. L'ombre avait imperceptiblement bougé. Une seule rose était tombée sur le sol et ses pétales s'étaient largement répandus dans le sable, aux pieds du maître, comme des gouttes de lumière. Ce fut l'ombre déplacée qui rappela soudain à Habib son échéance. Il regarda cette ombre: « Une heure, une heure seulement! » et chose étrange il se mit à sourire finement, comme le maître à son entrée première, avec une sorte d'amusement. Il venait, semble-t-il, d'avoir une pensée plaisante ou de se souvenir d'une bonne farce... La bonté éclate sur son visage. Va-t-il dire quelque chose? Mais non! Il caresse lentement sa barbe. Il hoche la tête. Il marche vers le maître d'un pas ferme. Le maître ne bouge pas. Il regarde la façon de marcher d'Habib. Il voit comment il pose ses pieds sur le sol. Il hoche la tête aussi, d'un air imperceptible. Il regarde Habib s'asseoir, Habib disposer deux tasses, Habib servir le thé, Habib porter la tasse à ses lèvres, Habib s'incliner, Habib boire...

— Je te l'avais bien dit! fit-il visiblement soulagé, que dans une heure tu serais mort, et je ne mens jamais...

— Sans vous, rien de tout cela ne serait arrivé! dit Habib les yeux humides de reconnaissance.

— La figue était mûre, dit le maître. Je n'ai rien fait. Le jardin était beau. C'est toi qui t'y es promené. C'est simplement une chance que je me sois installé dans ce quartier. Tous y rentrent mais quand ils en sortent, la vision s'est effacée.

— Mais comment avez-vous su, à l'instant, que j'étais mort?

— Seuls les morts savent boire le thé!

LE CHIEN DE JOB

Tout le monde connaît l'histoire de Job, mais bien peu connaissent l'histoire du chien de Job, pourtant ce chien aurait son mot à dire à propos du chemin qui mène à Dieu. C'est lui qui fit comprendre à Job le plus grand de tous les mystères, celui du Mal. Job est ainsi le seul homme qui eut pour maître un chien.

Tant que Job fut riche, ce chien fut gras et prospère, car tel père, tel fils, et tel homme, tel chien, mais quand Dieu se mit à faire pleuvoir sur Job toutes sortes de calamités, le chien, qui n'était en rien concerné, pâtit aussi. Le comble est que, la Bible ayant été rédigée exclusivement par des humains, ce fait est complètement oublié ! Ah, l'ingratitude de cette race ! Elle méritait bien le déluge !

Job devint squelettique. Son chien aussi, mais on avouera que pour un chien, être un « paquet d'os » est plus insupportable que pour un humain : Il avait l'impression d'être un mets convoité par ses congénères. Job fut couvert de croûtes et de pustules. Son chien aussi, mais du coup, tous ses poils tombèrent, et on avouera que, comme il en avait beaucoup plus que Job, son malheur était plus certain. Job eut la langue qui gonfla et noircit. Son chien aussi. Mais on avouera que, comme elle était beaucoup plus longue, c'est bien davantage qu'il souffrit.

De plus, Job priait et trouvait consolation dans les Écritures. Il croyait donner un sens à son infortune et se régalait d'espérance : Dieu le testait, Dieu s'intéressait à lui ! Sa récompense serait immense au paradis ! Mais le chien léchait ses pauvres pattes enflées et se contentait de regarder Job sans comprendre. Où était passée la bonne pâtée de nouilles et de légumes qui l'attendait à heure fixe ? Disparue ! Et la porte qui l'entourait ? Aussi ! Qu'était devenue la fenêtre par laquelle entrait le soleil qui permettait de si bonnes siestes ? Envolée ! Et le toit d'où pendaient des murs ? Aussi !

Les hommes ont coutume de croire que Dieu doit, ou devrait, résoudre tous leurs problèmes. Les chiens ont la même faiblesse, mais leur Dieu, c'est l'homme. Le chien de Job passa donc par une de ces périodes qu'un théologien appellerait « crise de la foi ». « Si Job est Dieu, se disait-il, pourquoi permet-il tout ceci ? Ne lui ai-je pas été fidèle ? Ne l'ai-je pas bien servi ? Puisqu'il peut tout, pourquoi ne fait-il rien ? » Cependant, avec son intelligence de chien, il en sortit plus vite que ses confrères humains. Soudain il se dit : « Mon raisonnement est logique, mais il est fondé sur des bases que je n'ai jamais vérifiées. Qui m'a dit que Job était tout-puissant ? D'où me vient une telle conviction ? Je lui ai peut-être attribué des qualités qui sont de ma pure fantaisie ! J'ai peut-être pris mes désirs pour des réalités ! Plutôt que de remettre en cause la divinité de Job ou son existence, je ferais mieux de chercher à comprendre qui il est et comment il fonctionne ! Au fond les pouvoirs d'un Dieu sont peut-être tout autres ! La situation est peut-être fondamentalement différente de ce que j'en vois ! » Quelques jours plus tard, sa conclusion prudente fut : « APPAREMMENT Job est dans le même embarras que moi, ce qui n'empêche pas qu'il existe, ni qu'il soit un Dieu !... » Une fois ce stade atteint, il retrouva la paix et lorsque les autres chiens, en les voyant passer tous deux si pitoyables, se moquaient d'une si piètre divinité affublée d'un si malingre serviteur, sûr de lui, il aboyait plus fort pour les faire taire. Il était complètement réconcilié avec l'impensable : un Dieu déchu, et quand pour le tenter on lui demandait son opinion à ce sujet, il répondait que lui, ça ne le tracassait plus !

Job, en attendant, vivait dans un monde où tout, même sa souffrance, avait un sens, et ceci le rendait fort. Il souffrait parce que Dieu l'avait permis ! Mais le chien de Job vivait dans un monde d'incohérence dont Job était le seul pilier. Une seule chose le réconfortait : c'est que Job sentait la joie. C'est un fait bien connu des animaux que les homme sentent toujours la peur. Ils ont tellement de pensées dans la tête, de souvenirs de maux anciens, d'inquiétudes pour le futur, que ceci les met dans un état d'angoisse permanent. Les animaux, eux, n'ont peur que de temps en temps, face à leur prédateur, dans l'instant. Lorsqu'il léchait la main de Job, le chien y trouvait l'odeur de la maladie, celle de la faim et de la vieillesse, mais pas celle de la peur. Il ne pouvait pas comprendre que c'était parce que Job avait la foi, mais il en était heureux pour lui. Et c'est lui, l'animal, qui tremblait de peur ! Hélas, cette bonne odeur de Job eut une fin !

Un jour Job était assis dans la neige et grelottait. Sa maison avait été détruite, sa femme et ses enfants tués, son bétail décimé, et de charitables voisins, tout attendris, ne lui avaient proposé que l'hospice. Le chien était à ses pieds et, malgré son absence de poils, faisait de son mieux pour le réchauffer. Dieu s'adressa à Job :

— As-tu froid, Job ?

— Non, je n'ai pas froid, dit Job, car je pense à la chaleur du paradis qui ne va pas tarder à me réchauffer ! Je vois une grille, je vois une immense cheminée, je vois un moelleux tapis !

— Ah c'est ainsi ! dit Dieu et, inexplicablement courroucé, il fit tomber des cieux, outre la neige, une averse de grêle supplémentaire !

Le pauvre Job, ne comprenant pas le sens de cette colère, ramena ses hardes sur sa tête et se mit à prier. Le chien qui, lui, ne pouvait ni voir ni entendre Dieu, leva un regard interrogateur vers le ciel : Un grêlon lui rentra dans l'œil !

Quand la grêle eut atteint plusieurs mètres d'épaisseur, Dieu arrêta la tempête pour parler :

— As-tu froid, Job ?

— Non ! dit Job vaillamment, car je pense aux reflets des clefs de Saint Pierre, et ils réchauffent mon âme comme des bûches !

— Ah c'est ainsi! dit Dieu, et, courroucé, il fit tomber des cieux, outre la neige, outre la grêle, des rafales de bise glaciales qui arrachèrent les hardes dont Job se protégeait. Fidèle, le chien se leva et se mit à courir après le bien de son maître. Il ne comprenait rien à ces brusques changements de saison!

Cette fois-ci, Job protesta timidement:

— Qu'ai-je fait pour mériter votre courroux, Seigneur? Est-il interdit de penser à votre paradis?

— Ah, c'est ainsi! dit Dieu. Imbécile, réfléchis! Et pour toute réponse, il le planta là, tout seul, dans la tourmente qui faisait rage.

Jusqu'ici, le chien de Job n'avait, lui non plus rien dit. Tandis que la voix de Dieu faisait trembler la cime des arbres, il n'entendait rien! Tandis que Job gesticulait face à l'espace zébré de mille éclairs, il ne voyait rien! Le temps s'était complètement détraqué et il neigeait en plein août... Son maître était un peu dérangé... Voilà tout! Quand Dieu disparut, il poussa un hurlement à la mort et dit:

— Nous allons périr, c'en est trop! Pourquoi restes-tu à regarder les flocons sans rien faire? Vite, secouons-nous, grattons le sol, creusons un terrier!

Il se mit debout avec peine, car il était vieux et les épreuves l'avaient affaibli. Il courut en tous sens comme un fou. Il reniflait ici, il reniflait là, il cherchait un endroit où le sol fût meuble...

Agacé, Job lui donna une tape:

— Ne vois-tu pas que tout cela ne sert à rien? Seras-tu jusqu'à la fin insensible aux bienfaits de la Religion?

— Ici, ici! répondit le chien tout excité. Et en plus, ça sent le lapin!

— Écoute-moi quand je te parle, dit Job, puisque je te dis que le vieux ne nous laissera pas tranquilles!

— Je ne sais pas qui est le vieux, dit le chien.

Job haussa les épaules d'un air découragé. Comment pouvait-il donner à un chien des cours de catéchisme?

— Il y a des choses que je ne peux pas t'expliquer, mais pour lesquelles tu dois me croire sur parole!

— Je ne crois que ce que je vois, dit le chien, je suis un expérimental !

— Il existe un pouvoir qui est au-dessus du mien, dit Job.

— En ce qui me concerne, tu es la dernière autorité, je ne peux rien concevoir de supérieur.

— Je suis très flatté, mais tu as tort !

— Prouve-le-moi !

Ici Job se trouva confronté à la difficulté que rencontrent fréquemment les mystiques humains, même parmi leurs frères.

— Tu me demandes de te montrer ce que tu ne peux pas voir, comment le pourrais-je ?

— Alors, comment pourrais-je te croire ?

Job décida de changer de conversation :

— Je perds mon temps, j'ai un problème à résoudre.

— Moi aussi, dit le chien, je dois nous construire un abri !

— C'est inutile, dit Job.

— Aide-toi, le ciel t'aidera, dit le chien, moi, je ne connais que ça !

— Allons, ici, couché ! dit Job en colère, l'ensemble de la situation te dépasse ! Tu vas te fatiguer en pure perte !

Mais le chien fit la sourde oreille. Désobéissant pour la première fois de sa vie à son maître bien-aimé, il s'enfuit hors d'atteinte, et se mit à creuser.

— Imbécile, cria Job, moi aussi en mon temps j'ai lutté. Ce n'est pas en restant assis par terre que je suis devenu patriarche ! J'avais trois étables, six cents bovins, huit femmes et une postérité innombrable ! La hauteur de la bouse qu'on raclait chaque jour devant ma porte faisait trois cents coudées ! Je sais ce que c'est ! C'est la dignité de l'homme : relève toi, marche, cherche une ouverture, la situation va changer ! Le mal ne peut durer toujours, il se lasse !... Mais cette fois, c'est autre chose, ne me demande pas pourquoi, c'est tout vu ! Le ciel est contre nous ! Plus nous lutterons, plus il nous accablera !

— Taratata, dit le chien, je te sauverai malgré toi.

Quand tu verras le beau terrier que je nous creuse, ton avis changera !

— Tu dis cela parce que tu n'as pas le choix ! Tu es poussé par le sang des dix mille chiens qui coule dans tes veines, et qui ont creusé avant toi !

— Je réussirai !

— Je te le souhaite, dit Job, mais il ajouta tout bas afin de ne pas le blesser : Hélas, c'est impossible. Dieu ne le voudra pas !

Comme s'il avait pressenti qu'on parlait de lui, Dieu fit retentir le tonnerre. Sa voix, plus forte que la tempête, mugit :

— ALORS ON CREUSE DES TERRIERS? ICI? QU'EST-CE QUE JE VOIS !

— Excusez-le, Seigneur, il n'est pas au courant ! Ce n'est qu'un chien ! De plus, il fait cela pour moi, parce qu'il a bon cœur !

— Passons pour cette fois, mais ça ne servira à rien !

— C'est ce que je lui ai dit, Seigneur, mais il n'a pas voulu me croire. Et puis, c'est vous qui l'avez fait ainsi, avec tous ces instincts. S'il creuse, c'est un peu de votre faute !

— Je sais, je sais, c'est pourquoi je lui pardonne. Je ne le foudroierai pas. Non ! Je croyais que c'était toi qui creusais !

— Moi, Seigneur, jamais de la vie ! Je sais bien que si je trouve une solution, vous allez me la retirer de dessous les pieds, comme un tapis ! Et une autre, et une autre !

— C'est vrai !

— Mais je ne sais pas pourquoi. À quoi ça sert tout ça ?

— C'est parce que je t'aime.

— Vous m'aimez !

— Oui, tout spécialement. Tu es fort, intelligent. Bien peu pourraient supporter ce que tu supportes. La plupart craquent avant !

— Mais dans quel but, Seigneur ?

— Seuls les gens comme toi peuvent trouver l'ultime-de-l'ultime, c'est-à-dire le summum du bonheur !

— Pour l'instant, je n'ai que froid aux doigts, Seigneur, et je ne vois en rien cet ultime-de-l'ultime.

— J'ai confiance en tes capacités. Si tu trouves, tant mieux, si tu ne trouves pas tant pis. Ce sera pour une autre fois. C'est ma méthode !

— Alors nous sommes foutus ! C'est la mort !

— Oui, dit Dieu, peut-être...

— Heureusement qu'il y a le paradis ! dit Job.

En un instant le ciel devint d'encre. Toute lumière quitta les cieux. Même la neige, ce qui semble impossible, noircit. Un silence mortel se fit.

Job attendit.

Une dernière fois la voix de Dieu retentit.

Elle disait cette chose terrible :

— IL N'Y A PAS DE PARADIS !

Job se retrouva dans la nuit.

Sa première pensée fut d'appeler son chien, mais il se rendit compte que ces ténèbres n'étaient pas des ténèbres ordinaires et qu'aucun son ne les perçait. Une angoisse indescriptible le saisit. Où était-il. Était-il muet, était-il aveugle ? Ou tout cela n'était-il dû qu'au lieu qui l'entourait ? Il voulut bouger, il s'en sentit incapable. Il voulut pleurer, mais il avait déjà tant souffert, connu de pertes et de deuils, que les larmes ne jaillirent plus. Même leur douceur, dernière consolation de l'homme, était tarie. « Seigneur », dit Job, épouvanté par la sécheresse de son cœur.

Tout se tut. Il ne savait plus s'il était assis sur le sol ou s'il avait les pieds en l'air. Cette désorientation était pire que tout ce qu'il avait supporté jusqu'alors. Il n'avait plus de repères, ni au-dedans, ni au-dehors. Jusqu'à la terre qui lui manquait.

Happé par un tourbillon dont il ignorait s'il mugissait dans sa tête, avec cette énergie terrifiante des pensées qui tournoient, ou s'il lacérait sa chair en l'emportant vers l'enfer, il se sentit monter et simultanément descendre. Cet arrachement d'une vitesse prodigieuse lui fit gravir l'échelle ascendante d'un entonnoir et le projeta en chute libre au fond d'un puits sans fond. « Seigneur, Seigneur, aidez-moi ! » supplia-t-il. Mais en vain. Dans ce temps, qui n'en était plus un, et dans cet espace qui n'en était plus un non plus, il se sentit saisi par les tentacules de poulpes insaisissables, frôlé par les ailes d'immenses oiseaux. Ces choses informes et puissantes n'avaient aucun nom. Elles étaient inconcevables. Elles étaient de la méchanceté à l'état pur. Alors Job se dit que la souffrance n'avait aucun sens et que Dieu était mauvais. Il se dit qu'il devait y avoir des limites à l'horreur et qu'il les avait atteintes. Mais il se trompait. Une foule de monstres nouveaux apparut, pleine de griffes et de crocs, de regards rouges comme des braises, une foule qui était un souffle, un halètement et une étreinte, qui se tordait et rampait, indistincte et coupable, en le pressant de tous côtés. Agitant ses bras, qui n'étaient plus que des moignons, ses jambes, qui lui semblèrent paralysées, Job se défendit avec l'énergie du désespoir contre cette meute, mais alors qu'il allait crier victoire devant la retraite des démons qui, à chacun de ses coups, s'évanouissaient en fumée, il vit que, dans son corps écartelé entre le haut et le bas, perpétuellement étiré sur une plus grande surface, chacune de ses cellules était devenue un immense marécage et qu'ils nageaient à présent dans sa tête et dans son estomac. Il hurla.

Cette fois-ci un son sortit de sa bouche. Le combat se figea. Dieu apparut.

— Job!

— Oui, Seigneur, dit Job, toujours écartelé.

— As-tu peur?

— Oui, Seigneur, arrêtez tout cela, je vous en supplie.

— Je n'arrêterai rien.

— Pourquoi Seigneur? Que vous ai-je fait? Ne vous ai-je pas toujours été soumis? N'ai-je pas toujours chanté vos louanges, même encore hier?

— Il est facile de croire en moi quand tout va bien ou quand tout est encore supportable. Quand on trouve encore à quoi se raccrocher. Qu'ai-je à faire d'une foi qui trouve des échappatoires? Je veux que tu trouves l'ultime-de-l'ultime.

— Moi, Seigneur?

— Oui, toi! Je laisse tous les autres se contenter de pacotille, c'est pour cela que je ne les accable pas. Ils ont tout leur temps pour percer le secret des secrets, trouver le Bonheur véritable. Le Bonheur que rien jamais ne viendra remettre en cause ou anéantir. Ils n'ont pas encore ton cran, ta force ! Ils seraient détruits sans remède par une fraction infime de ce que tu supportes ! Où serait le profit pour moi ? Sachant qu'ils ne peuvent pas voir ma véritable face, je leur laisse leurs petits plaisirs... c'est-à-dire tout ce qui passe... tout ce qui s'améliore... Mais ne sois pas jaloux d'eux. En les traitant apparemment bien, je les prive de la plus incroyable des découvertes. À chacun son temps, à chacun son dû, à chacun selon ses capacités ! Voilà ma Justice !

— Je n'y comprends rien, Seigneur, mais je vous en supplie, enlevez les monstres ! Je ne peux pas les vaincre. Ils sont au fond de moi ! Ils vont me dévorer !

— Qui t'a demandé de les vaincre ?

Job resta perplexe.

— Sais-tu ce que sont ces monstres ?

— Non, dit Job.

— Eh bien, moi non plus ! tonna Dieu, on n'a pas idée de fabriquer des choses pareilles ! C'est tout bonnement abject !

— Mais..., bredouilla Job, je croyais, je croyais que...

— Je vois ce que c'est, dit Dieu, c'est encore MOI qui vais devoir porter le chapeau pour tout ça. Un grand chapeau avec des oreilles d'âne, je suppose !

— Comment ! dit Job et, détournant son regard de la face de Dieu, que du reste il ne voyait pas, il reporta les yeux vers son propre corps toujours suspendu entre tous les axes de l'espace, territoire d'un immense combat.

— Eh bien, que vois-tu ? dit Dieu à bout de patience.

— Ils sont figés ! Seigneur. Notre conversation les a saisis sur place.

— Et où sont-ils ?

— Le plus gros est dans mon estomac. Il a la gueule ouverte et il bâille. Comme s'il était empaillé, Seigneur ! Mais dès que vous aurez tourné le dos, la mêlée va recommencer de plus belle.

— Est-ce tout ?

— Oh non! Seigneur, il y en a toute une cohorte dans ma tête, immense, et d'autres, minuscules au contraire, qui percent chacune de mes cellules d'une petite aiguille de venin glacé.

— Ils seront là tant que tu auras peur! Trouve une solution! La tienne, puisque ce sont les tiens! Crétin!

— J'ai compris, Seigneur. Je leur dirai OUI, comme à tout le reste.

— Tu n'as pas dit OUI, dit Dieu, tu le crois seulement!

— Comment, Seigneur! Mais n'ai-je pas accepté de bonne grâce tout ce que vous m'avez envoyé?

— Pas du tout! Ce n'était encore qu'un jeu dans lequel tu trouvais ton plaisir! Une forme d'évitement! Tu pensais que tout finirait au mieux! Sinon ici, du moins ailleurs! Tu t'échappais constamment! Job?

— Oui, Seigneur.

— Il n'y a pas de paradis, Job!

— Pas de paradis!

— Non, spécialement pour toi, je viens de le supprimer.

— C'est une plaisanterie, Seigneur, vous voulez m'éprouver au-delà de toute mesure!

— C'est maintenant que tu t'en aperçois! dit Dieu avec un rire féroce.

— Mais vous ne pouvez pas faire que toutes les Écritures aient menti!

— Les Écritures, c'est moi qui les écris. À partir de maintenant, c'est fini, F.I.FI. N.I.NI!

— Mais, c'est impossible, Seigneur!

— Non, c'est mon jeu. Du reste, je joue comme je veux. Et tu n'as rien compris. Mes Écritures sont symboliques. Puisque tu les as prises au pied de la lettre, pour en faire je ne sais quoi, je te les enlève! Plus de paradis, plus d'Écritures, c'est compris?... Plus d'anges qui soufflent dans leur trompette, plus de chœurs célestes, plus de grilles majestueuses, plus de cheminées flamboyantes, plus de tapis moelleux, plus rien de tout cela!

— Mais c'est un coup terrible, Seigneur, vous ne pouvez pas, à la fois, m'enlever tout ce qui est ici et tout ce qui est au-delà!

— Ton au-delà, parlons-en! De la musique, de la chaleur, du confort! Mais c'est un idéal de clochard, ça! Va donc, hé! Job, ton paradis te ressemble, mais ce n'est pas le mien! Il est composé de toutes les mesquineries qui traînent dans ta tête! C'est le ramassis de tous les plaisirs matérialistes! C'est le paradis des désirs inassouvis et des conventions! C'est l'opposition du chaud et du froid! Comme d'habitude! Rien de vraiment transcendant! Rien de vraiment surprenant! Rien d'original!... En fait, c'est comme ici, n'est-ce pas, seulement AILLEURS, PLUS TARD, ET EN PLUS GRAND! Pouah! Je suis vraiment déçu, Job! Si c'est ainsi que tu vois mon paradis, j'aime mieux ne pas penser à la façon dont tu me vois, moi! Suis-je un boutiquier, un vendeur de camelote? Ai-je donc si peu d'imagination? Allons donc! Tu crois me connaître, mais tu n'as jamais vu ma face! Tu te la représentes par ouï-dire! Tiens, si j'osais, je ferais bien un essai... Les résultats seront sans doute concluants! Voyons, comment entends-tu ma voix, en ce moment? hurla Dieu.

— Euh..., dit Job.

— Allons, sois honnête!

— Il est vrai que parfois, elle n'est pas très douce, bredouilla Job.

— Eh bien, voilà, la preuve est faite! Alors écoute-moi bien, Job, je ne HURLE pas, et je ne suis pas INCOMPRÉHENSIBLE. En ce moment même, je te l'affirme, mon souffle ne ferait pas bouger le pétale d'une fleur. Quant à mon caractère insondable, il vient de ce que tu ne l'as jamais sondé! Ah j'en ai assez d'être vu comme une sorte de vieillard sadique et gâteux! Quatre-vingts ans que tu me pries en t'adressant à quelqu'un d'autre! C'est trop fort!

Par trois fois la terre fut ébranlée.

Job tenta de scruter l'espace et il vit que c'était vrai. Les traits de Dieu étaient complètement brouillés.

— Et pour le paradis? s'enhardit-il

— Autant te le dire tout de suite pour que tu ne sois pas déçu! C'est pareil! Ce paradis-là, il n'existe pas! Pas de cheminée, pas de bûches qui réchauffent, pas de tapis moelleux! Le paradis, c'est comme partout: c'est du lino! Et les clefs de Saint Pierre sont rouillées ! Et quand on ouvre la grille, elle grince tellement que, même moi, j'en ai mal aux dents ! Voilà, es-tu content ?

— Horrible Dieu ! dit Job pour la première fois en levant le poing.

Dieu ricana.

Les monstres disparurent, mais la nuit revint.

Job s'assit dans les ténèbres et les ténèbres fondirent sur son cœur. Il avait eu peur des démons, mais ceci était pire. Ce n'était plus la peine de lutter, il n'y avait rien à faire, rien pour s'occuper, rien pour se distraire. C'était un immense désert dans lequel tout était mort. Même l'espoir.

— Me voici rendu nulle part, se dit Job, et je n'irai jamais ailleurs !

Il comprit que Dieu avait dit vrai. Il n'avait pas encore connu la souffrance. Malgré tout ce qu'il avait enduré. Il l'avait toujours esquivée en pensant à un après, ou à un ailleurs. Il avait vécu toutes ces années avec elle, loin d'elle. Est-ce pour cette raison que Dieu était si féroce ?

Comme il abordait ce point de ses réflexions, les ténèbres s'écartèrent.

— Tu vois, dit Dieu d'un ton radouci, une chaîne n'a de force que celle de son plus faible maillon. Tu croyais avoir la foi, tu croyais avoir tout compris, tu croyais voir ma face. Je teste ton ignorance ! On n'a pas éprouvé quelqu'un si on ne l'a pas éprouvé jusqu'au bout. La plupart s'écroulent avant toi, alors je les console, mais toi, je t'ai supprimé même le paradis !

— Ah, ainsi mes misères sont proportionnelles à ma résistance ?

— Bien sûr, là où tu t'arrêtes, c'est là où je m'arrête.

— Pourquoi ?

— Parce que je suis celui qui est le Bout-du-Bout. C'est à l'endroit où tu t'arrêtes, à l'endroit où tu refuses d'aller plus loin, à l'endroit où tu dis NON que pour toi, commencent l'absurde, l'incompréhensible et la révolte. C'est

Ton bout. Donc c'est Notre bout. C'est Le bout. Ce qui m'intéresse c'est ce qu'il y a au Bout-du-Bout.

— Ah, dit Job en baissant la tête, et il comprit que tout ce qu'il avait souffert jusque-là n'était rien face à ce qui l'attendait.

— Alors, le bout recule ? demanda-t-il.

— Oui, dit Dieu, mais il y a un bout total. Celui-là il est pour toi. Si tu veux ! Tu vois, toutes les situations ne s'améliorent pas. La maladie n'est pas toujours suivie de guérison. Parfois, elle entraîne la mort. Tu tentes toujours d'échapper aux situations par la vitesse, en les traitant comme une mauvaise passe. Et alors ? On voit bien le résultat ! Si le soleil n'apparaît pas après la pluie, tu doutes de moi ! Tu te mets en colère ! Ces soleils-là, qui brillent après la pluie, ces paradis-là, qui arrivent après l'enfer, laisse-les aux autres ! Cherche un soleil qui brille toujours ! Un paradis permanent ! Saute hors du Mal, hors du conventionnel, dans la Lumière !

— Mais je suis totalement dans les ténèbres, Seigneur, puisque vous m'avez tout enlevé !

— Je t'ai tout enlevé, par ma grâce. Explore ! Explore les ténèbres !

— Mais c'est abominable, Seigneur ! Je n'ai jamais connu de nuit aussi obscure. Je n'ai jamais été dans un tel dénuement ! Je n'ai plus ni passé ni futur ! Je ne crois plus à rien ! Aucune ouverture ne m'attend !

— Quelle chance tu as !

— Vous vous moquez, Seigneur !

— Non ! Car je ne suis pas un Dieu qui vient après. Je ne suis pas celui qui viendra à la rescousse ! Je ne suis pas celui qui chassera les ténèbres ! Qui consolera ! Car en vérité, je CONSOLE, mais autrement ! Pas ainsi que tu le croyais ! Allons cherche ! Explore l'horreur !

— Mais l'horreur est terrible, Seigneur !

— Qui es-tu pour savoir ce qui est BEAU ? Ma BEAUTÉ dépasse ton entendement ! Tu t'y refuses, avec ton esprit petit, qui ne fonctionne que de ceci à cela ! Heureusement, j'ai rendu impossible tout ce va-et-vient ! Je t'ai bouché toutes les issues, enlevé tous les espoirs !

— Mais Seigneur, je croyais que l'espoir était la vertu cardinale !

— Ne le crois pas, l'espoir TUE !

— N'est-il pas dit dans les Écritures qu'il ne faut jamais perdre confiance ?

— Je te l'ai déjà dit ! Je t'ai supprimé les Écritures ! Tu n'y comprends rien ! Celui qui espère véritablement n'espère pas dans le sens que tu crois. Son espoir n'est pas dirigé vers le futur ! Tout ce qui est dirigé vers le futur tue !

— Ne faut-il pas avoir la foi en des jours meilleurs ?

— Cette foi-là, n'est pas de la foi. Celui qui a la foi n'espère pas que je viendrai ensuite ! Je ne suis pas le Dieu d'ENSUITE !

— Je ne comprends pas, Seigneur, vous détruisez toutes mes certitudes, tout ce qu'on m'avait appris, toutes les conceptions à partir desquelles je m'étais rendu ce monde tolérable.

— Ce monde n'est pas un endroit à TOLÉRER ! Si tu le tolères, tu m'offenses ! En vérité, sa Beauté est telle que si tu la voyais, tu ne pourrais que rendre grâces !

— À chacune de vos paroles mon esprit se rebelle et se tord comme un serpent blessé ! Et cette neige, Seigneur ! Et ces pustules ! Et ce froid ! Et cette faim ! Est-ce Beau ?

— Tout ce qui est mort tremble devant ma Vie. Car ma Vie dépasse toutes tes conventions ! Tu ne SAIS rien !

— Allez-vous me laisser encore longtemps dans ces ténèbres, Seigneur ?

— Tu t'y es mis toi-même ! Explore-les ! Par ma grâce tu ne peux plus fuir ! Explore !

— Rendez-moi au moins mon chien !

— Soit !

Les ténèbres se refermèrent. Dieu disparut. Figure indistincte.

Une série d'aboiements joyeux se fit entendre. Job sentit immédiatement son cœur s'alléger. Comme si rien ne s'était passé, le chien apparut, tout frétillant de la queue.

— N'as-tu pas vu la nuit? demanda Job en le caressant avec une joie immense.

— Je t'ai vu regarder dans le vague, comme tu le fais souvent en ce moment.

— Il y a eu des monstres, puis un désert si absolu que j'ai senti toute ma vie s'évanouir.

— J'étais bien trop occupé à creuser pour remarquer quoi que ce soit. Et puis, tu sais, mes yeux ne fonctionnent pas comme les tiens. Je vois dans le noir, moi! Allez, viens voir, chez nous, c'est terminé et c'est rudement beau! Je me suis fait un peu mal aux pattes, mais cela n'a pas d'importance. Je me serrerai contre toi et nous aurons chaud!

Il tira Job par sa manche.

Job se leva péniblement. Vu les circonstances, pourquoi blesser un chien? Le corniaud, titubant légèrement de fatigue mais heureux, le précéda fièrement. Ils traversèrent un champ dont la neige moelleuse crissait sous les pas et s'arrêtèrent à l'orée d'un bois.

— Nous y voilà, dit le chien tout fier, c'est sous ce sapin! tu vas voir le palace!

Job écarquilla les yeux. Il faisait encore sombre, il ne vit pas grand-chose, cependant il s'exclama:

— Ça a l'air fantastique! Tu me fais un plaisir immense!

— Attends, tu n'as pas tout vu! Au fond, j'ai fait une sorte de lit en terre pour toi!

— Merveilleux!

— Nous y attendrons le printemps! Le printemps reviendra bien, ce n'est pas possible autrement!

— C'est cela!

— Ça sentait le lapin! Je finirai bien par les dénicher! Imagine un peu, un civet! Comme dans le temps! Ça fait des siècles que nous n'avons pas mangé! Alors tu es content?

— Mais oui!

Le cœur de Job se serra sous l'effet d'un affreux pressentiment.

— Tu n'as pas l'air dans ton assiette! C'est le temps qui t'attriste?

— Non, c'est le vieux!

— Laisse ton vieux de côté. Pour moi, il n'y a que toi. La vie n'est pas tellement compliquée !

— C'est parce que tu espères toujours ! Mais il paraît que l'espoir tue !

— Qui t'a dit ça ?

— C'est le vieux !

— Laisse tomber, l'espoir fait vivre !

Il avait à peine prononcé ces mots que le sol se mit à trembler. Le sapin entre les racines duquel le terrier était creusé vacilla. D'un mouvement de balancier de plus en plus ample, il s'inclina vers la droite, il s'inclina vers la gauche. Job retint son souffle. L'habitude d'une prière lui revint sur les lèvres, mais il se ressaisit ! C'était par trop absurde de s'adresser à un Dieu qu'il savait être l'auteur de ce drame. Ignorant de tout cela, le chien ne quittait pas l'arbre des yeux. « Mince ! » dit-il éberlué. Un instant on put croire que la catastrophe allait être évitée. Le sapin resta suspendu à la verticale comme s'il hésitait pour les narguer. L'instant d'après il tomba de tout son long, entraînant dans ses griffes des tonnes de terre.

— Ma maison ! gémit le chien

— N'y pense plus, dit Job, plus calme parce qu'il n'était pas surpris. Il détourna rapidement la tête : Allons ailleurs !

— Il n'y a plus d'ailleurs !

— Si ! dit Job fermement, prêt à tous les mensonges pour le consoler. Nous marcherons et nous arriverons bien quelque part !

— Il n'y a plus d'ailleurs, je le sens !

— Voyons, courage, où est passée ta belle humeur ? Ton dynamisme canin ? N'oublie pas que le sang de dix mille chiens indomptables coule dans tes veines ! Aide-toi, le ciel t'aidera, c'est bien connu !

Comme c'est fréquent entre gens qui s'aiment, ils avaient tous deux échangé leurs rôles. Avec cette réserve que Job ne croyait pas à ce qu'il disait. Il mentait effrontément. Il savait que, comme Dieu le lui avait dit, la neige les entourait à l'infini...

— Ressaisis-toi, tout ira bien, répéta-t-il.

— Non, cette fois-ci, c'est autre chose, je me sens tellement fatigué !

— Tu as creusé trop vite, sans reprendre ton souffle ! C'est normal ! Asseyons-nous un instant et il n'y paraîtra plus !

— C'est cela, dit le chien sans conviction, laisse-moi me remettre !

Ils s'assirent tous deux contre une butte de neige, tournant le dos au spectacle de la catastrophe. Ni l'un ni l'autre ne voulaient plus la mentionner. Non plus que la fatigue du chien. Tous les sujets étaient devenus interdits. Quelque chose de si triste planait dans l'air...

Ils se taisaient.

Job ruminait ses pensées. Il tentait de réchauffer le chien. Il n'avait pas le courage de lui dire la vérité.

Ce fut le chien qui aborda la question :

— Toutes les issues sont bouchées, parce que je n'ai plus de forces. Je suis vidé !

— Alors nous en sommes exactement au même point, dit Job sans lui expliquer que, fût-il encore un chien dans la vigueur de l'âge, il n'aurait pas pu s'échapper davantage... Nous voilà comme deux frères !

— Comme deux frères !

— Il fait froid, nous sommes dans la neige...

— Nous sommes ici !

— Oui, totalement ici.

Job regarda autour de lui. Il ne s'en était pas rendu compte, mais la nuit s'était légèrement éclaircie.

— Il y a des stalactites qui pendent des branches !

— Oui, c'est rudement beau, les stalactites ! dit le chien.

— Tu sais que la neige, c'est en fait de minuscules cristaux, comme des étoiles ?

— Ah non ! montre !

— Je ne sais pas si tu pourras voir ! Il faut un œil humain. Tiens, regarde dans ma main...

— Ça alors ! et ils sont tous différents ?

— Oui !

— Magnifique !

La nuit se leva un peu plus.

— Veux-tu que je te confie quelque chose ? dit le chien.

— Oui.

— Eh bien, je n'ai pas froid !

— Comment fais-tu ? Nous sommes aussi pelés l'un que l'autre !

— Je viens juste de m'en rendre compte, c'est simple. Le froid, je rentre complètement dedans, à la verticale.

— À la verticale ?

— Oui, ce n'est pas dur. Tu cesses de lutter. Tu cesses de bouger. Non pas à l'extérieur, mais à l'intérieur de toi. Alors il se passe quelque chose d'étrange. Essaye !

Job ferma les yeux. Au début il tâtonna. Puis il se dit : « J'ai froid. Comment est-ce ? Comment ? Comment ? » Alors il rentra dans son dos, dans les zones les plus vastes, puis dans ses épaules, dans son ventre. À cet endroit le froid semblait comme une seule nappe, compacte, permanente. Mais il continua à le questionner, usant du mot « comment ? » comme d'une foreuse. Sous cette nappe qui en fait se révéla intermittente, il en découvrit d'autres comme des paysages, de plus en plus précis, de plus en plus variés et de plus en plus... transparents. Alors il connut le froid dans ses détails, dans ses doigts et dans ses orteils, dans des endroits si minuscules qu'il n'aurait jamais cru qu'ils pouvaient exister. C'était un panorama dont les formes et les couleurs ne cessaient de changer, un panorama qu'il n'avait pas pu découvrir tant qu'il le fuyait. Et soudain, il fut en dehors du froid ! Il rouvrit les yeux :

— Sais-tu ce qui m'est arrivé ? demanda-t-il au chien. Je suis rentré dans le froid !

— Alors le froid est devenu encore plus froid !

— Oui, parce qu'il m'a révélé tous ses aspects.

— C'est cela, comme les facettes du cristal de neige, tout à l'heure !

— Exactement ! Le froid est devenu encore plus froid ! Il a envahi tout l'espace ! Il n'y avait plus que lui ! Mais ce n'était qu'une impression ! Car, tu ne devineras jamais, je suis rentré complètement dedans ! Et tout à coup, je suis passé au travers ! Crac ! Il s'est évanoui !

— Je sais, dit le chien. C'est ce que je voulais te dire !

— Mais c'est incroyable! C'est un miracle! Si le froid n'est pas le froid! Si on se retrouve au-dehors...

— On se retrouve au-dehors parce qu'on est rentré à l'intérieur! corrigea le chien.

— C'est abracadabrant! Et tu as trouvé ça tout seul?

— Oh, dit le chien, modeste, je viens de m'en apercevoir. Puisque je ne creusais plus, j'avais tout mon temps. Mais tu as vu le premier les cristaux, c'est la même chose! La neige, c'est toi qui l'a découverte!

— À nous deux nous faisons une bonne équipe!

— Oui!

La nuit se leva encore un peu.

Ils laissèrent passer quelques minutes en silence. Job était bouleversé. Il avait du mal à saisir toutes les implications de ce qu'il venait de découvrir. Il sentait que s'il comprenait tout à fait, il ébranlerait les racines du monde.

— Parle-moi du vieux, demanda soudain le chien.

— Le vieux dit: « Je ne suis pas le Dieu d'après. »

— Normal! Tu es Dieu!

— Je ne suis pas Dieu!

— Mais si, et bien sûr que tu n'es pas après, puisque tu es ici maintenant!

— Est-ce que tu m'en veux de t'avoir entraîné dans cette situation?

— Bien sûr que non! Puisque tu es ici, je suis heureux!

Job regarda le chien avec émotion. Celui-ci ajouta:

— Est-ce ainsi, Dieu, pour toi?

— Non! dit Job avec force.

— Alors, tu ne connais pas Dieu. Je te préfère, toi!

Le corps du chien se mit à trembler.

— Tu as froid, dit Job, inquiet.

— Pas du tout, je n'ai pas froid, c'est ce corps qui a froid et qui tremble. Moi j'ai chaud!

— Approche-toi de moi davantage!

— Je ne peux plus bouger, tu sais.

La gorge de Job se serra.

Ils approchaient tous deux du but et ils le savaient. Ils se recueillirent un instant. Le spectacle était magnifique. La neige s'étendait blanche, à perte de vue. On aurait dit un tapis moelleux. Seuls quelques sapins en striaient la blancheur à la verticale, pareils à d'immenses grilles. Ils la révélaient.

— C'est vraiment beau, dit le chien. Ses pattes commencèrent à avoir des convulsions.

— Oui, c'est beau, dit Job, en faisant semblant de ne pas le remarquer. As-tu vu comme le ciel s'est éclairci ?

— L'hiver c'est quand même quelque chose ! dit le chien, admiratif. Son souffle était devenu rauque. Seules quelques étincelles dansaient encore dans son regard. Elles étaient joyeuses : Job était là, Job était toujours là !

— Ça ne va pas, hein ? bredouilla Job en se penchant vers lui.

Mais il lut dans ses yeux un tel amour qu'il recula.

— Mon Dieu, dit Job, il l'a compris avant moi, le paradis c'est ici ! Dans cet enfer !

Le corps du chien cessa de trembler d'un coup.

Blanche et douce, la neige se mit à tomber.

ESSHUN

Esshun était née sous une grande malédiction. Elle était jolie ET elle était intelligente. Pas de plus grand malheur pour une femme, surtout dans le Japon féodal. Enfant, elle était gaie, remuante, elle observait tout comme un petit chat gourmand. Ses parents eurent toutes les peines du monde à lui apprendre à ne pas fixer les gens droit dans les yeux, et à regarder par terre, ainsi qu'il sied à une petite fille. Sa curiosité inlassable et son absence de honte les mirent souvent dans des situations délicates. Ne la surprit-on pas, un jour, guettant sans un battement de paupières, la naissance des chatons ? N'accompagna-t-elle pas le jardinier ensuite pour les voir noyer ? Ne la trouva-t-on pas assise dans un coin caché de la cuisine, alors que la servante et le marmiton s'embrassaient ? Ne restait-elle pas des heures penchée au dessus du bassin, pour découvrir comment les poissons nagent ? Toute son existence était empreinte d'une noblesse courageuse qui se résumait à cette unique question : « Que se passe-t-il exactement ? » Et cette question se fractionnait, d'instant en instant : « Que font ces gens ? Que dit papa à maman ? Pourquoi M. Tanaka est-il triste ? Qu'éprouve le petit chat maintenant qu'il est au fond de l'eau ? Comment met-il ses lèvres sur les siennes ? Pourquoi rit-elle ainsi ? Pourquoi mon corps est-il froid, est-il chaud ? » Ni la sentimentalité, ni le rêve, ni les conventions, n'avaient de place dans sa jeune vie. Un amour exclusif de la vérité l'habitait.

Un jour, ce monde s'écroula. À l'âge de six ans, Esshun alla trouver son père. Elle avait une importante requête à lui faire. Elle voulait le supplier de la laisser apprendre à lire et à écrire avec ses frères aînés, sous la direction du précepteur qu'on venait d'engager. Le bonhomme, patriarche à l'ancienne mode, n'était pas méchant. Il avait décelé chez Esshun cette volonté de lucidité qui est la marque des grands esprits. Il aimait la gamine, mais il savait aussi ce que la société japonaise lui réservait. C'est avec son amour de père qu'il lui dit :

— Esshun, tu vas faire ton malheur si tu persistes dans cette voie. Il n'est pas bon pour une femme de chercher à découvrir des choses par elle-même. Elle doit croire, en tout, ce que ses parents et plus tard son mari veulent qu'elle croie. Jusqu'à présent nous n'avons pas été très sévères avec toi, car tu n'étais qu'une enfant. Nous espérions que ton caractère s'améliorerait de lui-même. Tout ce qui serait louable chez un de tes frères, la ténacité ou l'indépendance, est condamnable pour toi. Ne me demande pas pourquoi. C'est ainsi ! Maintenant, il paraît que tu veux t'instruire. Ceci ne ferait que rendre ta position et la nôtre encore plus difficiles. Aucun homme ne voudra de toi, plus tard, si tu es trop instruite. Avec ton intelligence, tu lui feras peur. Ou bien tu n'auras plus de goût pour les tâches qui t'attendent : t'occuper de la maison, cuisiner, élever les enfants. Ton esprit cherchera ailleurs. Ne sais-tu pas qu'en japonais le mot épouse signifie : « celle qui est à l'intérieur » ? C'est le rôle du mari que d'aller au-dehors. Comprends un peu, tu as suffisamment de bon sens pour cela. Pour l'instant moi, parce que je suis ton père, je te fais sauter sur mes genoux, et je te dis que je t'aime. Mais si tu ne changes pas, aucun homme, plus tard, ne te prendra dans ses bras. Aucun ne te dira qu'il éprouve de l'affection pour toi. Il se sentira diminué ou incapable. Il redoutera que tu saches des choses qu'il ne sait pas. Que tu voies des choses qu'il ne voit pas. Que tu réfléchisses de ton côté. Voyons, Esshun, n'as-tu pas envie d'entendre, un jour, un homme te dire : « je t'aime » ? N'as-tu pas envie qu'il te prenne dans ses bras et dise : « Sois mon épouse » ? L'homme doit être supérieur à la femme, ne me demande pas pourquoi. C'est ainsi. Et tu n'as qu'à obéir. Car même moi, et pourtant tu es ma préférée, oui, même moi, je cesserai de t'aimer, si tu ne changes pas.

Le ciel venait de tomber sur la tête d'Esshun. Perdre l'amour de son père ! Être privée de l'affection de tous et condamnée à la solitude, simplement parce qu'elle voulait être elle-même, accomplir les désirs légitimes de sa nature ? Apprendre à lire et à écrire ? Elle n'arrivait pas à le croire. Tiraillée entre les besoins de son cœur et ceux de son intelligence, elle avait hésité un instant, puis elle avait répondu :

— Comment pouvez-vous dire que vous m'aimez ? Comment pourra-t-on dire qu'il m'aime ? Vous n'aimez, et il n'aimera, qu'un objet conforme à ses désirs, façonné par ses souhaits. Pas moi, pas moi ! S'il en est ainsi, je préfère étudier et souffrir de l'isolement, plutôt que d'être aimée pour ce que je ne suis pas ! Il me semble que cette souffrance et cette solitude que vous me proposez sont pires encore !

Abasourdi par cette acuité de raisonnement, le père était resté coi un moment. En son sein l'admiration se partageait avec la colère, la pitié avec ses devoirs de père.

— Tu as mal compris, dit-il enfin. Ce n'est pas un choix que je te propose, c'est un ordre. De plus, et tu t'en apercevras vite avec l'âge, les modestes tendresses dont tu fais fi maintenant nous sont beaucoup plus nécessaires que tu ne crois. Même si elles s'adressent à ce qui n'est pas véritablement toi, tu en seras rassasiée, car sur cette terre, il n'y a rien d'autre ! Ce ne sont pas de vulgaires os mal rongés dont on se débarrasse d'un coup de pied... Tu ne le sais pas, mais nos besoins sont plus forts que tout dans ce domaine. Un peu nous semble à tous mieux que rien. La plupart d'entre nous s'en contentent, tu t'en apercevras.

Esshun avait alors répondu :

— Ô père chéri, dans ce cas, laissez-moi apprendre juste un tout petit, tout petit peu. Je jure que j'apprendrai très mal. Je ne ferai jamais mieux que mes frères, ou bien je le cacherai. Je ferai des fautes exprès.

— Non, Esshun, ne me tente pas. Je sais bien que, dès que tu auras goûté des études, ne serait-ce qu'un peu, il te sera impossible de ne pas briller. Tu n'auras pas la force de te cantonner dans la médiocrité. Tu te mettras à lire des livres qui ne conviennent pas à une femme. Des ouvrages de philosophie, de politique!

— Ô père, je vous en supplie, il n'en sera pas ainsi. Je me surveillerai constamment. Je ne négligerai en rien les tâches de la maison. Au contraire, je les accomplirai mieux, car mon cœur sera heureux. Je veux simplement apprendre à lire et à écrire suffisamment pour pouvoir mettre leur nom sur les étiquettes de mes conserves, dit Esshun avec habileté.

— Ta mère se contente de faire une croix ou un cercle, dit son père qui était encore plus rusé qu'elle, et je peux dire que je ne m'en suis jamais plaint. La très excellente femme! Mais puisque tu insistes, je veux bien accéder à ta requête.

Il ouvrit son écritoire, et sur une feuille de papier blanc, il traça ces mots:

« Miso,
Pâte de prunes. »

Douze années passèrent pendant lesquelles la vie d'Esshun prit un tour conforme aux usages. Son père et sa mère y veillèrent. Elle passa ses journées à briquer les couloirs, retourner les tatamis, secouer la literie. Elle secondait à la cuisine, lavait, reprisait, brodait et même, faveur exceptionnelle, apprenait un instrument. Elle faisait tout cela avec une célérité et une capacité d'organisation remarquables, mais jamais nulle joie ne se lisait sur son visage. Nulle vivacité ne faisait danser ses pas. Elle était inexpressive et soumise. Son kimono étroit lui mesurait des enjambées minuscules qu'elle devait respecter. L'énorme obi enserrait sa taille et l'empêchait de bouger. Lorsque des invités venaient, elle les servait en silence et se retirait pour manger dans la cuisine après leur départ, ainsi qu'il convient. S'il s'agissait de jeunes hommes que ses parents avaient fait venir à son intention, elle entrait et sortait de la pièce comme une ombre, en portant les plateaux. Elle ne parlait que quand on lui avait posé une question, et c'est aussi sur commande qu'elle souriait. Elle acquit la réputation d'être douce et mélancolique. Il ne subsistait rien, en apparence, de l'enfant qu'elle avait été. Seule une contraction qui passait sur son visage, lorsqu'elle préparait les sacs de ses frères. C'étaient à présent de grands étudiants qui partaient pour la journée. Lorsqu'elle glissait les repas qu'elle leur avait préparés parmi les livres, une étincelle de l'énergie passée réapparaissait dans ses yeux, mais elle s'évanouissait aussitôt. Nul ne s'en apercevait.

Quand elle avait une seconde à elle, Esshun ne recherchait pas la compagnie des autres jeunes filles du voisinage. Elle trouvait stupide de bavarder avec elles de son futur ménage. Elle ne comprenait pas leurs rêves de bonheur. Entre servir un mari ou servir ses parents, elle ne voyait pas la différence, ni ce qu'elle gagnerait au change. Elle allait s'asseoir tranquillement dans un coin de l'engawa, la véranda qui dominait le jardin. Assise sur les talons, mince dans son kimono clair, elle jouait du shamisen. La pâleur de son visage s'accordait à celle des pêchers en fleur. Les notes ténues répondaient aux oiseaux. Ses chansons disaient, aussi pudiquement qu'il est possible, la souffrance des cœurs en cage.

Un jour pourtant, ce qui devait arriver arriva. Esshun fut convoquée chez son père. Elle redoutait cet instant depuis plusieurs semaines. Elle savait ce qu'il allait dire, mais cela n'empêchait pas sa gorge de se serrer. Elle entra et les affreux souvenirs de la scène qui s'était produite dans son enfance lui revinrent. Ils lui rendirent son courage. Une fois mais pas deux!

— Esshun, dit le patriarche, tu as maintenant dix-huit ans et tu es une jeune fille accomplie. Le fils de Fujimori-san, qui est un des notables de cette ville, nous fait l'honneur de demander ta main. Nous avons beaucoup d'intérêts en commun. Tu n'as pas été sans remarquer la présence de ce jeune homme dans notre maison récemment. Je sais qu'il est pourvu de toutes les qualités qu'une jeune fille peut souhaiter. Sa famille est du même rang que la nôtre. Il a reçu une éducation correcte mais pas trop poussée. Il a largement les moyens de subvenir à vos besoins, et de plus, il n'est pas désagréable de sa personne. Enfin bref, avec toutes les fioritures d'usage, il m'a demandé, par l'intermédiaire de son père, l'autorisation de t'informer modestement de son amour. Il est bien entendu que je l'y ai autorisé. Voilà ce dont je voulais t'informer.

Esshun baissa la tête dans une attitude que son père prit pour de la pudeur. De grosses larmes roulèrent sur ses joues.

— Alors que dis-tu, fillette? N'es-tu pas heureuse d'entendre un homme comme lui te dire qu'il t'aime?

— Ne me parlez pas de l'amour, dit Esshun, vous utilisez là un mot dont j'ignore le sens.

— Dont tu ignores le sens? dit le patriarche qui commençait à s'échauffer. Quelles sont ces sornettes? N'aimes-tu pas tes parents, tes frères? Ne t'aiment-ils pas en retour? Pourquoi cet homme ne t'aimerait-il pas?

— Du riz et du poisson séché! dit Esshun.

— Que veux-tu dire?

— J'ai beaucoup réfléchi, et depuis de nombreuses années, comme mon esprit n'était pas occupé par des livres ou par des études, j'ai pu observer le monde, tout en laissant mes mains travailler. Vous souvient-il de ce chat que nous avions qui venait se frotter à nos jambes dès qu'il avait faim? Alors nous lui donnions du riz et des boulettes de poisson. Son amour pour nous n'était que cela.

— Eh bien?

— Nous sommes tous comme ce chat. Vous, moi, tous. Supposons que j'aie faim. Alors je dis «j'aime le riz et le poisson!» Mon amour n'est que l'envers du grand trou que j'ai à l'estomac. En fait je n'éprouve rien envers eux, pour eux-mêmes. Ils me servent c'est tout. L'enfant a peur du noir, alors il dit: «J'aime ma mère!», l'homme a peur de la solitude, ou bien son corps réclame, alors il dit: «J'aime cette femme!» Tout ce que nous appelons amour n'est qu'une forme ou une autre des manques que nous ressentons. Nous étendons nos bras comme des poulpes affamés dans toutes les directions, et nous tentons de saisir tout ce qui pourrait diminuer ces grandes famines physiques et morales, nous apporter un peu de plaisir. Comme nous ne voulons pas admettre que nous avons peur, que nous avons froid, que notre esprit ne se suffit pas à lui-même, que notre corps réclame, que la mort nous terrorise, nous baptisons cela d'un joli nom: Amour. Et nous écrivons sur tous ces manques, des poèmes, des romans, des chansons!

— Tu ne nous aimes donc pas? demanda le père, non pas parce qu'il approuvait ces vues, mais parce qu'il voulait voir jusqu'où elles allaient.

— Peut-on appeler amour la peur d'être rejetée de vous? La peur d'être rejetée de tous qui m'habite depuis que j'ai six ans? Peut-on appeler amour la crainte que vous m'inspirez? Et si moi-même j'ai « besoin » d'être aimée de vous, peut-on appeler cela de l'amour?

— Et moi et ta mère, nous ne t'avons pas aimée, peut-être?

— Qui avez-vous aimée? Moi ou l'image que vous vous en faisiez? Moi, ou ce qu'il vous plaisait que je sois? Moi, ou votre position sociale, votre admiration pour vous-même en tant que père? Moi, ou la fierté que vous procuraient ma docilité et ma beauté?

— Ce jeune homme ne t'aime-t-il pas?

— Il aime ce qui lui semble plaisant, comme nous tous! Montrez-moi un être qui aime ce qui le blesse, ce qui lui semble laid, bref ce qui ne lui donne aucune satisfaction personnelle! Qui aime la chose qu'il a sous les yeux pour ce qu'elle est, et non pour ce qu'elle lui apporte...

— Ce jeune homme dit pourtant t'aimer, il dit vouloir faire ton bonheur...

— Tant que mon bonheur servira le sien! Ou bien tant que les sacrifices qu'il fera pour moi lui permettront de se sentir admirable!

— Tu as une philosophie bien étrange, Esshun, pour une jeune fille de ton âge. Ce n'est pas que, par certains côtés elle ne soit pas juste, mais elle me semble un peu outrée.

— J'aimerais bien pouvoir vous dire autre chose, mon

père, car je trouve, moi aussi, que c'est une tristesse insupportable de constater qu'il n'y a pas entre les hommes d'amour véritable. Hélas, j'ai regardé dans toutes les directions et je n'ai encore rien vu qui puisse me détromper.

Le patriarche resta un instant silencieux. Il se rappelait les mots d'Esshun, dans cette même pièce, lorsqu'elle avait six ans. Il se disait que c'était comme si le temps n'avait pas passé. Il avait cru Esshun changée, mais c'est la jeune fille effacée et docile qui était un rêve. Celle qu'il avait devant les yeux lui disait avec la même conviction : « Comment pouvez-vous dire que vous m'aimez ? Comme pouvez-vous dire qu'il m'aime ? Pas moi ! Pas moi ! » Il réfléchit.

— Quel est ce « moi » que tu voudrais qu'on aime ?

— Je n'en sais plus rien, dit Esshun, ayant tenté de toutes mes forces de me conformer à vos désirs. Cependant il me semble que, tant qu'il n'a pas découvert qui il est réellement, tout être est incapable de véritable amour. Il me semble aussi qu'il n'y a pas d'amour tant qu'il y a un besoin, un manque ou une peur. J'ignore qui je suis. Je ne suis pour l'instant qu'une des facettes que avez taillées. Mais quelles sont les autres ? En existe-t-il une véridique, indépendante des circonstances ? Je l'ignore. Ma seule certitude est que, dans l'état où vous me voyez, je n'éprouve d'amour pour personne, pas plus que vous ou ce jeune homme, malgré les termes nobles que vous utilisez. Il n'est question ici que d'intérêts égocentriques, parfois si déguisés qu'on pourrait s'y leurrer, de riz et de poisson séché !

— Si tu refuses d'épouser ce jeune homme, tu sais que je peux t'y contraindre, dit le patriarche. Comme jadis, ce n'est pas un choix, c'est un ordre !

— Pas comme jadis, mon père, car si vous m'y forcez je m'ouvrirai les veines. J'ai vécu dix-huit ans dans une prison, je n'en vivrai pas dix-huit autres. Maintenant j'ai vu que ce troc était un leurre, car il ne m'a guère réchauffée. Votre tendresse n'est pas allée vers moi mais vers mes activités ménagères. J'ai été plus solitaire que le saule du jardin. Je suis prête à être plus seule encore. J'ai essayé de toutes mes forces, et j'ai vu ce qu'il y avait à voir. Je suis lasse de ce monde. Vous ne pourrez pas me surveiller sans cesse, à chaque seconde du jour et de la nuit. Et puis, pensez au scandale... à tous les désagréments que ma mort vous causerait.

— Que veux-tu alors?

La réponse le cingla de plein fouet:

— Je veux devenir nonne.

Munie d'un viatique, Esshun se rendit au monastère de K. Elle y resta trois ans comme novice. C'est parmi les deux cents femmes qui comme elle avaient rasé leur cheveux qu'elle découvrit la méditation assise et les bases de la démarche bouddhiste:

Découvre en toi quelles sont les racines de la souffrance. Observe sur le vif comment l'avidité t'enchaîne au passé et au futur. Trouve ta véritable nature, celle qui n'est soumise ni à la mort ni à la naissance. Vois ce qui est au-delà de la permanence ou de l'impermanence et, l'ayant enfin vu, ne sois plus qu'amour infini pour tous les êtres, tous les animaux, toutes les plantes, pure intelligence, joie. Cela, le maître l'a découvert en lui. Cela est toi!

Graduellement, l'esprit d'Esshun s'apaisa. Ses pensées se clarifièrent. Il lui fut doux d'apprendre qu'au moins un homme, parmi les millions que la terre avait portés, avait répandu la compassion autour de lui, sans qu'elle fût entachée de la moindre visée égoïste, de la moindre peur ou du moindre effort. « Cet homme devait rayonner comme le soleil chauffe, se disait Esshun, sans discrimination et parce que telle était sa nature. Quelle merveille! » Mais elle ne sentait rien de tel en son cœur. Elle se rendait compte qu'elle aimait celles des femmes qui étaient gentilles avec elle et craignait ou haïssait celles qui l'avaient blessée. Tout juste éprouvait-elle une pitié de plus en plus grande pour cette collection de frustrations qu'on nomme « condition humaine » dont elle faisait partie et renvoyait tous les échos. Il est évident que tant qu'on est une « personne », un « ego », on ne peut qu'être menacé physiquement et affectivement. Souffrir des injures ou des critiques. Redouter de perdre ce qui est plaisant. « Mais qu'y a-t-il d'autre? » se demandait-elle. Et dans ce monastère, personne, pas même l'abbesse, n'avait trouvé la réponse. Personne n'avait contacté cette source d'amour inépuisable et parfait. Les nonnes travaillaient à des œuvres charitables, elles secouraient les hommes et les animaux, elles s'abstenaient de viande, mais plus pour obéir à des règles que pour suivre leur inspiration naturelle. De toutes leurs forces elles tentaient d'imiter le Bouddha, mais ce n'était qu'une imitation. Souvent, leurs ressources intimes étaient épuisées et elles s'en voulaient, mais elles n'en découvraient pas d'autres.

Finalement, Esshun décida d'aller chercher les conseils d'un maître totalement éveillé. Elle demanda congé à la supérieure. Celle-ci l'encouragea à aller jusqu'au bout de sa recherche, dût-elle y laisser sa vie, la bénit, et lui donna un peu d'argent pour son voyage. C'est ainsi qu'Esshun se retrouva, munie d'un bâton, sur les routes. Battue par les pluies, rôtie par le soleil, elle parcourut le Japon en tous sens pendant trois ans. Pendant tout ce temps, tantôt elle mendiait, tantôt elle se louait pour les moissons, tantôt elle demandait asile dans les monastères, en observant de son œil aigu la vie de tous ceux qu'elle croisait. Le petit peuple des campagnes n'eut plus de secret pour elle. Elle reconnaissait instantanément la catégorie des autres voyageurs. Elle connut les habitudes des autres moines. Malgré de nombreuses aventures qui ne furent pas toutes agréables, elle ne regretta jamais la vie qu'elle avait quittée. Loin de la fasciner par leur diversité, les existences lui semblaient toutes marquées du même sceau : celui de la souffrance. « Qu'est-ce que l'amour ? Qu'est-ce que l'amour ? » se répétait-elle à chaque pas, et elle marchait.

Souvent, elle réfléchissait à la condition servile de la femme japonaise, et elle se félicitait d'avoir choisi la seule voie qui lui permît un peu d'autonomie. Partout elle retrouvait la même histoire : la femme est d'abord soumise à ses parents et à ses frères, puis à son mari et à sa belle-mère, qui souvent se venge sur elle de son propre passé. Enfin à ses enfants et à son fils aîné. Si elle devient veuve, le frère de son époux prend la relève. Bref, sa vie n'est qu'une succession de jougs. De biens, de droits, elle n'en a aucun. Tout lui répète qu'elle n'est rien. Cependant elle doit tout donner. C'est de sa pauvreté que doivent sortir les trésors. Patience, endurance, force de travail, réconfort. Aucune loi ne la protège et, que ce soit dans la famille ou dans la cité, elle n'a aucune possibilité de s'exprimer. Elle est celle à laquelle on se confie, mais qui ne répond pas. Celle qui, lorsque les hommes discutent de sujets sérieux, veille simplement à remplir leur verre et leur assiette. Ouvrirait-elle la bouche que tous seraient médusés. Toutes les décisions sont prises sans elle et elle se doit d'obéir. Veut-elle étudier, pratiquer un art, monter un commerce? Qui la prendra comme élève? D'où sortira-t-elle l'argent? Elle pourra seconder son mari dans la profession de son choix mais elle ne pourra jamais rien faire par elle-même. Elle ne se déplacera jamais sans chaperon. Partout elle est l'ombre méprisée et silencieuse sur laquelle tout repose. C'est à sa table que le monde s'assied et dit: « Nourris-moi ! », entre ses bras que le monde se couche et dit: « Console-moi », entre ses jambes que le monde vacille et dit: « Enfante-moi ! » Mais il ne la tient en nulle estime !

« Donner, c'est parfait, se disait Esshun, quand cela sort de la richesse du cœur, pas quand on y est forcé à coups de bâton ! Pas quand on n'a pas le choix ! Bien sûr, beaucoup de mes sœurs se sacrifient, et certaines même accomplissent leur devoir sans trop de peine, soit parce qu'elles se sont résignées, soit parce que leur nature passive ne les portait vers rien d'autre, mais laquelle d'entre elles donne avec cette joie sans limites qui caractérise le véritable amour? Par un mouvement spontané de son cœur? Si je m'étais conformée à ce modèle, je serais devenue une odieuse caricature de moi-même. La générosité innée de mon être aurait été polluée sans retour. Car je veux croire qu'elle existe quelque part en moi, cette chaleur dont je pressens la force. Sinon, je n'aurais pas été meurtrie par les faux-semblants que je contemple. J'aspire sans doute à un sentiment plus haut que tous ceux qu'il m'a été donné de voir ! J'aspire à donner davantage ! »

L'un des aspect les plus pénibles de sa position demeurait cependant. C'était celui de son corps vigoureux. Elle avait vingt et un ans. Parfois elle regardait les dos nus des paysans dans les champs, leur peau saine et bronzée et l'eau lui venait à la bouche. Elle ne souffrait pas de n'avoir jamais entendu personne lui dire: « Je t'aime », vu le caractère illusoire qu'elle mettait sous ces mots, mais elle regrettait sa chasteté forcée. Elle rêvait de toucher ces corps aux muscles mobiles, d'être tenue dans leurs bras. « Si jamais je cède, c'en est fini de ma liberté, pensait-elle. Je serai immédiatement enchaînée à un mari et à des enfants. Le piège de la famille et celui de la servitude se refermeront sur moi aussitôt. Bientôt j'aurai six ou huit bouches à nourrir en plus de celle de mon époux. »

Elle marchait plus vite sur la route en mordant ses belles lèvres, ou bien elle recherchait un travail saisonnier épuisant. En d'autres temps, elle aurait peut-être pu se traiter avec plus de douceur, mais son époque ne lui laissait guère le choix. À nouveau elle regrettait qu'un chemin que l'homme peut parcourir sans trop d'efforts, car ses faiblesses lui seront aisément pardonnées comme des erreurs de jeunesse et ne porteront pas à conséquence, lui coûtât tant de sacrifices. Pour en arriver au même point que son frère, elle devait faire montre d'une détermination et d'un courage exceptionnels. Tout ce qui lui était acquis et dont il bénéficiait donc, quelle que fût sa paresse, elle devait le conquérir haut la main.

Avec le temps et beaucoup de volonté, son corps finit heureusement par se calmer et la laisser à peu près en paix.

— Le désir est-il de l'amour? se demandait Esshun. Est-ce que j'éprouve quoi que ce soit d'autre pour ce paysan robuste qui me met en émoi qu'une autre forme de faim? Une faim impersonnelle et sans nom?

Et elle regardait monter en elle tous les symptômes de la passion physique, sans les critiquer, mais sans non plus agir sous leur impulsion. Elle notait comment elle se répandait dans ses membres, quels étaient les mille détails de son surgissement... et de son évanouissement. Elle était intéressée, comme un médecin par le corps d'un malade, de telle sorte que tout en se connaissant intimement, elle se trouvait à l'extérieur d'elle-même. Elle observait, et dans son regard sans trouble, l'émoi naissait, se déployait et se dissolvait. Comme tous les autres phénomènes il n'avait aucune permanence, dans ce cas pourquoi lutter contre lui ? Il suffisait d'être là, avant, pendant et après, pour constater qu'il n'avait rien changé, rien menacé, dans le fond perpétuel de la présence. « Je suis l'acte de voir, se disait Esshun, c'est ce que je découvre grâce à ce démon qui est en fait mon allié ! Si profondes que soient ces sensations érotiques, il existe en moi quelque chose de plus profond encore ! Je ne suis pas liée à ce corps de la façon que l'on croit. Je n'existe pas en lui, il existe et se transforme en moi. Quelle révélation ! »

C'est ainsi qu'Esshun qui aurait pu être une grande amoureuse vivait apparemment en ascète mais en laissant ses sensations fleurir dans la plus grande liberté.

Comme c'est généralement le cas, les monastères ayant la plus grande réputation et dirigés par un maître éveillé étaient réservés aux hommes. Les monastères de femmes servaient plus d'asiles contre les déconvenues du monde que de lieux de recherche. Ils accueillaient les veuves, celles qui n'avaient pas pu se marier, et celles dont leur famille avait voulu se débarrasser. Ils insistaient surtout sur la pratique des formes charitables ou dévotionnelles du bouddhisme. La réflexion philosophique ou l'étude de textes y étaient nulle, d'autant plus que la plupart des nonnes, à l'instar d'Esshun, étaient illettrées. Cette question n'était pas vraiment importante car le bouddhisme a toujours mis en avant l'expérience personnelle plutôt que l'érudition. Éno, le sixième patriarche, en fait Hui-Neng en Chine, ne savait pas lire. Mais bien plus, l'étaient la différence de motivation et l'absence d'un guide compétent. Esshun s'était déjà vu refuser l'entrée de plusieurs monastères d'hommes, c'est pourquoi son cœur battait à se rompre, ce matin-là lorsqu'elle eut l'audace de frapper à la porte de N. Un moine peu amène la dévisagea.

— Je suis une nonne bouddhiste et j'aimerais m'entretenir avec le roshi, dit-elle.

— Ne savez-vous pas que ceci est un monastère réservé aux hommes ?

— Pour ce qui est de la nature-de-Bouddha, si elle existe, elle n'est ni homme ni femme, dit Esshun, car l'homme et la femme sont nés et mourront.

Le portier plissa un œil.

— Je désire simplement une entrevue de quelques minutes, dit Esshun, ensuite, si on me l'ordonne, je partirai. Certainement la charité bouddhiste vous interdit de refuser une si modeste requête. Je ne souillerai pas le monastère, je resterai ici.

Au bout de quelques instants le portier revint :

— Vous pouvez entrer. Le roshi vous accorde un entretien dans sa chambre.

Le roshi était un vieillard au visage sévère. Il avait la réputation d'être totalement éveillé.

— Je n'ai pas l'habitude de recevoir des femmes, mais la réponse que vous avez faite au portier m'a intéressé. Ainsi vous recherchez votre véritable nature ? Ceci n'est pas courant, même parmi les hommes. Si les trois quarts de ceux qui sont sous ma direction ne sont pas ici pour de fausses raisons, je veux bien être pendu ! Le plus dur de mon travail consiste à leur rappeler sans cesse pourquoi ils sont venus ! S'il n'en était pas ainsi, ils seraient déjà à ma place !

— La vie est sans valeur tant qu'on n'a pas trouvé la réponse à cette question...

— Quelle question ?

— Qu'est-ce que l'amour ? dit Esshun.

— Hum, dit le roshi, et il la transperça de son œil inquisiteur. Est-ce que ce sont des peines de cœur qui vous font parler ainsi ? On vous a trahie ou abandonnée ?

— Non, il me semble simplement que j'ai le cœur sec. Et pas seulement moi, mais tous. Sauf que nous ne nous en rendons pas compte. Il n'y a pas en nous la moindre goutte de compassion véritable.

— Hum...

— Mais il me semble qu'il doit y avoir autre chose quelque part, ailleurs. C'est parce que nous le pressentons que nous sommes insatisfaits. Il y a en nous une chaleur maladroite qui voudrait s'exercer mais ne le peut. Il y a une source intarissable d'où jaillissent toutes les autres manifestations que nous appelons à tort Amour, car elles n'en sont que de hideux reflets.

— Hum...

— Le Bouddha est le seul homme qui ait jamais aimé quelqu'un.

— Hum, dit le roshi. Et quels étaient vos plans en venant me voir ?

— Vous supplier de m'accepter comme élève. Si je reste parmi les femmes, je n'ai aucune chance de résoudre mon problème. Cette question m'importe plus que la vie.

Le roshi hésita. Ce n'était pas tous les jours qu'il recevait un candidat si déterminé, mais il y avait d'autres aspects à prendre en considération.

— Même avec vos cheveux rasés et votre robe trouée, vous êtes jeune, vous êtes belle. Vous ferez naître le désir dans le regard des autres moines. Ceci les troublera dans leur pratique. Ils sont venus dans ce lieu pour se concentrer sur leur recherche. Ils ont déjà bien du mal à s'y tenir sans vous !

— S'ils veulent être libérés, ils devront un jour ou l'autre affronter ce problème, dit Esshun. Il ne sert à rien de l'esquiver. S'ils perdent leur calme devant une femme, quelle sorte de calme est-ce là ? Qu'ils regardent sur le vif les racines de leur attachement et que cela leur soit une source d'enseignement. La tentation est-elle en nous ou dans l'objet qui nous tente ?

— Hum, dit le roshi. Ils ont déjà beaucoup à observer ! Je crains que cela ne soit un peu trop pour eux. Non, vraiment, je suis désolé, mais je dois refuser. Le roshi poussa un soupir. C'est dommage ! Encore si vous étiez laide !

— Maudite beauté ! dit Esshun, tu as causé ma perte !

Et elle sortit.

Le lendemain, une vieille femme dont le visage était enveloppé de chiffons frappait à la porte du monastère.

— Je suis la mère de la jeune fille qui vous a dérangé

hier, dit-elle au portier. Je suis à sa recherche, car il s'est produit un événement grave dans notre famille. Il y a plusieurs mois que je suis sur ses traces. On m'a dit qu'elle avait eu un entretien hier avec votre roshi. Peut-être lui a-t-elle laissé quelque indice quant à sa direction. Je vous en supplie, transmettez-lui ma requête. Qu'il accepte de me voir quelques instants.

Le portier disparut.

Lorsque la vieille fut devant le roshi, elle ne cessa de pleurnicher. Elle s'essuyait les yeux avec un bout de l'horrible fichu qui lui mangeait à moitié le visage et reniflait dans sa manche. Elle accabla Esshun d'injures, racontant comment on lui avait trouvé un beau parti et comment elle l'avait refusé pour se livrer à de stériles recherches. Elle était folle, n'avait que le bouddhisme en tête et pas la moindre considération pour ses parents.

— Vous vous trompez, dit le roshi, Esshun n'a pas le cœur sec. Bien au contraire, c'est une flamme ardente. Sinon elle ne se consacrerait pas à de telles questions. En vérité, il y a peu d'hommes qui ont son courage, et bien loin de lui en vouloir, vous devriez rendre grâces au Bouddha Amida de vous avoir donné une telle fille. Elle intercédera pour vous et tous les vôtres en son paradis la première. Elle vous fera une place dans sa terre pure de l'Ouest!

Ici le roshi faisait allusion à ces formes du bouddhisme dévotionnel populaire selon lesquelles le Bouddha Amida ayant fait vœu de sauver tous les êtres, il suffisait de s'en remettre à lui complètement. Point n'était besoin d'efforts personnels conduisant chacun à l'éveil, la foi en lui écarterait tous les obstacles. Et sa puissance spirituelle était telle qu'il n'y avait qu'à prononcer une seule fois son nom pour être assuré de renaître dans son merveilleux domaine de Sukkhavati.

Le roshi, qui appartenait à une école fondée sur la pratique de la méditation, n'avait aucune hésitation à avoir recours à ce mode différent d'exposition qu'il pensait le seul accessible à la femme visiblement bornée qu'il avait sous les yeux.

— Cessez-donc de la poursuivre, continua-t-il, et souhaitez-lui plutôt tout le bien que vous pouvez. Car moi-même, si je l'avais pu, je l'aurais accueillie avec joie ici. C'est un être exceptionnel. Hélas, elle était trop belle. Maintenant, dites-moi votre affaire, le malheur qui a frappé votre famille. Je verrai s'il est possible de vous aider, et nous en resterons là.

La vieille laissa tomber manche et fichu.

— Esshun! dit le roshi.

— Esshun est devenue laide! dit Esshun. C'est là le malheur qui a frappé notre famille. Mais ce n'en est pas un! Car il est bien pire d'être écarté de la voie!

Une large cicatrice barrait son visage.

— Qu'est ceci?

— Un tisonnier.

Le roshi baissa la tête et soupira:

— Je suis désolé que vous en soyez arrivée là. Mais vous découvrirez bientôt vous-même que c'est encore moins grave que vous ne pensez. Votre détermination est telle qu'il est impossible que vous mouriez sans découvrir la terre de liberté des Bouddhas.

— Puis-je rester?

— Oui, dit le roshi, ému malgré lui. On va vous montrer votre cellule car, bien sûr, vous ne coucherez pas dans le zendo avec les autres moines.

Il frappa des mains et un moine apparut. Quelle ne fut pas sa surprise de se voir ordonner de conduire une jeune fille à travers les couloirs et de l'installer! Les problèmes ne font que commencer, pensa le roshi. Comme Esshun allait sortir de la pièce, il sembla se raviser. Était-ce devant la réaction visible du moine? Esshun se mit à trembler.

— Ici, nous lisons des textes et nous recopions des sutras pour les distribuer. Cela fait partie de notre travail. Sais-tu lire et écrire?

— Hum, dit Esshun rougissante.

— Voyons, montre-moi ce dont tu es capable.

Esshun prit le pinceau. Avec une précision remarquable, elle traça deux caractères. Avait-elle appris la calligraphie au cours de ses longs voyages?

Le roshi se pencha vers la feuille en amateur. Il fut bien étonné lorsqu'il lut :

« Miso,
Pâte de prunes. »

— Bon, ça ira, dit-il. Je vois, je vois...

Cloche de bronze tirant les moines de leur sommeil. Il fait encore nuit. La terre est gelée. Transis, ils se lèvent d'un bond et replient en hâte leur literie. Ils rangent leur matelas dans le minuscule placard qui leur est alloué au-dessus de leur tête. Ils ont dormi côte à côte dans la salle de méditation et cette place d'environ deux mètres carrés est tout leur territoire. Ils s'y couchent, ils s'y asseyent, sans avoir jamais la possibilité de s'isoler. Les voisins de droite ou de gauche, il faudra s'en accommoder car on pourra passer avec eux des années. Un ego c'est d'abord une chose qui prend de la place, affirme ses goûts et son espace. Ici, tout lui est refusé. La pratique est perpétuelle et rien de personnel ne peut subsister.

En clin d'œil, le lit a disparu et l'oreiller est devenu un coussin de zazen. Les moines se mettent alors à courir, le plus vite possible, le long des corridors. Déjà tout habillés, ils se dirigent vers les sanitaires où, pour toute toilette, ils versent parcimonieusement de l'eau froide sur leur tête. Ils se rincent la bouche pour se réveiller. Dans ce pays tout liquide est précieux et même lorsqu'il y a de l'eau en abondance il ne faut pas oublier qu'elle pourrait manquer. L'ascétisme demeure, même en dehors de toute nécessité, parce que c'est une forme de vigilance. Cette toilette expédiée, c'est le ménage. Au pas de course. Comme dans un ballet bien réglé, l'un saisit le seau, l'autre la serpillière, et à genoux, à une cadence frénétique, chacun se met à frotter le sol dans toutes les salles, tous les couloirs et toutes les rampes d'escalier, sans laisser un pouce de côté. L'idéal est que les planches de bois, frottées jour après jour par des générations de moines, deviennent capables de refléter la lumière. Ce pourrait être un des symboles du zen! Ce rythme a trois causes: premièrement la vie spirituelle doit inclure et non rejeter les tâches ordinaires, deuxièmement celles-ci ne doivent pas empiéter sur la méditation, il faut donc les accomplir très vite, troisièmement le monastère n'est jamais chauffé, il faut se réchauffer et secouer l'esprit de sa torpeur matinale. Le manque de sommeil est en effet une des souffrances principales des novices. Ensuite une adaptation se fait.

En vingt minutes, tout est astiqué. Un deuxième son retentit alors. Celui du marteau de bois qui frappe contre un panneau pour appeler les moines à la pratique du zen-assis. Les instruments ménagers s'évanouissent et les hommes s'alignent devant la porte du zendo. Au signal, ils vont s'asseoir chacun à leur place, les jambes croisées, les mains posées l'une sur l'autre. Leurs pouces se touchent pour former le mudra parfait de la non-dualité. Cette position des doigts sera un des indices de leur présence. Dorment-ils (cela est fréquent vu leurs courtes nuits)? leurs pouces s'affaissent. Sont-ils trop crispés? ils pointent vers le haut. Ah, il n'est pas facile de trouver l'effort juste! Celui qui ne fera « ni montagne, ni vallée » et témoignera simplement de la vigilance souple, de la disponibilité calme à ce qui est.

Tous les moines font face au mur. Aucun ne peut voir son voisin. Seuls le roshi et le chef du zendo, tournés vers le centre de la salle, peuvent dire d'après la position de leur dos où en sont les pratiquants. Un autre moine, choisi pour sa pénétration, reste debout et marche autour de la pièce avec lenteur. Il tient à la main un bâton plat, le kyosaku. Lorsqu'il voit un moine qui a besoin d'être stimulé, il s'incline et le frappe avec force en haut du dos, à cet endroit du nœud de l'épaule où se logent toutes les tensions. C'est comme un coup de fouet, mais c'est aussi un soulagement! Sous le choc, le muscle contracté irradie et l'esprit vagabond se reprend. Le moine remercie d'un salut. Il peut aussi prendre l'initiative de réclamer ce traitement en joignant les mains.

Les heures passent. Immobiles, les moines se concentrent

sur le va-et-vient du souffle. Ceci n'a l'air de rien. Mais à chaque inspir, ils sont là. À chaque expir, ils sont là. Ou du moins, ils essayent! Et sur ce fond d'attention, ce sont toutes les pensées qui se déploient librement. Exposé à nu, le mental révèle ses souvenirs, ses fantasmes, ses réticences. Tout ce qui dans la vie était refoulé ou évité par le mouvement, l'action, la fuite ou le rejet, se dévoile, sans possibilité d'échappatoire, devant les yeux du méditant. Il lui faut alors se poser sur le vif la question « Qui suis-je? » ou l'une des autres questions qui ont été codifiées par les maîtres et rassemblées dans le recueil de la « Falaise verte » ou celui de la « Passe sans porte ». Oui! Qui suis-je dans ce défilé permanent de sensations physiques, de pensées et d'émotions? Suis-je cela? Où est ma véritable nature, celle impérissable du Bouddha? Où est le non-changeant? Le non-né?

Tous les trois quarts d'heure, les moines se lèvent et marchent en cadence autour du zendo. C'est une nécessité car ils restent assis quatre heures par jour en temps ordinaire, et de sept à douze heures lors des retraites spéciales qui ponctuent le calendrier: commémoration de la naissance ou de l'éveil du Bouddha, fête de la sangha etc.

Vers sept heures du matin, la première partie de la journée s'achève: on est debout depuis trois heures, enfin on va pouvoir petit déjeuner! On va avoir droit à un bol de riz et à quelques légumes! Puis viendra le travail: jardinage, construction ou défrichage. Car ainsi que l'a dit le maître Hyakujo, les moines ne doivent jamais devenir des parasites. Ils doivent subvenir eux-mêmes à leurs besoins, et une journée sans travail est une journée sans manger.

Après la méditation du soir, semblable à celle du matin, les moines chantent les sutras. D'une même voix tirée des profondeurs de leur ventre, ils proclament que « le vide est la forme, la forme rien que le vide », qu'ils sauveront tous les êtres et qu'ils réaliseront, ici même, l'expérience du Bouddha.

Le tambour résonne. Les murs tremblent. Puis la cloche sonne. Bruit sec des claquoirs de bois. Les moines saluent le zendo dans lequel, tels des guerriers, ils ont combattu ensemble contre leur propre ignorance. La journée est terminée. Elle sera suivie de beaucoup d'autres, toutes semblables. Jusqu'à ce que la lumière soit. Et sans doute de beaucoup d'autres, tout aussi semblables, parce que la lumière est.

C'est à ce genre d'existence dont elle avait déjà eu un aperçu plus doux, qu'Esshun se consacrait avec l'ardeur qui la caractérisait. Anonyme, elle méditait mangeait travaillait, travaillait mangeait méditait, jour après jour, semaine après semaine, de telle sorte que le temps s'effaçait.

Quand on découvrit qu'Esshun ne savait ni lire ni écrire, il était déjà trop tard. Elle était installée. Le roshi trouva l'histoire assez drôle, et bien lui en prit, car en l'espace d'un an la novice avait maîtrisé les principes de l'écriture japonaise syllabique ainsi que la majorité des idéogrammes chinois. Sa capacité de travail était extraordinaire. C'est parce qu'elle ne comprenait pas qu'on pût prendre à la légère ce qui était un privilège : la possibilité de s'instruire.

Elle se montrait douce et aimable envers tous. Pour la première fois de sa vie, elle se sentait à sa place. Des larmes de gratitude lui montaient aux yeux lorsqu'elle pensait à la bonté du roshi et à la chance qui lui avait été offerte. Elle sentait qu'elle menait la seule existence qui avait un sens. La voie infinie des Bouddhas s'ouvrait devant elle : Gautama Shakyamuni l'avait parcourue, le reste ne dépendait que d'elle. Hors de ce chemin, où sur cette terre y avait-il un refuge contre l'insatisfaction perpétuelle de l'ego, ses luttes, ses immenses blessures et sa cruauté ? Hors de ce refuge triple dans le Bouddha, le dharma et la sangha, où pouvait-on trouver la compassion et la paix ?

Elle réfléchissait sans cesse au sens des mots « Dana prajna paramita » : La « sagesse-transcendante-du-don » et aussi le « don-de-la-sagesse-transcendante ». Que s'agissait-il de donner ? À qui ? Qui était le donateur et qui recevait? C'est sous cette forme que se révélait à présent son éternelle question: « Qu'est-ce que l'amour? »

— Roshi, qu'est-ce que l'amour?
Le roshi avait levé son chasse-mouches.
— Pourquoi ne répondez-vous pas?
Le roshi lui frappa le bras.
— Pourquoi ne répondez-vous pas?
— J'ai répondu deux fois, dit le roshi.
Esshun sortit perplexe.

Une autre fois:

— Roshi qu'est-ce que l'amour?

— Concentre-toi sur cette question, dit le roshi, c'est ton koan personnel. C'est-à-dire que c'est la porte par laquelle tu peux percer, toi, le mur de la dualité, cette illusion.

— N'y a-t-il que cette seule porte?

— Bien sûr que non! Pour le Bouddha ce fut cette question: « Qu'est-ce que la souffrance? » pour Lin-Tsi: « Qui est l'invité, qui est l'hôte? pour Hakuin: « Qu'est-ce que ni le feu ni l'eau ne peuvent entamer? » Chacun de nous a sa porte, mais il n'y a qu'une seule porte, car lorsqu'elle est franchie, toutes les autres le sont aussi. On réalise que c'était la même que celle des autres, et qu'on a pénétré dans le même pays: la terre pure des Bouddhas!

— Si je me concentre sur cette question, elle résoudra toutes les autres?

— Oui, c'est cela, parce que tout ton cœur, tout ton souffle et toutes tes pensées s'y rejoignent. En elle tu es déjà unifiée. Par conséquent, si tu passes cette porte unique, sans rien laisser de toi en arrière, tu as franchi toutes les portes. Comprends-tu?

— Oui, dit Esshun. Vous dites que tout est une porte, mais que rien n'est une porte.

— Une porte, c'est n'importe quel endroit du monde sur lequel on frappe de toutes ses forces! Voilà! dit le roshi. Si tu frappes à gauche, l'univers s'ouvre à gauche. Si tu frappes à droite, l'univers s'ouvre à droite.

— Pourquoi ?

— Parce qu'il n'y a pas de porte. Tout est ouvert partout ! Il n'y a que celui qui frappe à la porte : le frappeur.

— C'est celui qui frappe à la porte qui fait la porte ? Il n'y a pas de porte, sinon ?

— Hum, dit le maître, effectivement. Si tu frappes fort, la porte est dure, si tu frappes doucement, la porte est douce !

— Et s'il n'y a pas de frappeur ? dit Esshun.

— S'il n'y en a pas, c'est que nous ne l'avons pas identifié, car toujours notre vie est une suite de problèmes ! Tant que nous n'avons pas vu dans notre véritable nature, tout est question ! Mais l'homme ordinaire passe de l'une à l'autre sans jamais creuser jusqu'au fond aucune d'entre elles. Il est comme un fleuve aveugle et paresseux qui fait des méandres à chaque obstacle. Pourtant chaque problème est l'occasion ! Si nous le saisissons fermement jusqu'au bout, il remet tout l'univers en question.

Il n'y a pas de petite porte, il n'y a que de petits frappeurs. Les grands hommes sont ceux qui se sont posé une seule question, quelle qu'elle soit, mais avec elle, ils ont traversé l'enfer et le paradis. Et cette question peut être : qu'est-ce que la musique ? ou pourquoi le soleil ne tombe-t-il pas ? ... Que sais-je ? Les petits hommes sont ceux qui se posent mille questions sans cesse, sans s'arrêter à aucune, sans s'en rendre compte, si bien que c'est comme s'ils étaient envahis par des champignons. Je ne connais pas de pire situation. Elle n'a pas d'énergie potentielle.

— Il faut qu'il y ait un seul frappeur ?

— Oui, un seul, unique et concentré ! Cela pour qu'il disparaisse d'un seul coup. Si ce sont mille frappeurs qui frappent à mille petites portes, comment veux-tu qu'ayant franchi une seule d'entre elles, ils trouvent la réponse à toutes les questions en même temps ? Un seul frappeur disparaît, il en reste neuf-cent-quatre-vingt-dix-neuf autres !

— Le frappeur unique et la porte unique naissent simultanément ?

— Et meurent simultanément ! Mais de quoi s'agit-il ? Ni d'une vie, ni d'une mort réelles ! Cornes de lièvre ! Poils de serpent ! Et ces mots que j'ai dits, oublie-les tous ! Ils sont tous faux ! Pas une once de vérité ! Ce n'est pas ainsi que ça se passe ! Rien ne se passe, tu m'entends ! Alors cherche, cherche ! Tu as la chance d'avoir identifié ta question depuis longtemps. Ne la lâche pas ! Donne-toi à elle complètement. C'est celle de tous les patriarches ! C'est celle de tous les êtres qui cherchent ! C'est celle du Bouddha ! Si tu la résous, tu vas les libérer tous. Mais les libérer de quoi ? Hein, Esshun ? De rien de ce que tu crois !

Esshun s'inclina et se promit de méditer encore plus ardemment.

Lorsqu'elle s'asseyait sur son coussin noir dans le zendo, elle avait la sensation que l'univers entier était assis avec elle. Quand elle luttait contre le froid, tous les moines, tous les paysans du village, tous les animaux qui laissaient leurs traces dans la neige, toutes les branches d'arbres, toutes les plantes roussies par le gel et pendant mollement quand leur gangue de cristal fondait luttaient avec elle. Le sens de leur vie dépendait d'elle. Elle seule pouvait illuminer leurs petites luttes pour un peu de chaleur, un peu de nourriture, un peu d'affection, et les replacer dans un contexte infini. Il fallait que la griffe, le poil, la feuille, la bêche, la main, la faux, la graine, la pierre et le nuage, deviennent la griffe, le poil et la feuille du Bouddha ! Il fallait que tout cela meure en tant que parcelles d'absurdité, opposées par la peur ou la haine, et renaisse dans sa véritable nature de paix !

« Lorsque je suis triste, le monde est triste, se disait Esshun, et lorsque je suis gaie, le monde est gai. Qui suis-je donc, et qui est le monde ? Quels sont nos rapports ? Nous sommes des millions, mais à coup sûr, si un seul d'entre nous fait une percée dans la lumière, la terre entière est transfigurée. Pas un espace entre les grains de sable ou entre les planètes qui ne soit illuminé ! Le soleil et la lune atteignent le parfait éveil, tout comme les rats dans leur trou ! Oui, c'est bien ainsi ! Quelle différence alors entre le soleil et les rats ? Entre moi et l'infini ? Tout n'est que don ! Dana prajna paramita ! »

Cette sensation, qui n'était pas une réflexion, ni une déduction, envahissait son corps et mettait une grâce nouvelle dans ses mouvements. Après tant de révoltes et d'efforts, Esshun devenait fluide comme de l'eau. Elle avait beau passer de nombreuses heures le dos droit, dans une attitude de rigidité apparente, dès qu'elle bougeait, elle dansait. Une petite flamme paisible commença à éclairer ses traits. Son visage s'épanouit et s'élargit. Il semblait dire constamment : merci !

Ceci faillit encore causer des drames. Beaucoup de moines qui, jusqu'alors, ne lui avait pas prêté attention, tombèrent amoureux d'elle en secret. Ils rêvaient d'elle la nuit et lui composaient des poèmes dans lesquels ils la comparaient à la déesse Kannon, la compassion. Le désir les tenaillait. Esshun, qui commençait à peine à se remettre des déboires que lui avait causés sa condition de femme et qui était à mille lieux de tout cela, faillit perdre patience. Elle éprouvait tantôt de la pitié, tantôt de la colère. Qu'avaient-ils tous après elle ? Ne pouvaient-ils donc pas la laisser tranquille un instant ? Elle s'approchait d'eux comme un être humain, ils lui répondaient comme à une femme !

Ce qu'elle ne comprenait pas, c'est que le cœur humain aspire spontanément au beau et que cette flambée érotique qu'elle avait fait naître n'était qu'un hommage détourné à la joie dont elle irradiait. Un jour Esshun trouva sur son oreiller la lettre d'un jeune moine. Celui-ci déclarait que l'amour qu'il lui portait était plus vaste que le ciel et la terre. Il affronterait tous les dangers pour être aimé d'elle en retour ! Rien ne l'arrêterait !

Ce jour-là Esshun attendit que tous les moines soient assis dans le zendo, puis au mépris de toutes les règles, elle se leva et marcha résolument au milieu de la salle :

— Si tu m'aimes autant que tu dis, viens et prends-moi maintenant dans tes bras ! dit-elle.

Personne ne broncha. Le silence était écrasant.

Après avoir attendu un temps qu'elle jugea suffisant, Esshun regagna sa place.

La méditation reprit.

Un an plus tard, Esshun était en train de bêcher dans le jardin. D'un coup de bêche vigoureux elle tranchait les mottes de terre luisante et les séparait de leur lieu d'origine. « Je casse le un en mille morceaux, se disait-elle, du coup que devient le un, hein ? » Elle cligna de l'œil à un oiseau. « Est-ce que tu le sais, toi ? Voilà un koan pour notre vieux roshi ! » Elle était d'humeur folâtre. C'était le début du printemps. Les bourgeons montraient leur tête : « Nous voilà, nous voilà ! » Une averse légère avait rafraîchi l'herbe. Le ciel était d'un bleu limpide. Des nuages blancs voguaient gaiement. Il faisait bon et ce rude exercice physique n'était pas pour lui déplaire. Tchoc ! Tchoc ! Le bruit du métal. La sueur qui coulait dans son dos. Les petits oiseaux curieux perchés sur les buissons autour d'elle, à l'affût d'un ver ou d'un escargot. L'ombre des nuages courant sur le sol qui rendait la terre mouvante. Toutes ces choses, incessamment nouvelles, participaient de sa question. « Qu'est-ce que l'amour ? », se disait Esshun en chantonnant. Elle était heureuse sans savoir pourquoi. D'une façon imperceptible, au fil des jours, elle s'était « amollie ». À présent, elle avait souvent l'impression d'être lourde comme une éponge gorgée d'eau. À la moindre pression l'éponge se vide, et au moindre contact avec les gens les plantes ou les animaux, Esshun pleurait. Elle n'aurait pu expliquer à cause de quoi. Elle était pleine à ras bord, c'est tout. Il n'y avait rien de triste dans ces larmes, elles n'étaient versées ni sur elle-même, ni sur les autres. Elles ne concernaient pas l'aspect tragique de la condition humaine, car cette vision s'était complètement éloignée d'elle. Elle coulaient, avec une sorte de joie tremblante et passive. Elles étaient reçues et non données.

D'autres fois Esshun se voyait comme du duvet sous l'aile d'une poule : le moindre souffle d'air l'agitait. Mais ceci n'excluait pas l'accomplissement des tâches les plus lourdes, la fermeté dans le zazen quotidien. C'était une fragilité apparente.

Souvent elle sentait qu'elle allait exploser mais rien ne venait et elle se retrouvait dans une sorte d'attente, pleine de gratitude, de rien de particulier.

« Qu'est-ce que l'amour ? chantonnait Esshun. Ô don de la sagesse transcendante ! Sagesse transcendante du don ! et ron et ron ! petit patapon ! » Tchoc ! tchoc ! faisait la bêche en l'accompagnant. Un merle sifflait. Il vint se poser près d'Esshun en la dévisageant de son œil rond. Il était obligé de tourner la tête de côté, ainsi que font les oiseaux.

« L'Amour est-il ce qui existe entre un homme et une femme ? Un être et un autre ? Non, non ! se disait Esshun, car cet amour limité nécessite déjà que nous soyons là pour le vivre, donc un premier don. Le don de cette situation ! »

Tchoc, tchoc, faisait la bêche.

« Mais quel est ce premier don, ce don originel dont tous les autres découlent ? Ce don infini ? Comme ce merle me regarde drôlement ! Il attend que je lui déterre quelque chose, le bougre ! Attends un peu ! »

Tchoc, fit la bêche.

TCHAC.

Cassée dans son rythme, Esshun tituba. Puis elle s'assit par terre et se mit à rire et à pleurer comme elle ne l'avait jamais fait. Ainsi donc l'amour c'était cela. CELA.

D'un pas ferme, elle entra chez le roshi.

— J'ai résolu mon koan, dit-elle d'une voix décidée.

Le roshi vit son visage rayonnant.

— Montre-moi l'amour !

Esshun leva le bras.

— Montre-le-moi encore.

— Voilà ce que c'est que l'amour, dit Esshun.

Elle posa sur la table une vieille rave.

— Hum, dit le roshi, tu dis que ceci est l'amour !

Il tonnait.

— Non, dit Esshun, ceci est une vieille rave. Nous

avions oublié de la déterrer l'hiver dernier et ma bêche a buté contre elle.

— Il faut la porter aux cuisines pour qu'on en fasse de la soupe, c'est très bon la soupe aux raves.

— C'est ce que je pensais faire, mais je voulais vous en avertir.

— Tu as bien fait, ce n'est pas tous les jours qu'on trouve un trésor pareil !

Ici Esshun se sentit fondre en larmes à nouveau.

— Le seul ennui c'est qu'elle n'est pas très grosse !

— Oh si ! s'exclama Esshun.

— Comment cela ?

— Je nourrirai des générations de moines avec cette unique rave !

— Montre ! dit le roshi impérieux.

Sans hésitation Esshun prit la rave et fit mine de la manger.

— C'est bien, concéda le roshi radouci, tu es une bonne petite. Il avait, lui aussi, les larmes aux yeux à présent. Ce n'est pas tous les jours que se révèle la terre des Bouddhas !

Esshun vécut encore de nombreuses années dans ce monastère. À la mort du roshi, elle lui succéda et devint célèbre pour son enseignement sur le « don-constant-et-inépuisable » ! « Tout est le don constant et inépuisable, avait-elle coutume de dire, ce n'est pas que l'amour soit une partie de l'univers ! c'est qu'il est en fait la seule chose qui existe ! Tout en vous et hors de vous n'est que pure compassion. Voyez-le, voyez-le ! Il n'y a que la sagesse du vide parfait qui se donne constamment à elle-même. Par elle tout prend forme ! Rien sans elle ne peut exister ! Ainsi ce que vous appelez cruauté, haine, égoïsme, toutes ces maladresses de votre existence limitée ont pour racine la parfaite non-discrimination de la grande voie ! Chaque geste que vous faites, chaque parole que vous prononcez prend sa source dans cet amour parfait. Tout est amour en action. Chaque objet que vous isolez en est la preuve indubitable. Que vous faut-il de plus ? Ouvrez les yeux ! Écoutez avec vos oreilles ! Travaillez avec vos mains ! Vous ne faites rien : c'est l'amour qui voit, qui écoute et qui travaille ! C'est le don perpétuel du vide à la forme et de la forme au vide, sans que rien soit donné ! Alors ne parlons plus de cela. Rinçons notre bouche ! Une rave est une rave ! Allez-vous en faire un Bouddha ? Sornettes ! Laissez-la tranquille ! Cet acte-là est la compassion invisible ! Cet acte-là est éclatant ! Il se reflète jusqu'au dixième ciel. Il remplit les trois mondes ! Qui vous a créé tel que vous êtes ? Qui est votre mère ? D'où sortez-vous sans cesse ? Où retournez-vous ? — En tant que Bouddha vous êtes votre propre mère et la mère de tous les êtres. C'est vous qui avez donné naissance à ce vaste univers ! Mais tout ceci, rien que des mots, car ni aller, ni retour ! Dans la sagesse transcendante du don, les dix mille mondes et les quatre directions arrivent à l'extinction. Cette activité inépuisable, c'est le repos ! Comment travaillerez-vous à la libération ?

Ainsi Esshun forma de nombreux moines et les guida avec sûreté vers la compréhension de leur nature ultime. Sa fermeté et sa compasison étaient proverbiales. Elle passa le reste de sa vie dans la joie. À l'âge de soixante ans, devenue vieille et ayant en horreur l'idée d'être à charge, elle fit dresser un bûcher dans la cour, et dans un dernier embrasement de son cœur généreux, s'assit parmi les flammes.

LES ENFERS D'HAKUIN

Hakuin connut trois enfers au cours de sa longue vie et il passa de l'un à l'autre. C'est en sortant du dernier, le plus étrange, qu'il comprit la profondeur insoupçonnée de la souffrance humaine.

Son premier enfer, il le rencontra à l'âge de sept ans. Il était allé écouter avec sa mère le sermon d'un moine bouddhiste. Celui-ci décrivit avec un tel luxe de détails les tortures des damnés qu'Hakuin, qui était un enfant très sensible, sortit du temple en hurlant : il était poursuivi par des démons ! Sa mère eut beau lui expliquer qu'il ne s'agissait pas d'un enfer permanent infligé par un dieu extérieur, mais d'un lieu où chacun endurait les conséquences automatiques de ses actes jusqu'à leur épuisement, cela ne le rassura guère. Il se voyait déjà tendant les mains vers des ruisseaux de feu, incapable d'apaiser sa soif, traversant à pied des déserts glacés qui s'étendaient à perte de vue.

Le but du moine était-il de susciter des vocations ? Il y réussit à merveille. De ce jour Hakuin n'eut plus qu'une idée : entrer au monastère.

Ses parents combattirent vivement sa décision. Ils ne voulaient pas perdre un fils. Hakuin commença alors à se comporter d'une façon extravagante : il refusa de jouer avec les enfants de son âge et s'efforça de les entraîner au temple. Il leur fit des sermons sur la mort et la nécessité de mener une vie parfaite. Il se consacra à l'étude avec un sérieux qui fit craindre pour sa santé. Il reprenait même ses aînés. Lorsque l'un d'eux lui enjoignait de se distraire un peu, « comment, répondait-il, c'est vous qui me conseillez une attitude aussi futile ! Ne craignez-vous donc pas le châtiment si vous passez cette vie-ci à vous adonner au plaisir, sans chercher votre véritable nature? Faites effort!»

«Faites effort!» C'était son expression favorite, mais lui-même n'avait aucun effort à faire pour faire effort, tant sa peur était grande. C'est son angoisse qui le poussait.

À l'âge de neuf ans, un jour qu'Hakuin prenait un bain avec sa mère, un fait décisif survint. Il est courant au Japon de se laver en commun en partageant la même eau. En fait, on se lave d'abord en dehors de la baignoire, sur les caillebotis de bois prévus à cet effet, puis on se glisse ensemble dans l'eau bouillante, où l'on «mijote» à plaisir. Après un tel traitement, même l'air étouffant de l'extérieur semble frais. La mère d'Hakuin fit donc activer le feu sous la baignoire. L'eau se mit à chanter et les parois à résonner comme celles d'une bouilloire. Quel délice! C'est alors qu'Hakuin se mit à hurler avec une telle puissance que les voisins se précipitèrent. Il cuisait dans la marmite des damnés! Cette fois c'en était trop! Qu'il entre au monastère!

Il fallut attendre qu'il eût douze ans, mais c'est avec un certain soulagement qu'on l'accompagna à Hara où, selon la coutume, il se fit raser les cheveux. Qu'on imagine un peu, dans l'intervalle, la vie de ses pauvres parents. Ah, ce n'est pas facile tous les jours d'avoir un enfant hors pair qui, en plus de son obsession pour le bouddhisme, peint, s'exerce à la calligraphie et écrit des vers! Un enfant d'une nature imaginative et impressionnable, certes, mais plus têtu qu'une mule! Hakuin entra dans la voie avec un vœu bien caractéristique. Il n'avait pas encore mué, mais tel un guerrier il gronda:

«Tant que je n'aurai pas trouvé ce qui est ininflammable et insubmersible, je ne me reposerai pas!»

C'est ici que prit fin le premier enfer d'Hakuin, qu'on peut bien qualifier d'«Enfer Imaginaire»

Dès qu'il fut libre de s'abandonner à sa nature excessive, Hakuin vécut d'une façon complètement déraisonnable. Il ne dormit plus, ou à peine, il ne mangea plus, il s'exposa au froid et ne s'accorda aucune récréation. Le zazen était devenu pour lui une obsession. Il se répétait sans cesse : « La mort est partout présente ! Si même un maître de l'ampleur de Yen T'eou a hurlé quand un brigand l'a égorgé, quels seront mes cris à moi, sous les coups des démons ? »

Ce régime porta ses fruits. Hakuin se mit à voir danser des papillons devant ses yeux. Ses jambes ne le portaient plus. Il vomissait. Il tremblait de froid puis de fièvre. « Si je meurs maintenant, c'est la fin de tout, se dit-il. Comme je ne suis encore arrivé à rien, l'enfer m'attend ! » Épouvanté, il rassembla ses dernières forces et prit la route pour aller consulter un ermite-médecin qu'on lui avait recommandé. On lui avait décrit l'homme comme acariâtre mais plein de compassion. Il s'était retiré au sommet d'une montagne et fuyait la clientèle. Le voyage, par de petits sentiers au milieu des pierres qui roulaient, fut un calvaire. Arrivé devant sa hutte, Hakuin s'écroula.

Le vieux sortit et le toisa sans aménité.

— Sais-tu pourquoi tu es malade ? grogna-t-il.

— Non.

— Alors tu es un crétin ! Je ne soigne pas les crétins, car toujours ils retombent malades !

— Si tu ne me soignes pas, je ne pourrai pas libérer tous les êtres, ainsi que j'en ai fait le vœu !

— Tu es bouddhiste, hein ?

— Oui.

— Il n'y a que les bouddhistes pour faire des vœux aussi crétins ! Sauve-toi d'abord toi-même, après on verra !

— C'est aussi ce que je pense ! Soigne-moi ! Ensuite songe à tous ceux que j'aiderai si j'atteins l'éveil !

— Quand je pense que je suis venu dans ces montagnes pour être tranquille et que j'y rencontre des fous pareils !... Dis-moi, que t'a fait ton corps pour que tu le traites ainsi ? Est-ce qu'il boit, dort, mange ? As-tu pitié de lui ?

Hakuin baissa la tête.

— Ne sais-tu pas que le bouddhisme est la voie du milieu, que le Bouddha lui-même a condamné tous les excès ? Tiens, je ne suis pas bouddhiste, mais je sais tout cela mieux que toi... Bien, maintenant, sais-tu de quoi tu souffres ?

— Je souffre d'un excès de méditation, dit Hakuin, penaud.

— Ah ! Voilà qui est mieux ! Je vais pouvoir te soigner si tu deviens un homme intelligent, car les hommes intelligents, quand on les soigne d'une maladie, guérissent de cent !

— Que dois-je faire ?

— Puisque tu as trop médité avec ta tête, tu dois méditer maintenant avec ton corps. Lorsque tu t'assiéras, désormais, tu devras te sentir enveloppé graduellement, de la tête aux pieds, dans un flot nourricier et purificateur.

— De lumière céleste ? demanda Hakuin.

— De beurre ! gronda l'ermite. Et ne ris pas, crétin ! Ce beurre est chaud et pur comme de l'or fin. Il coule sur toi et te protège intégralement. C'est bien plus joli que de la lumière, non ?

Hakuin dut faire signe que oui.

— Ce corps que tu as tant méprisé est la terre pure du Bouddha, la loi du Bouddha, le Bouddha lui-même, ne l'oublie pas !

— Comment puis-je vous remercier ?

— Va et libère tous les êtres, fainéant ! gronda l'ermite, puis il fit à Hakuin un clin d'œil.

Hakuin s'attela à cette pratique pour le moins surprenante avec son ardeur habituelle. La réputation du médecin n'était pas usurpée. En l'espace de deux ou trois ans son corps chétif devint d'une vigueur exceptionnelle. C'était l'instrument qui manquait à l'envergure de son esprit et qu'à présent il possédait. Mais il fit une découverte bien plus étrange. En se concentrant sur ses pieds ou sur son bas-ventre, il était devenu capable de résoudre les problèmes métaphysiques les plus ardus. Les « koans » n'avaient plus de secret pour lui.

Sûr d'être au bout de ses peines, Hakuin partit à la recherche d'un maître qui authentifierait son éveil. Ce n'est qu'ainsi que la pureté de la tradition se conservait. Il se voyait déjà recevant l'inka, c'est-à-dire le sceau d'approbation. Des disciples venus du monde entier se prosternaient à ses pieds. Magnanime et modeste, il dispensait ses enseignements...

À Shinyô, il rencontra Shoju. Il se hâta de lui présenter un court poème qui illustrait sa compréhension.

— Peuh ! fit le maître, Il n'y a pas là de quoi faire faire pipi à une souris !

Hakuin, mortifié, insista.

Mal lui en prit. Raisonne-t-on avec un maître zen ? Avec un mur, peut-être...

Il finit par s'emporter. Il expliqua, ne contenant plus son arrogance, que malgré son jeune âge, il avait accumulé un nombre d'heures de pratique « effroyable », ce qui était vrai.

— Effroyable, vraiment ? Shoju se mit à rire. Puis il appela Hakuin « Démon têtu » ! Hakuin avait de la ténacité, il l'avait déjà prouvé, mais celle du maître était plus grande encore. Hakuin ouvrit la bouche pour parler. Un coup de poing magistral l'envoya rouler à terre.

Allongé de tout son long, Hakuin resta quelques instants sans bouger. Une petite voix chuchotait à son oreille un mot nouveau : « Passion, passion ! » D'un coup, il se releva. Il alla se prosterner aux pieds de Shoju. Bien plus tard il devait raconter à ses disciples : « Dès le début, il m'a soigné comme une vieille bonne grand-mère. Je ne peux pas vous décrire la douceur de notre premier entretien ! » Et c'était exact. Il n'y a pas de règle à la compassion.

Sous l'entêtement d'Hakuin, le maître avait perçu un potentiel extraordinaire. Un élève exemplaire méritait une sévérité exemplaire. Celle-ci ne pouvait pas le casser. Il fallait battre le fer tant qu'il était chaud. Que de fois, pour sa gouverne, il mania le kyosaku, ce bâton plat avec lequel on stimule la méditation des moines ! Que de fois encore il lui rit au nez !

Du reste, pour le bien d'Hakuin, tous s'y mettaient ! Un jour qu'il était parti mendier au village, il revint, poursuivi par un fou furieux armé d'un balai ! L'homme faillit avoir sa peau. Quand il se précipita à l'intérieur du monastère, le visage décomposé par la peur, Hakuin commenca à comprendre ce qu'était la vraie lumière!

À la manière zen, Shoju ne lui adressa alors aucun compliment, il lui dit simplement:

— On commence à retoucher terre?

Quelques années plus tard, Hakuin reçut de son maître l'autorisation d'enseigner. Un de ses premiers visiteurs fut un samouraï célèbre.

— Y a-t-il vraiment un enfer? lui demanda le farouche guerrier qui avait massacré bien des gens.

— Âne bâté, ferrailleur à la manque, comment oses-tu poser une telle question? Tu n'y comprendras rien, même si je te donne la réponse!

— Réponds ou je t'étripe! cria le samouraï piqué au vif.

Il dégaina. Une poursuite s'engagea à travers la pièce.

— M'étriper! Comment le pourrais-tu! Tu ne tiens même pas ton sabre correctement! dit Hakuin, redoublant ses injures.

Fou de colère, le samouraï leva son arme, prêt à lui trancher la tête.

— C'est ça l'enfer! cria Hakuin.

Interloqué, le samouraï baissa le bras.

— C'est ça le paradis! dit Hakuin.

Grâce à son maître, il en avait totalement fini avec son deuxième enfer: celui de la passion.

Plus tard il expliqua souvent à ses disciples que l'Enfer Imaginaire n'est qu'une métaphore à laquelle il faut réfléchir: notre véritable tourment est ailleurs! Dans notre cœur!

Bien des années passèrent. Hakuin était devenu un maître indépendant, mais, grâce à Shoju, il avait compris que, quel que soit le degré d'illumination qu'on a atteint, il ne faut pas en rester là. Il faut sans cesse lâcher l'acquis, aller au-delà. La poésie et la calligraphie étaient devenues ses moyens favoris pour témoigner de la Voie. Mais il ne négligeait pas l'enseignement pour autant. Afin d'éviter à ses élèves les chausse-trapes dans lesquelles il était tombé jadis, il rassembla pour eux un recueil de questions graduelles. Ces « cas » ou « koans » étaient tantôt traditionnels, comme ceux qu'il avait médités dans sa jeunesse, tantôt de son cru : « Quel est le bruit d'une seule main qui applaudit ? » demandait-il au disciple abasourdi. Si celui-ci le dévisageait les yeux ronds, il insistait : « La tête de la vache est entièrement passée par la porte, pourquoi sa queue ne peut-elle en faire autant ? »

Tout cela pouvait sembler absurde, mais il n'en était rien. Allons, comment entrerez-vous dans la terre des Bouddhas ?

Si toutes les passions égoïstes s'étaient tues, il en restait une dont Hakuin ne s'était pas départi, et qu'au contraire il cultivait de plus en plus. Qu'on se rassure, c'était celle du Beau ! De toutes les fibres de son être, c'était un artiste. Il n'avait de cesse d'arriver à l'expression juste, de voir sur le papier blanc se tracer un idéogramme parfait.

J'enfouis de la neige au fond d'un puits
En compagnie d'un saint simplet,

disait-il, et cette extase du geste gratuit, qui est celui du créateur, le faisait parfois courir comme un fou sous l'orage, chanter sous la pluie, s'étaler dans la boue, et oublier de se relever !

Il se battait avec les mots, il se battait avec l'encre. Il cherchait à traduire cette essence impalpable de chaque objet, cet écho insaisissable qui prolonge chaque situation. Parfois trois vers suffisaient :

Venu vous souhaiter au revoir à la porte,
J'y vois une touffe de hauts bambous
Leurs feuilles vous apportent un vent pur.

Mais parfois, même à la suite d'un long combat, rien ne venait. « Vraiment, que ce zen est difficile ! » s'exclamait alors Hakuin, comme un éternel débutant.

Il en était là, lorsqu'une nuit, il alla s'asseoir pour célébrer la pleine lune sur la véranda du temple de Shinoda. Bien qu'âgé et considéré comme un maître parfaitement accompli, il pratiquait avec la même rigueur qu'à ses débuts.

Sous la lumière de la lune, la vue était magnifique. Une épaisse couche de neige recouvrait le sol. Les arbres se découpaient, noirs sur le ciel. L'air était transparent, purifié par le froid. De temps en temps une saute de vent faisait glisser des branches ou du toit un paquet de neige qui s'étalait sur le sol avec un son doux. Des gouttes s'égrenaient des gouttières : Ploc, Ploc ! Des planches grinçaient.

« Comme c'est beau ! » se dit Hakuin, les larmes aux yeux. Chacun de ces bruits retentissait merveilleusement dans son cœur ouvert. Ploc ! Une goutte. Pschiiit ! Le frôlement de la neige. De son regard d'artiste, il appréciait le contraste du blanc et du noir. Les silhouettes des sapins traçaient des hachures dignes de l'abstraction du plus grand calligraphe. C'était l'idéogramme de la nature ! Celui-là même qu'il recherchait ! Chaque trait de ce paysage avait la décision et la douceur d'un visage aimé. Chaque tronc zébrait le ciel d'une ligne virile et nette, rythme pur.

« Ah comme c'est beau ! » répéta Hakuin. Il ne méditait pas vraiment. Il était dans cet état de réceptivité alerte qui est devenu une seconde nature chez ceux qui se sont pliés à une longue pratique. Combien d'années lui avait-il fallu pour retrouver cette innocence, pour se dépouiller de tout le superflu ? Il ne s'en souvenait plus. Quarante ans peut-être depuis son admission au shôin-ji de Hara, trente depuis que Shoju l'avait roué de coups. Mais qu'importe. Sans se le dire, il avait vaguement conscience de ce qu'il pouvait enfin voir ce merveilleux spectacle avec plus de transparence que n'en avait eu son œil d'enfant.

Son dos était ferme, ses bras descendaient souplement. Toute son attitude reflétait la force et la tendresse. Un sourire flottait sur ses lèvres. Il était arrivé à cet équilibre délicat entre la puissance et l'abandon. Sa poitrine ouverte était exposée au vent.

Un oiseau passa d'un vol feutré. Un insecte miraculé serina hors saison. Avait-il cru que le printemps était revenu ? Les branches des pins continuaient à se balancer. Quelque part de l'eau ruisselait par à-coups. À quoi bon toutes ces luttes ? Hakuin se prenait à sourire davantage. À quoi bon tous ces cris ? La lune brillait dans le ciel pur. Le monde était beau. La vie était une merveille. On pouvait s'y installer avec le sentiment d'avoir touché au but, en sachant qu'on avait atteint la perfection. On pouvait se laisser aller et se détendre avec cet adoucissement de tout l'être qui lui même était l'absolu de la joie et de la compassion. On pouvait célébrer la grâce en un chant ultime de remerciement. Hakuin sentit monter sur ses lèvres les vers d'un poème où l'harmonie de cette nuit était un dernier éblouissement. Il allait les murmurer, il n'en eut pas le temps. Juste devant lui un gros paquet de neige se détacha du toit et vint s'écraser à ses pieds.

Cette fois-ci, Hakuin ne rit pas, il ne dansa pas, il ne se mit pas à courir en tous sens comme un fou. Avec cette neige l'invisible poids qu'il portait encore sur ses épaules sans le savoir était tombé d'un coup. La neige avait rencontré la neige ! Que portait-il encore ? Comment ne s'en était-il pas rendu compte plus tôt ? C'est que ce fardeau bien qu'écrasant n'avait pas l'air d'en être un. Il était charmant. Et dire que tous les êtres sans exception le portaient eux aussi, génération après génération, même après s'être libérés des chaînes grossières de la souffrance !

Comme la nuit était noire ! Comme la neige était blanche ! Quel son extraordinaire que celui de deux neiges qui se rencontrent ! Comment pourrait-on démêler deux neiges ? La douceur feutrée de ce son !... Plusieurs fois, Hakuin refit dans son esprit le voyage du bruit des deux neiges et à chaque fois il y retrouva cette émotion inexplicable, puis, comme ce choc s'estompait, avec cette sagesse innée que le zen lui avait rendue, il laissa l'expérience là où elle était.

Enfin libre de tout, même du Beau, le poème devint :

> Avant que la neige ne rencontre la neige,
> Le ravissement de la nuit hivernale,
> Quel enfer !

LE RÉGAL
DU BOUDDHA

Une grande animation régnait ce matin-là dans la maison de Chunda, le forgeron du village de Pava. Partout, les femmes, les enfants, les cousines, les nièces, et même les vieilles tantes venues des environs s'affairaient. On balayait, on astiquait les modestes meubles, on activait le feu sur lequel cuisaient du riz et des légumes. Excités par toutes ces activités inhabituelles, les enfants couraient en piaillant. Ils se pendaient au sari de leur mère et suppliaient : « Laisse-moi mettre les mains dans la farine ! » ou encore « Je peux tourner la pâte, s'il te plaît ? » mais dès qu'on avait accédé à leur vœu, ils retournaient à leurs cavalcades, vite lassés. Ils étaient pourtant persuadés, avec leur capricieuse contribution, d'avoir accompli tout le travail dont dépendait la fête, et nul ne les détrompait. Quand on sortait les gâteaux du four, les mères disaient : « Viens voir comme tu l'as bien réussi ! » à leurs fillettes, et les pères : « Regarde les belles guirlandes que tu as accrochées ! » à leurs garçons...

Mais quelle était la raison de tels préparatifs dans une si pauvre demeure ? Un mariage ? Un héritage apportant la fortune ? Pas du tout ! On attendait la visite du Seigneur Bouddha, l'œil du monde.

Chunda avait eu bien du mal à obtenir cette invitation car il n'était qu'un artisan de basse caste. Mais sa piété était sincère. C'est pourquoi dès qu'il avait appris que l'« Éveillé Parfait » était dans les parages, il s'était juré de l'honorer dans sa maison. La vie religieuse n'est pas accessible à tout le monde. Chunda avait une nombreuse famille à nourrir et, pour lui, il ne pouvait être question de partir sur les routes ou de se retirer dans une grotte pour méditer. Il lui restait une seule possibilité : celle du don. Aider un saint homme dans sa quête, le loger, le nourrir, telle était sa pratique et il lui semblait que, par personne interposée, il se rapprochait ainsi de Dieu.

— Nous allons nous endetter pour plusieurs mois, si nous le recevons avec toute sa suite, objecta sa femme. Et en plus tu ne le connais pas ! Il paraît qu'il a fondé un nouvel ordre !

— Peu importe ! Il porte une robe orange, ça suffit ! dit Chunda qui se souciait peu de doctrine. Tel était l'homme.

Conscient des obstacles qui l'attendaient, Chunda s'était mis en route de nuit. Il voulait arriver le premier sur les rangs. Il n'oublierait jamais la façon dont sa demande avait été accueillie.

— Voulez-vous me faire l'honneur de prendre votre repas demain dans ma modeste maison, à quelques lieues d'ici ?

Le Bouddha l'avait dévisagé avec l'un de ces regards si droits qu'ils coupent le souffle. Sans tenir compte ni des pieds poussiéreux, ni des vêtements déchirés, ni de tous les autres signes qui trahissaient la condition de son interlocuteur, il avait souri. La lumière avait inondé son visage. Il s'était tu. Chunda avait eu du mal à croire à sa chance. Cet ancien prince était si accessible ! Mais les disciples avaient protesté : Comment ! Manger chez un forgeron ! Quand on pouvait espérer être reçu dans les plus riches demeures ! Avec tous les honneurs qui conviennent ! Mais c'était rabaisser la sagesse, dévaloriser la Loi et le Dharma que d'accepter pareille invitation !

Le Bouddha n'avait tenu compte d'aucune objection. L'homme, avec sa franchise, lui plaisait. Un forgeron ? Et pourquoi pas ? Tous les hommes ne sont-ils pas des hommes ? Sans dire un mot, il avait signifié d'un geste de la main que sa décision était irrévocable. Un bikkhu maladroit chuchota à l'oreille de son voisin que, comme ils avaient mangé la veille chez une courtisane, ça ne pourrait pas être pire !

Le Bouddha fronça les sourcils. Il sortit de son mutisme :

— Sachez qu'il n'y a pas de différence de nature entre les êtres ! Tous sont, sans exception, l'impermanent et le conditionné, qui est lui-même, dans sa véritable essence le sans-limites et le non-né ! Que sont ces castes qui vous causent tant de tracas, qui sont une telle cicatrice sur le visage de l'Inde ? S'il vous faut à tout prix établir des distinctions, faites-en entre la bassesse et la vertu. Car qu'est-ce qu'un brahmane ? C'est un homme noble, qui est « re-né ». Or qu'est-ce que renaître, sinon sortir du monde de l'erreur ?

Ainsi un brahmane n'est point celui qui l'est par l'hérédité, mais celui qui en a les qualités. Oui, celui-là je l'appelle brahmane et nul autre : Celui qui a percé par son application constante le mur de l'ignorance. Tant que vous serez prisonniers des catégories, vous serez roulés dans le samsara, la ronde des existences. C'est pourquoi efforcez-vous de devenir de véritables brahmanes, des « re-nés », et mieux que des brahmanes, devenez des Bouddhas ! C'est-à-dire, réveillez-vous ! Voyez ce que vous êtes déjà !

Chunda était rentré dans son village avec la rapidité d'un zèbre. Il avait couru sur vingt kilomètres entre le bois des mangues et Pava. Il y avait le Bouddha. Il y avait sa suite. Combien d'hommes au total ? Peut-être soixante ! C'était beaucoup et le temps manquait pour tout préparer dignement ! Avec une sorte d'ivresse, il avait réuni tous ses collatéraux jusqu'aux plus lointains pour leur demander un coup de main. Puis une fois les ordres donnés, il avait disparu, comme pris d'une inspiration subite.

La femme de Chunda est inquiète. Plusieurs heures ont passé, le Seigneur Bouddha va arriver et Chunda n'est toujours pas rentré. Elle se poste sur une petite butte devant la maison et elle guette. À présent tout est cuit, les guirlandes sont accrochées, que fait le maître ? Enfin, au bout du chemin, elle distingue un point. Bientôt ce point a des jambes qui courent à toute vitesse. Ah, c'est lui, quel soulagement ! Et on dirait qu'il tient quelque chose à la main. Qu'est-ce que ça peut bien être ? Tout le monde se masse sur le seuil. Les enfants se poussent pour être à la première place. Quelle est cette surprise venue de si loin ? Les yeux brillants, Chunda déballe son prodige. Il écarte le méchant tissu qui sert d'emballage. Tous de voir, bouche bée, un morceau de viande bien noir que le soleil a racorni.

— Vois quelle aubaine ! dit Chunda à sa femme, j'ai couru jusqu'à Mula pour l'acheter. C'est du porc. Il était un peu couvert de mouches, mais le marchand m'a affirmé qu'une fois frit, il serait digne d'un prince. Nous devons offrir à notre hôte ce qu'il y a de mieux, ce que nous ne pouvons pas nous-mêmes nous permettre. Ce sera le régal du Bouddha !

La femme de Chunda fronce le nez :

— Est-ce que cette viande ne sent pas un peu ?

— Penses-tu ! Ça sent toujours comme ça, le porc !

À vrai dire ni l'un ni l'autre ne peuvent en juger car ils ne mangent que du riz et des lentilles, et cela encore de façon incertaine. Les enfants dansent autour du morceau. Ils n'ont jamais vu de viande. Le plus petit tend le doigt, il salive !

— Ne touche pas, dit Chunda, c'est un gros morceau. Il vous en restera peut-être un peu, les enfants, quand Il se sera servi. Si vous êtes sages, vous aurez les restes comme « prasad ». C'est une consolation, car chacun sait que c'est une bénédiction de terminer ce qu'un saint homme laisse dans son assiette... Alors femme, qu'en penses-tu ?

Mais il n'est plus temps d'en débattre. Il faut se hâter de rallumer le feu pour cuire ce nouveau mets. Et voilà que les bikkhus qui précèdent le Seigneur Bouddha sont annoncés. Toute la maisonnée se rassemble à la porte dans ses plus beaux atours. L'attente chargée d'expectative commence. Des plaisanteries joyeuses fusent...

Au bout d'une heure tout le monde est dans l'embarras. Le grand sage a dû changer d'avis ! Il ne veut pas de cette fête minable ! Chunda se tord les mains.

Ce que les émissaires ont négligé de dire c'est qu'il en est souvent ainsi à présent. Ce n'est pas que le Bouddha s'est ravisé, c'est qu'il est en retard. Il est vieux. Voilà cinquante ans qu'il sillonne inlassablement les routes de l'Inde avec pour tout bagage un bol et une robe pliée. Il a parcouru des milliers de kilomètres sous tous les climats, sans jamais se reposer, sauf en hiver où il a institué pour tous ses disciples une période de retraite. Aujourd'hui, il a quatre-vingts ans, et s'il marche encore, c'est normal qu'il traîne un peu les pieds. Sans rien imaginer de l'inquiétude dont il est la cause, appuyé sur l'épaule d'Ananda, son fidèle compagnon, il discute en cheminant :

— Nous voici presque ramenés au point de départ !

— Pourquoi Seigneur ?

— Parce que, tu vois ces contreforts là-bas ?

— Oui.

— Ce sont les Himalayas. Je suis né à Lumbini, tout près d'ici... C'est-à-dire ce « corps ».

— Alors vous retournez à votre lieu de naissance ?

— Il n'y a pas de naissance pour un Bouddha, ni de mort. Oublies-tu que tout ceci s'est éteint à Bodhgaya ? Ceci est un corps qui marche ! Mais, en attendant, que fait le Bouddha, Ananda ?

— Je n'en sais rien, Seigneur.

— Le Bouddha marche-t-il ?

— Comment le saurais-je ? Vous me troublez toujours avec vos questions, Seigneur !

— Cher Ananda, que tu es délicieux ! Allons cherche ! Le Bouddha ne marche-t-il pas ?

— Je n'en sais rien, Seigneur !

— Si le Bouddha ne marche pas, qu'est-ce qui s'appuie à ton bras ? Un fantôme ?

Le Bouddha éclata de rire

— Je n'en sais rien.

— Bouh ! dit le Bouddha pour lui faire peur.

— Nous allons faire attendre nos hôtes, dit Ananda, soucieux de changer de conversation.

— Tu ne peux pas me porter, et je ne peux pas faire plus vite. Ce vieux char est en bout de course, il faut le voir !

— Ne parlez pas ainsi, Seigneur.

— Pourquoi donc ? Il est clair que ce corps a atteint la

somme de ses jours. Son voyage touche à sa fin. Tout comme un vieux char ne peut continuer à rouler que rafistolé de toutes parts, le corps du Tathagata n'avance que grâce à Ananda !

— Seigneur !

— De plus, ce corps est si décrépit que c'est seulement lorsque le Tathagata cesse de tourner son attention vers les choses extérieures pour s'absorber dans ce samadhi qui efface toute sensation qu'il est à l'aise... Et ceci n'est pas bon. Car le but d'un Bouddha n'est pas ce type d'absorption !

— Vous souffrez, Seigneur ?

— Réponds toi-même à cette question. Si je ne souffrais pas, je ne serais pas un homme, si je souffrais, je ne serais pas un Bouddha.

— Mais vous n'allez pas nous quitter si vite, Seigneur, que ferons-nous sans vous ?

— Il ne m'est pas possible, par compassion pour vous, de reculer le temps au-delà de certaines limites ! De plus en plus souvent le Tathagata doit se tourner vers l'espace intérieur : ceci est un signe !

— Pourtant la crise de dysenterie dont vous avez souffert à Beluva est totalement terminée ! Vous avez repris des forces ! Vous devez vous ménager et surtout choisir des haltes un peu plus confortables !

— J'ai guéri grâce à la volonté. Ceci n'est pas le vrai chemin du Tathagata. Il a certes pitié de vous, mais vous devez devenir votre propre lampe. Le Tathagata n'a allumé que la sienne. Sa voie est de ne s'opposer à rien : ce qui doit arriver arrivera.

— Annulons ce repas chez Chunda !

— Les gens du peuple ont tout autant droit à notre visite que les autres, Ananda ! Du reste, nous y sommes !

Les voilà assis. Le Bouddha est à la place d'honneur avec Ananda d'un côté et Chunda de l'autre, puis viennent, par ordre d'importance, les disciples principaux c'est-à-dire Shubbuti et Mahakashyapa, puis les membres de la famille, les bikkhus, les voisins et les enfants. Du riz, des légumes et des pâtisseries sont déposés sur le sol devant les convives. De larges feuilles servent d'assiettes. Au centre, clou du festin, trône le plat de viande destiné à être le « régal du Bouddha ».

D'un geste courtois, Chunda lui intime de se servir. Ananda intervient :

— Le maître ne mange pas de viande. Il a expressément demandé qu'on ne tue jamais d'animaux spécialement pour lui. Il ressent que c'est une cruauté gratuite quand il est si facile de survivre en consommant autre chose. Ce n'est pas le choix qui manque. La viande ne nous est qu'une gourmandise. Une gourmandise cruelle ! Or la chaîne des existences est déjà, telle qu'elle est, bien assez douloureuse comme ça !

Une intense déception se lit sur le visage de Chunda. Le Bouddha répond :

— Ananda dit vrai. Cependant aujourd'hui je ferai exception. Il est clair que vous avez préparé ce plat pour m'honorer, mais que cet animal n'a pas été sacrifié seulement pour moi. Je suis très touché de votre attention.

— Effectivement cette viande vient du marché, dit Chunda soulagé.

— Puisque cet animal est mort, faisons qu'il ne soit pas mort pour rien !

— Avez-vous oublié, Seigneur, que vous relevez de dysenterie ? La viande n'est pas à conseiller dans votre état.

— Ananda s'inquiète perpétuellement pour ma santé, dit le Bouddha en s'adressant à Chunda, il est comme une vieille nourrice ! Et ceci n'est pas le pire : il ne cesse de m'obliger à suivre les préceptes que, sans doute dans un moment de folie, j'ai moi-même édictés ! Rendez-vous compte !

Le Bouddha se moque gentiment d'Ananda. En fait cette viande ne le tente guère, mais il a d'autres priorités à respecter.

— Allons, Ananda, sers-moi !

Le Bouddha sourit, le visage de Chunda s'éclaire, celui d'Ananda s'assombrit.

Finalement, contemplant ce qui vient d'être mis dans son assiette, le maître dit :

— Certaines choses sont primordiales, d'autres pas. Certes il vaut mieux ne pas manger de viande, par compassion, mais bien plus important que cela, il faut comprendre la loi. Or quelle est cette loi ? C'est que tout ce qui est composé d'éléments disparates, tout ce qui naît à la suite de causes spécifiques, tout ce qui est un assemblage, tout cela est obligatoirement promis à la dissolution et porte en soi, de façon inhérente à sa nature, la promesse de la dispersion. Regardez ce porc ! Il en est un exemple ! Puisqu'il est apparu, il disparaîtra, même si ce n'est que dans mon estomac !... Regardez ce corps ! Il en est un exemple aussi ! Ayant été conçu, ayant grandi, il décroîtra et se décomposera, comme le vôtre !... C'est pourquoi vous devez chercher ce qui ne dépend de rien, ni dans le temps ni dans l'espace, ce qui est toujours tel, le non-né ! Efforcez-vous, faites diligence !... C'est dans cet esprit que je reçois cette viande que vous m'offrez, dans cet esprit que je la mange. Merci !

On le voit, le Bouddha saisit tous les prétextes pour enseigner.

La plupart des membres de l'assemblée n'ont compris goutte à ce discours, mais ils se réjouissent d'avoir un si grand maître chez eux. Le Bouddha commence à manger. Le repas débute vraiment. Un léger brouhaha s'installe.

De toutes ces paroles, Chunda n'a saisi qu'une seule chose :

— Vous dites que vous allez mourir, vous aussi ?

— Je suis déjà mort !

— Ah ? dit Chunda, se demandant de quelle plaisanterie il s'agit.

— Mort à ce corps, mort à ces pensées, mort à toutes ces préoccupations qui constituent la trame de vos existences, ce que vous appelez une « personne ». Certes tous ces éléments poursuivent chez moi leur destin et s'acheminent vers leur fin, mais étaient-ils vraiment vivants ? Ce qui est vivant est ce qui ne dépend de rien ! Ce qui est vivant est ce qui jamais ne s'éteint !

— Je ne vous comprends pas.

— Le Bouddha est-il ce qui est vivant ou ce qui est mort ? Et vous ?

— Je ne sais pas, dit Chunda.

— Bien sûr, tu n'as jamais envisagé les choses de cette façon, mais cela vaut la peine d'y regarder de plus près. Qu'est-ce que le Bouddha pour toi ? Un assemblage de bras et de jambes, de poils et d'os ? Un corps ? Certes si cela est le Bouddha, cela devra intégralement disparaître !... Des émotions, des sentiments qui se succèdent ? Certes si cela est le Bouddha, cela devra intégralement disparaître... Des souvenirs, des pensées, des opinions, des connaissances ?... Certes si cela est le Bouddha cela devra intégralement disparaître !...

Ainsi, si le Bouddha n'est que la somme variable de ces trois éléments : physique, affectif et mental, cette somme, comme toute les sommes se dispersera !... Prends un char : tu lui enlèves ses roues, tu lui enlèves ses bancs, tu lui enlèves ses bords, son socle, que reste-t-il ? Oh, certes, il y a des gens qui postulent qu'il subsiste alors une sorte d'« essence de char ». Mais pour subsister justement, cette « essence de char » ne doit être composée d'aucun des éléments spécifiques d'un char, elle ne doit en avoir aucune des caractéristiques. S'il en est ainsi, en quoi est-elle une « essence de char » plutôt qu'une essence de n'importe quoi d'autre ? Le char est « mort » !... Et quand je dis « char », c'est pour ne pas t'effrayer ! C'est de « toi » qu'il s'agit...

— Mais vous ?

— Le Bouddha ne dépend pas de pièces comme un char ! Il n'est pas créé comme un char, constitué comme un char, défait comme un char !... Les chars, au rancart !

Chunda fronce les sourcils. Il n'est pas instruit mais il a l'entendement vif. Le raisonnement sans faille du Bouddha l'intrigue.

C'est vrai que jusqu'à présent il n'a pas beaucoup réfléchi à ces questions mais c'est parce que ne pas mourir de faim a été sa seule préoccupation.

— Mais si je ne suis ni ce corps, ni ces pensées, ni ces émotions, alors je ne suis RIEN, dit-il.

— Si tu n'es que ce corps, que ces pensées et que ces

émotions, c'est alors que tu n'es rien, dit le Bouddha... Tout passera ! Tu l'appelles RIEN parce que tu ne peux pas le définir, mais je te l'affirme, ce RIEN est ce qu'il y a de plus vivant. C'est le reste qui est mort... Cesse de te voir toi-même uniquement comme une personne, comme un objet, cherche en toi cela qui ne peut être ni vu, ni décrit... Qu'est-ce ? Le véritable toi-même ! La nature-de-Bouddha !

— Je commence à comprendre.

— Il n'y a pas d'ego permanent, ou si tu préfères pas de personne permanente ! Pas de char permanent ! Ce qui est permanent est autre ! C'est une « non-personne », un « non-char », un « non-ego » !

— Et quoi faire, alors ?

— Cesse de te cramponner à ce qui disparaît ! Cesse de vouloir maintenir dans un état stable ce qui doit se décomposer ! Cesse d'avoir soif d'impossible, et ainsi, cesse de souffrir !

— Comment ?

— En observant ! Sois l'observation permanente de cette impermanence. L'observation est en deçà et au-delà de ce qu'elle contemple. Je répète sans cesse : « Seule roule la mer infinie des phénomènes. » C'est vrai ! Mais qui ou quoi la contemple ? Qui ou quoi lui sert de toile de fond ? Si tu procèdes ainsi, un jour, soudain, tu sentiras le goût du non-né dans ta bouche.

— Et quel est ce goût ?

— Celui de la paix !

Chunda reste silencieux. Il voit que le Bouddha sourit. Sur son visage en effet ne se lit aucune trace de lutte ou d'inquiétude. Il est parfaitement détendu.

— Mais je vous ai empêché de manger, Seigneur !

Le Bouddha regarde d'un air vague les bouts de viande froide qui restent dans son assiette.

— Ce n'est pas grave, ces dents sont mauvaises !

— Permettez-moi de vous resservir, ce qui est dans le plat doit être chaud.

Ananda foudroie Chunda du regard. Non seulement le maître est vieux et fatigué, mais encore on l'oblige à parler « philosophie » à table !

Le Bouddha se laisse faire par délicatesse.

— Je me sens si coupable de vous avoir importuné ainsi !

— Il n'y a pas de quoi ! Il se met à mastiquer ostensiblement pour rassurer son hôte.

Les autres convives, par contre, ont mangé comme s'ils devaient faire des provisions contre les mauvais jours. De fait ils n'ont pas tort car la vie est rude dans cette province et la disette est fréquente. Les enfants, sans attendre, ont attaqué les piles de gâteaux et, les doigts poisseux, échangent des clins d'œil.

Personne n'a vraiment suivi la conversation. Ananda, Chunda et le Bouddha rattrapent leur retard. Au bout d'un moment, Chunda qui juge que le Bouddha s'est rassasié n'y tient plus. Une autre objection lui brûle les lèvres.

— Vous parlez d'impermanence, mais la réincarnation, alors ?

— La réincarnation, c'est la mort ! dit le Bouddha.

— Chunda ne sera-t-il pas éternel s'il devient quelqu'un d'autre ?

— Chunda est toujours en train de devenir quelqu'un d'autre, de seconde en seconde, d'année en année, et ceci, déjà, le fait souffrir, puisqu'il voudrait rester stable, et se préserver tel qu'il est, puisqu'il refuse sa condition d'agrégat-d'éléments-en-perpétuelle-transformation : enfant il a peur de devenir adulte, et adulte vieillard ! C'est cela sa souffrance, son angoisse : il a soif de maintenir un « Chunda » illusoire qu'il serait bien en peine de définir !

— Soit, et alors ?

— Et alors ? Si Chunda devient quelqu'un d'autre, éventualité sur laquelle je préfère ne pas trancher, car ce qui compte c'est d'en voir les conséquences, c'est que Chunda a disparu et que rien ne nous rendra Chunda, ni ici, ni ailleurs, ni dans un quelconque paradis ! Chunda ne serrera plus jamais sa femme dans ses bras, il ne sera plus jamais le père de ces charmants enfants, il ne fera plus jamais flamber le feu de sa forge !

— C'est vrai, ça, dit Chunda comme si les écailles lui tombaient des yeux.

— Supposons, je dis bien supposons, car ce genre de

problème métaphysique m'irrite par sa stupidité... supposons donc que Chunda « devienne » une femme brahmane ! Vois comme c'est absurde ! Si cette femme est Chunda le forgeron, autant dire qu'un chat est un chien !... Non ! Il est clair que si tu te ressens comme étant uniquement un homme, grand, musclé, artisan à Pava, tu devras faire le deuil de tout cela si jamais tu deviens une noble mère de famille à Kashi ! Et cette femme, elle aussi la pauvre, pleurera la mort de ses enfants, sans jamais pouvoir les retrouver tels quels, ou s'inquiétera des maladies de son mari !

— La réincarnation, qui est une possibilité, ne nous sort donc pas de la souffrance ? dit Chunda.

— Non, dit le Bouddha. Elle ne fait que l'accroître, elle l'étend sur des millénaires ! Ce sont des nombres incalculables de familles dissoutes, de blessures endurées, de déménagements, de guerres ! Si elle existe, ce qui semble logique car tous les éléments qui nous constituent poursuivent leur route d'un état à l'autre sans jamais rien qui se gagne et rien qui se perde, nous sommes roulés d'une naissance à une mort, sans fin, comme nous le sommes déjà dans le cadre d'une seule existence ! Mais de quel NOUS s'agit-il ? Là est la question, car le problème est mal posé !

— Je vois, dit Chunda.

— C'est pourquoi, je le répète, l'hypothèse de la réincarnation grâce à laquelle nous espérions pouvoir alléger nos souffrances, tolérer la disparition des êtres qui nous sont chers, et la nôtre, se révèle une porte de salut illusoire ! Si nous avons perdu notre femme, c'est notre femme que nous voulons, or cette relation est conclue à jamais, même si cette épouse devient, comme « ils » disent, notre fils dans une existence prochaine et que nous sommes alors sa mère !...

Si tu veux cesser de souffrir, il te faut donc trouver une autre façon de te définir qui puisse subsister en dépit du démembrement de tous les éléments corps, esprit, et sentiment de Chunda... malgré leur transformation en autre chose ou en quelqu'un d'autre de tout à fait différent !

— Ce qui nous ramène au problème du char...

— Tout à fait, tu comprends vite !

— Oh, dit Chunda, modeste, ce n'est pas cela. Je suis simplement étonné de voir que la religion, qui me semblait une chose si inaccessible, se ramène à des choses aussi concrètes !

Le Bouddha rit :

— Alors, une devinette ! Je meurs, et je DEVIENS un rhinocéros ! Que faut-il écrire sur le dos de cet animal ? Gautama, qui est mon prénom, ou rhinocéros ?

Chunda roule des yeux effarés. Les autres convives devant la gaieté du Bouddha lèvent la tête.

Ananda réprimande, attristé :

— Vous ne vous réincarnerez pas en rhinocéros, Seigneur ! C'est impossible !

— Il me semble que là n'est pas le problème, dit Chunda.

— Hé, hé, dit le Bouddha, il n'est vraiment pas bête !

Chunda se gratte la tête. Ananda est atterré de la façon dont le maître se moque de lui-même : le Bouddha, un rhinocéros !

— Alors ?

— Alors, il me semble, dit Chunda, que ce problème grotesque nous renvoie à la question « Qui est le Bouddha ? » ou « Qui suis-je ? »... Si j'ai bien compris, ce qu'il faut trouver, dans ce cas, c'est ce qui persiste, tel quel, de vous dans cet animal, car si cela se transforme, ce n'est plus vous ! Hum... ce n'est pas facile !

— Et de plus, si ça persiste tel quel, comme tu dis, d'un état à un autre, alors ça ne se réincarne pas ! C'est là, toujours là, encore là, et la réincarnation n'est qu'une illusion d'optique ! Bref, si la réincarnation existe, elle n'existe pas ! dit le Bouddha

— Cette conversation est stupide, dit Ananda qui commence à avoir mal à la tête et trouve que ces discussions chez un forgeron avide de savoir, qui n'a pas assez d'éducation pour comprendre qu'il est importun, ont assez duré.

— Tu as raison, dit le Bouddha, mangeons !

Cependant Chunda dont le monde s'ouvre soudain vers des perspectives insoupçonnées s'exclame :

— S'il existe vraiment, Seigneur, montrez-le-moi, ce non-né, je vous en supplie !

À la note vibrante de sa voix, tous tournent les yeux.

Un silence étrange se fait dans la salle.

Instinctivement tous les hommes redressent leur dos comme s'ils se rappelaient, au milieu de ces festivités terrestres, la noble origine dont ils sont issus, celle des « Bouddhas ».

Tous attendent la réponse du maître. Les enfants interrompent leurs bavardages et restent bouche bée.

Le Bouddha toise l'assemblée d'un air digne. Une gravité imprévue envahit ses traits de vieillard bonasse. Il y avait du roc sous sa joyeuse fluidité! Ce roc, il était là!

— Regardez tous! gronde-t-il. Il frappe du plat de la main sur la terre.

L'assistance est médusée. Il y a un moment de silence, puis aussi vite qu'il a repris son sérieux, le Bouddha sourit.

Chunda n'a rien vu. Il prend un air embarrassé.

— Tu as vu mais tu ne sais pas voir! s'exclame le Bouddha.

— Éclairez-moi davantage!

— J'ai répondu! Tout est là! Un jour cette réponse t'illuminera.

— Je n'ai rien compris, hélas, j'ai vu un geste!

— Lorsqu'une chose nous est trop intime, comme le non-né, nous ne pouvons pas la voir. Nous ne pouvons pas la connaître, parce qu'il n'y a pas d'espace entre elle et nous! L'œil est ce qu'il y a de plus proche de l'œil, mais il ne peut connaître l'œil. Pourtant l'œil est ce qu'il est vraiment! La langue peut goûter tous les goûts, mais elle ne peut goûter la langue, et pourtant la langue est ce qu'elle est vraiment. Comprends-tu?

— Oui, mais cela ne suffit pas!

— Effectivement! Il faut le vivre! Alors la vie est changée et l'homme est différent. L'homme qui se connaît lui-même comme nature-de-Bouddha ne connaît plus ni crainte, ni désir... C'est tout!

Et quant à ces idées de « devenir », à ces idées de se réincarner, laisse-les tomber. Occupe-toi de ce qui est ici, de la souffrance présente! La bûche ne devient pas cendres... La bûche est une bûche et la cendre est de la cendre!

Chunda a du mal à avaler sa salive. En fait de bûche il a l'impression qu'une pensée de la taille d'une grosse pièce de bois se met à remplir son crâne. C'est une pensée d'un seul bloc et mal équarrie. Une pensée qu'il ne peut ni déplacer, ni mettre en pièces pour s'en nourrir. Elle n'a rien de flatteur, rien qui lui offre une prise. Et pourtant il pressent que cette pensée encombrante, inconnue, révélée par les énigmes du maître, va devenir comme le pivot autour duquel gravitera désormais sa massive existence. Un jour cette pensée s'enflammera, révélant la lumière qu'elle contient, et elle illuminera le monde...

Chunda déglutit. Le temps n'est pas encore venu...

Soudain la pensée disparaît. Une toute petite phrase jaillit :

— Et vous pensez que moi, qui suis illettré, j'ai des chances de le trouver, ce non-né ?

— Bien sûr, dit le Bouddha doucement, sinon pourquoi aurais-je passé tant de temps sur les routes ? Je suis vieux !

Entendant cela, Chunda éclate presque en larmes. Il y a un moment d'embarras. Les paroles qui suivent résonnent comme un coup de gong :

— Il n'y a aucune différence entre toi et moi, voyons !

Tous font à nouveau silence, surpris, étonnés, ou consternés, suivant leur tempérament. Le Bouddha pour détendre l'atmosphère s'exclame :

— Et si nous reprenions de cet excellent porc ?

L'assemblée applaudit. Chunda, ravi, tend la main vers le plat. Ananda prend un air désapprobateur.

— Tu vois, Chunda, il ne faut pas devenir vieux, sinon les gens croient que vous êtes gâteux. Ils veulent vous confiner à la bouillie de lentilles !

— Servez-vous maître, car mes questions vous ont, encore une fois, empêché de manger. Que dira-t-on lorsqu'on saura que j'invite le Bouddha chez moi et que je le fais parler pendant des heures !

— Le Bouddha va se rendre malade pour vous complaire, dit Ananda à voix basse. Vous devriez le voir !

— Que dis-tu dans ta barbe, Ananda, parle plus fort !

— Rien que la vérité et vous le savez, maître. Vous voir compromettre ainsi votre santé me met hors de moi!

— Tu vois dans quel dilemme je suis, dit le Bouddha amusé à Chunda, si je ne mange pas tu vas être déshonoré, et si je mange, Ananda va être furieux! Que faire entre deux amis si chers?

Le Bouddha a tourné l'affaire en plaisanterie. Il n'a pas parlé de ce qu'il sent, c'est-à-dire que cette viande est avariée. Comment sortir de cette impasse sans blesser son hôte?

— Eh bien voici ce que je déclare, et que chacun s'en souvienne: Je proclame que cette viande délicieuse, un vrai régal de Bouddha, seul un Bouddha est capable d'en manger! Elle ne peut convenir à nul autre! Appréciée par le Bouddha seul, consacrée par le Bouddha seul, goûtée par le Bouddha seul, ainsi doit-elle rester dans les annales! Nul ne devra en manger après lui, y toucher après lui, la partager après lui car ce serait lui faire offense!... Va donc Ananda, le Bouddha est rassasié. Prends le reste de ce plat SACRÉ et enterre-le dans la fosse qui se trouve derrière la maison. Oui, c'est cela, enterre-le et prends bien garde qu'homme ou bête, nul ne puisse le récupérer!

Soulagé, Ananda qui a saisi l'astuce se lève. Tous les membres de la maisonnée acclament le Bouddha. Les enfants qui n'ont rien compris mais voient que les adultes sont contents se mettent à pousser des cris stridents. Le tumulte est général. Ananda revient:

— C'est fait! dit-il sobrement.

— Le Bouddha n'a plus qu'à vous remercier tous. N'oubliez pas ses paroles: Sortez de la souffrance! Trouvez votre véritable nature! Efforcez-vous avec diligence!

Ananda lui offre l'appui de son bras et bientôt ils sont à nouveau sur la route. La maison de Chunda qui n'aura été qu'une courte halte parmi des milliers d'autres est déjà loin derrière. Le Bouddha a peine à marcher. Le dos de sa robe est trempé de sueur.

— Vous êtes fatigué, Seigneur!

— Non, c'est que le moment approche où ce char devra être déposé.

Ananda détourne la tête comme s'il ne voulait pas entendre la suite. Le Bouddha rit :

— Quel gens charmants, mais vraiment, de cette viande exécrable, seul un Bouddha-déjà-mort pouvait manger sans crainte !

Mais quels sont ces cris et ces lamentations qui sortent de la maison de Chunda, le forgeron du village de Pava ? La semaine dernière encore la cour était pleine d'animation. Ce n'était que rires et conversations. Qu'est devenu le joyeux brouhaha qui accompagne les festivités ? Les volets sont fermés. Un monticule d'ordures s'entasse devant la porte. Un malheur est arrivé ! Sans doute quelqu'un est-il malade ou mort ?

Ah, voici une vieille femme et un gamin qui s'approchent de l'autre bout du village, ils vont pouvoir nous renseigner. Mais que fait le garçon ? Il se baisse ! Il ramasse une pierre ! Il la lance de toutes ses forces contre le mur de la maison et crie :

— Assassins !

La vieille tient un seau qu'elle a du mal à porter sur ses jambes flageolantes. Ses traits sont durs. Avec une détermination qui fait peine à voir en raison de sa décrépitude, elle avance pas à pas et le fond du seau racle contre le sol. Elle arrive devant la porte. Avec une vigueur surprenante, elle balance une volée d'épluchures sur le tas déjà haut.

— Pourris ! crie-t-elle.

Mais que se passe-t-il ?

— Le Bouddha est malade, dit la vieille en s'adressant aux volets clos, et c'est de votre faute, puisque c'est chez vous qu'il a mangé en dernier ! Ça lui apprendra à ne pas rester chez les brahmanes !

Le Seigneur du Monde est loin de toutes ces préoccupations. Il est étendu dans l'herbe à vingt kilomètres de là et Ananda, son fidèle serviteur, tente de le réconforter. L'étape de la journée a été particulièrement dure pour le maître. Il ne sait pas s'il pourra marcher demain. Qu'importe, il est presque au port. La clairière est confortable, en bordure de la jungle. Les toits de Kusinara se devinent à quelque distance contre le ciel. La nuit est en train de tomber paisiblement.

— Ce vieux char a trop roulé, constate le Bouddha, il va bientôt se défaire !

Comme d'habitude Ananda détourne les yeux.

— La majorité de la race humaine fait comme toi, Ananda, elle refuse de faire face à l'inévitable, et c'est pourquoi elle vit dans l'ignorance et dans la peur. Allons, une bonne fois, regarde-moi ! Regarde-moi en face et élucide ce mystère ! Qu'est-ce que vivre ? Qu'est-ce que mourir ? Un Bouddha n'est rien d'autre que celui qui a répondu à cette question !

— Mais vous ne pouvez pas choisir pour cela un village aussi obscur que Kusinara ! proteste Ananda, éludant la question et usant de l'expression pudique « pour cela »... Une fois déjà vous avez surmonté votre faiblesse. Attendez que nous arrivions dans une ville digne de vous !

— Qu'est-ce qu'une ville digne de moi ? Toutes les villes se valent ! Jadis celle-ci était célèbre ! Elle va regagner sa renommée ! Les pèlerins vont affluer, quelle aubaine !

Ananda éprouve une sorte d'amertume devant ces paroles moqueuses. Le détachement joyeux du Bouddha est une épine dans son cœur. Il est accablé à l'idée de voir le maître partir, mais le maître ne partage pas ses sentiments ! Peu lui importe de laisser derrière lui Ananda qui le sert et l'aime depuis trente ans !

— Tu penses que j'offense ta douleur !

Ananda bredouille, surpris.

— Tu as tort ! Car l'amour que je te porte est plus vaste que l'océan, plus profond que le ciel. Quel don plus précieux pourrais-je te faire, que de te tracer la route vers ta nature réelle ? Même lorsque je te semble dur, je n'ai qu'une idée, t'ouvrir les portes de la joie ! Comprends ce que je suis, comprends ce que tu es ! Si tu avais senti ton être véritable, tu serais calme comme moi...

— Oui, Seigneur ! répond Ananda en refoulant ses larmes.

— Allons, courage, va me chercher un peu d'eau à la rivière.

— C'est cette viande que vous avez mangée chez ce stupide forgeron !

— Ce n'est ni cette viande, ni quoi que ce soit d'autre, c'est l'âge ! Certes, elle était mauvaise, mais si je l'ai mangée, c'est parce que cela ne faisait aucune différence ! Les circonstances l'exigeaient ! Que m'aurait fait de vivre quelques jours de plus ? En suis-je là ? Il valait bien mieux faire plaisir à cet homme, et laisser ce que devait arriver arriver !

Sans répondre, Ananda prend le bidon. Ils ont souvent abordé ce sujet sans céder ni l'un, ni l'autre. Il marche jusqu'au gué de la rivière Kakhuta. Hélas, c'est comme si les roues de cinq cents chars l'avaient traversée. Ce n'est plus que de la boue. Ananda en pleurerait de désespoir. Pourtant, comme il n'y a rien d'autre à faire, il remplit son récipient.

Lorsqu'il revient, le Bouddha semble dormir. Une douceur d'un autre monde est répandue sur ses traits. Ananda pétrifié contemple le visage qu'il aime. Il ne comprend pas cette béatitude aux portes de la mort et il a presque peur. Le Bouddha est un inconnu pour lui. Est-il ailleurs ? Est-il ici ? Est-il plongé dans quelque état indescriptible qui rend les souffrances de la chair sans importance ? Que fait-il ? Ouvrant les yeux, le Bouddha sourit puis la souffrance lui arrache une grimace.

— L'eau est sale, s'excuse Ananda.

— Peu importe, puisque ce corps va mourir, cette eau me sera exactement comme de l'eau claire !

— Vous allez la transformer en eau pure ? demande Ananda, s'attendant malgré lui à un miracle.

— Tu sais comme j'aime les miracles ! dit le Bouddha ironique. Attends un peu !... Il boit. Lorsqu'il a fini, Ananda plein d'espoir regarde dans le bidon...

— L'eau est toujours trouble, dit-il, déçu.

— Mais mon esprit n'en est pas troublé ! Le plus grand miracle n'est-il pas d'accepter ce qui est et d'en être libre !

Si je veux le transformer je n'en suis pas libre, j'y suis attaché !

— En effet, admet Ananda, et cette fois-ci il se met carrément à pleurer.

— Tu penses que le Seigneur du Monde n'a en son dernier jour qu'une couche d'herbe dans un village obscur et de la boue pour se désaltérer ?

— Oui, Seigneur !

— Eh bien, tu as tort ! Car la demeure du Bouddha est si vaste que les quatre coins de l'horizon ne peuvent la contenir ! Et lorsque le Bouddha boit, pas une goutte d'eau ne touche ses lèvres, ou bien, en une seule gorgée il vide tout le Gange !

— Ceci n'a aucun sens, Seigneur !

— Lorsque le Bouddha traverse la rivière Kakhuta, il est de l'autre côté avant que d'avoir commencé, et ses pieds dansent sur les vagues !

— Vous vous moquez de moi, Seigneur.

— Non, c'est ainsi qu'est le Bouddha, Ananda ! Tu es constamment le témoin des plus grands miracles, mais tu ne les vois pas. Je te semble boire comme tout le monde !... D'ailleurs en fait, c'est vrai... Tout le monde boit comme moi, mais personne ne s'en rend compte ! C'est pourquoi les hommes sont avides du merveilleux de dernière catégorie ! Transformer de la boue en eau claire, par un vulgaire tour de passe-passe ! Peuh !... Garde bien cela en mémoire, Ananda, que cela soit dit dans les sutras !

Le jeu du temps étant ce qu'il est et n'épargnant aucun enseignement, ainsi que le Bouddha l'avait prévu, on peut évidemment lire dans certains écrits populaires qu'arrivé à Kusinara, le Seigneur du Monde marcha sur la rivière et transforma la boue en eau claire !

La nuit tombe tout à fait. Allant chercher d'autres couvertures, Ananda en couvre le Bouddha. Il lui semble que le visage du maître brille comme de l'or dans l'obscurité. Il rayonne d'une paix si merveilleuse que les étoiles qui s'allument une à une n'ont pas sa clarté.

— Je n'ose plus vous regarder, Seigneur ! dit-il, ébloui.

Le silence se fait entendre. Tout baigne dans une limpidité surnaturelle.

— La nouvelle de ma mort prochaine s'est-elle déjà répandue ? demande le Bouddha abruptement et plein du sens pratique qui le caractérise.

— Oui. Les autres membres de la sangha campent un peu à l'écart, mais sur un signe de vous, ils accourront. Ils attendent que vous leur donniez vos dernières recommandations.

— Que pourrais-je leur dire qu'ils ne sachent déjà ? Tu le sais, le Bouddha n'a rien gardé dans sa main, de ce qui sert à la délivrance. Ce qu'il a tu, c'est ce qui ne sert pas à ce but. À chacun de réaliser ses paroles !

— Hélas, Seigneur, ne pouvez-vous pas différer votre départ, pour ceux qui, comme moi, ont encore besoin de vos leçons ?

— Impossible, Ananda. Tout ce qui est fait doit se défaire, c'est la loi, c'est le Dharma. Vous et les autres bikkhus, si vous pratiquez suivant mes instructions, vous allumerez bientôt votre propre lampe. Vous verrez par vous-mêmes qu'il n'existe aucune différence entre vous et moi. Par là, ma mort vous sera utile... Rompez tous ces attachements ! Quittez-moi !... Mais je ne m'inquiète pas pour vous, je m'inquiète bien plus pour Chunda !

— Chunda ! s'exclame Ananda, à mille lieues de penser que le souvenir de ce forgeron obscur trouble le Bouddha en ses dernières heures.

— Oui ! Ce n'est pas que les gens soient foncièrement méchants, bien au contraire, puisque leur nature première est pure, mais c'est qu'ils l'ignorent ! Ceci les rend cruels, avares, cupides, ambitieux, intolérants !

— Et alors ?

— Alors je redoute leur sottise. Comme c'est chez Chunda que j'ai pris mon dernier repas, je crains pour lui le pire ! De là à dire qu'il m'a empoisonné ou qu'il a causé ma mort, il n'y a qu'un pas ! Comment éviter cela ?

— Attendons, dit Ananda.

À l'instant même une silhouette noire court dans la jungle en direction de Kusinara. Ses vêtements s'accrochent aux buissons. Ses pieds sont lacérés par les épines. Des branches cinglent son visage. Quel est cet être humain plus affolé qu'une bête poursuivie par des chiens ? C'est Chunda. La porte de sa maison vient d'être défoncée et il a failli être lapidé. Il a fui pour chercher de l'aide, mais sa femme et ses enfants sont restés derrière aux prises avec les villageois. Que va-t-il arriver s'il n'obtient pas l'aide du Bouddha ? Si celui-ci est déjà mort ?

Dans le vent qui siffle à ses oreilles, Chunda croit entendre des hurlements. Son pas se ralentit. Il meurt de soif. Il s'arrête hors d'haleine et tend l'oreille. Tout près, c'est le clapotis de l'eau. À pas précautionneux il s'avance et bientôt il distingue une lueur inquiétante entre les troncs. C'est le reflet de la lune que le courant brise en mille vaguelettes. Soulagé il soupire et s'approche. Il l'ignore, mais c'est le gué de la rivière Kakhuta, l'endroit où Ananda a rempli son bidon. L'eau est boueuse mais ce n'est pas le moment de faire le difficile. Il rend grâces, s'agenouille sur la berge et boit comme un animal. Lorsqu'il a bu, il s'assied sur les talons et attend. Il est épuisé. Où aller maintenant ? Il est perdu ! À supposer qu'il trouve le Bouddha, que lui dira-t-il ? Le Bouddha pourra-t-il changer son sort ou arrêter sa propre mort ? Impossible ! Soudain cette fuite semble absurde.

Les pensées de Chunda font la navette mille fois entre sa maison, derrière, et Kusinara, devant. Il espère trouver une faille, mais plus il s'y livre, plus ce manège lui révèle qu'il n'y a pas d'issue possible, qu'il n'est plus qu'une bête dans une tanière condamnée. Que peut-il faire ? Rien ! Cela lui donne le vertige... Hypothèse après hypothèse, tout s'écroule ! Tout est inutile !... Alors, il s'installe et une sorte de stupeur désespérée s'empare de son esprit. Mais cette stupeur ne dure pas... Graduellement elle s'éclaire...

C'est d'abord un frémissement dans les branches. Ce sont les friselis de l'eau. C'est le courant qui ronge les berges. C'est tout le son ! Puis c'est le bois mouillé, la vase. Le relent de la sueur causée par la course. Ce sont toutes les odeurs ! Puis c'est le sol dur sous les fesses, la boue grasse entre les orteils. Le contact de la peau et des vêtements. Le froid dans le dos. C'est tout le toucher ! Enfin, au fur et à mesure que l'œil s'habitue, les couleurs apparaissent. C'est la masse sombre des feuillages, c'est l'ocre des berges. Ce sont les éclats d'argent de la lune sur la rivière. C'est la vue !

Le forgeron a complètement oublié qui il était et ce qui l'a amené ici, mais ce n'est pas une extase. Il est ici, et il n'est pas ailleurs ! C'est ailleurs qui est un rêve ! Et plus il écoute, plus il sent, plus cet instant est comme un diamant qui lui offre de nouvelles facettes, plus il est réel, vaste et plein !

« Ah », dit Chunda éperdu de cet espace soudain, mais déjà, il l'a quitté ! Il se recharge de son fardeau d'angoisses... il redevient cette image que déchirent les assauts du passé et du futur.

N'y tenant plus il se lève. La panique le reprend... Vite ! Il court ! Il court !

À quelque distance de là, il s'arrête brusquement. Cette fois ce sont bien des voix d'hommes. À pas de loup il s'approche et écarte les branches. C'est une clairière. Il distingue de loin le Bouddha allongé sur le côté droit, la tête posée sur son coude plié, une importante congrégation de moines, dont certains ont dîné chez lui, et le groupe de ses poursuivants. De cet endroit les paroles sont indistinctes, mais une dispute violente semble en cours. Bien qu'affaibli le Bouddha dévisage tout ce monde d'une façon acérée. Penauds, les villageois baissent les yeux. Quelques moines pleurent. Ananda est agenouillé auprès du maître et tient sa main.

Sans oser révéler sa présence, Chunda se faufile entre les troncs. Enfin, il entend le Bouddha qui gronde :

— Il y a deux sortes de nourritures sacrées, savez-vous lesquelles ?

Personne ne répond.

— Alors je vais vous le dire, moi ! La première est celle qui est donnée à un Bouddha juste avant qu'il n'atteigne la libération finale ! C'est celle que j'ai reçue lorsque j'ai interrompu le jeûne qui faillit me coûter la vie, révélant ainsi que l'ascétisme ne mène à rien, qu'il faut s'en tenir à la voie du milieu et éviter les extrêmes. L'ayant prise, je me suis assis sous l'arbre de la Bodhi pour méditer, j'ai percé la véritable nature de tous les êtres et montré la voie pour éteindre la souffrance... La seconde est celle qui est donnée à un Bouddha juste avant qu'il n'atteigne l'extinction finale, le parinirvana ! C'est celle que j'ai reçue des mains de Chunda, le forgeron du village de Pava. Cette nourriture-là, entendez-vous, est cause de mérites inestimables pour celui qui l'a préparée. Est-ce clair ?

— Nous avons entendu, Seigneur, répond la foule.

— Alors répandez la nouvelle et comportez-vous comme il se doit !

— Il en sera fait ainsi, maître, dit Ananda.

— Écoutez ma stance pour vous souvenir de mes paroles :

> En vérité, pour celui qui donne,
> La vertu s'accroît, quel que soit ce qu'il a donné,
> Là où se trouve la véritable connaissance de soi
> Jamais la colère ne peut s'élever,
> Ainsi l'homme juste se débarrasse des mauvaises habitudes
> Déracine l'envie, la haine
> Et toutes les autres formes de l'illusion,
> Il s'installe pour toujours dans la paix !

Lorsqu'il entend cela le cœur de Chunda frémit. Où cet homme constitué comme lui de chair trouve-t-il la source d'une telle mansuétude ? Loin d'en vouloir à son meurtrier involontaire, il le protège, il forme des vœux pour lui. Face à la mort il trouve encore l'occasion de ramener tout à l'essentiel : la recherche du non-né et, inventant sans scrupules des distinctions à dormir debout, donne libre court à l'intelligence de son cœur ! Chunda retient son souffle. Il sait qu'il contemple là l'inexplicable. Certes cette nature-de-Bouddha, dont il n'a aucune expérience lui-même, doit être une réalité bien puissante pour produire de tels effets !

Pour répandre tant d'amour et d'intelligence à l'instant où la plupart des hommes se tordent de douleur et de peur!

Dès que le Bouddha a terminé sa stance, son visage quitte son expression sévère et se radoucit. À l'instant ses traits redeviennent ineffables. En soupirant il ferme les yeux et sourit: le moment est venu! La tâche qui l'a poussé pendant plus de cinquante ans sur les routes est accomplie. Le chemin que génération après génération un éveillé doit redéfricher est redevenu praticable. D'autres pourront l'emprunter, jusqu'à ce qu'il soit à nouveau obscurci par l'ignorance, le doute et la superstition. D'autres Bouddhas viendront! Le moment est venu!

La foule n'ose plus respirer. Elle sent qu'il se passe derrière ce visage dont l'expression de joie s'intensifie quelque chose d'indescriptible. On dirait que le Bouddha fond dans la lumière et qu'il révèle enfin à l'extérieur la pure douceur de son cœur. Mais tout ceci n'est qu'apparence. Derrière tout cela, l'esprit de plus en plus concentré fouille l'obscur passage comme le faisceau d'une lampe. Il se dilate et se rassemble... Comme un oiseau aux ailes de plus en plus larges, il passe silencieusement de la sphère de l'infinité de l'espace à celle de l'infinité de la conscience, il traverse la sphère dans laquelle rien n'existe et celle où ne se trouvent ni perceptions ni absence de perceptions, et enfin... c'est la sphère de cessation totale de toute expérience...

Ananda éclate en sanglots:

— Hélas, le maître est entré dans le parinirvana!

— Pas encore, dit Arunhuda qui, étant un yogi, connaît bien toutes ces étapes, il est simplement dans la sphère de cessation de toute expérience.

Le Bouddha rouvre les yeux. L'exclamation d'Ananda l'a rappelé vers son point de départ. Quand comprendra-t-il qu'il n'y a rien à pleurer? Le fixant une dernière fois avec tendresse il lui adresse ses derniers mots, comme un père à son enfant:

— La dissolution est inhérente à tout ce qui est conditionné. Efforcez-vous avec diligence! Trouvez!

Sa tête retombe. Sans repasser par tous les stades précédents, il s'élance directement du plan de la parole dans la splendeur sans fin.

Les yeux pleins de larmes, Chunda lâche le rideau de feuilles. Il n'a pas envie de se faire connaître. Il s'éloigne et s'enfonce dans la forêt. Suivant leur degré de maturité les disciples se mettent à pleurer ou s'asseyent en silence. Ananda ne bouge pas. Il tient toujours la main de son maître adoré. Chacun de ses mots est gravé dans sa mémoire, il vivra pour les propager.

Chunda n'est pas pressé de rentrer chez lui. Il ne s'inquiète plus. Son cœur est à la fois lourd et léger. Il sent qu'il lui faudra longtemps pour digérer tout ce qu'il a vu et entendu en si peu de temps, mais qu'une aube nouvelle se lève sur sa vie. Certes, il retournera à sa forge! Certes, il nourrira sa famille! Mais il n'est plus seulement Chunda le forgeron. Il paraît qu'il porte en lui, à son insu, une étincelle de cette nature-des-Bouddhas qui rayonne et s'étend à l'infini, qui a vaincu la mort et la vie, car rien ne l'emprisonne.

Chunda retourne sur les bords de la rivière Kakhuta. Là, pour lui, il s'est passé quelque chose d'étrange. Il ne sait pas quoi! Là, la tanière dans laquelle se débattait la bête s'est révélé un espace où tout était beauté. Là, le monde pris entre deux instants s'est révélé présent! Mais comment cela s'est-il fait? Un jour Chunda le saura et il vivra dans cette expérience qui ne le quittera pas. Ce jour-là les feuilles bruisseront, l'eau coulera! Ce jour-là, la bûche incommode qui est dans son crâne s'embrasera et brûlera tous les Chunda, tous les Bouddhas! Il s'en fait le serment...

Trois jours plus tard, lorsqu'il rentra chez lui, il les vit... pieusement déposées devant sa porte... les fleurs!

LES BARRICADES MYSTÉRIEUSES

Le drame le plus poignant de la vie n'est pas celui qui saute aux yeux. C'est celui qui n'a pas encore été détecté et qui cause un malaise si vague qu'il ne peut porter aucun nom. Celui dont on ignore être la proie.

Ce malaise fondamental fait dire des paroles, commettre des actes, tourner la roue en somme ! Un consensus d'aveuglement et de silence le protège. Quant à celui qui ose le démasquer, il s'expose à la colère de ses congénères, à la solitude ou à l'exclusion.

La souffrance exprimée dans les grands oratorios nous rassure. C'est la nôtre, nous voulons bien être cela, mais malheur à qui tente de nous dire que nous souffrons bien plus profondément et d'une souffrance si diffuse qu'il ne faut effleurer que quelques notes sur un clavier pour l'évoquer...

Un jour M. Couperin — il était alors organiste de Louis XIV et maître de musique des enfants du roi — composa une petite pièce qu'il intitula *Les Barricades mystérieuses.* Sans autre explication, il l'inséra dans un de ses recueils de clavecin. Ce titre recelait pourtant pour lui des gouffres que deux méthodes seulement peuvent révéler. La première, celle de l'historien, consiste à passer au crible le journal du musicien ou sa correspondance avec ses contemporains dans l'espoir de trouver des indices. Elle est lente, hasardeuse et dénuée de toute poésie. La plupart des lettres de François, même celles échangées avec Bach, n'ont-elles pas fini, à cette époque rare en papier, sur des pots de confiture ?... Mme Couperin était bonne ménagère, elle préférait nourrir son mari plutôt que des historiens ! Il y a aussi une grande naïveté à supposer que les secrets de l'alchimie intime sont toujours confiés à des mots!... La deuxième, celle de l'artiste, consiste à écouter cette musique et à se laisser pénétrer par elle jusqu'à ce que le Grand Couperin apparaisse en nous et nous fasse battre le cœur au fond de la poitrine comme s'il s'agissait du sien. Qui sommes-nous alors? Qui est-il? Comme il fut illusoire de séparer nos deux existences! Écoutons!

M. Couperin se met à l'orgue. Nous sommes dans la pénombre de Saint-Gervais. Il vient d'abandonner le Dauphin à la répétition lancinante d'une petite gavotte dont il assassine la main gauche tandis que sa main droite tortille un ruban sur son brodequin. Il s'est éclipsé! Il est las. Les enfants royaux sont des élèves ingrats. La solitude de l'église, la lumière douce et le silence lui font du bien. Avant de commencer, il se recueille un peu. Il doit composer une pièce pour le dimanche qui vient et il serait grand temps... D'un geste fatigué, il ouvre le clavier et pose les pieds sur les pédales. Il hésite, le regard vague. Il ne se sent pas en train. Ses doigts se mettent à errer et plaquent quelques accords qui révèlent, même à l'improviste, la sûreté du métier. Des couleurs somptueuses émergent et retombent. Rien! Il ferme les yeux et amorce des bribes de thèmes qui sont autant d'embryons de pensées, des paysages sitôt brossés, sitôt détruits. Couperin fronce les sourcils. Un sentiment vague le prend de cette chose à laquelle il veut réfléchir depuis longtemps sans pouvoir la cerner... Sa main reconnaît les notes au toucher. Mais qu'est-ce? Une prémonition? Un souvenir? Un regret?

M. Couperin réfléchit en musique, comme d'autres font des gribouillis dans les marges. Entendons-nous, nous ne sommes pas cachés dans quelque recoin obscur, c'est nous qui jouons avec lui et tandis qu'il cherche, ses hésitations sont les nôtres!

Ah, nous voici, lui, nous, tous ensemble, bien mélancoliques... Nos sentiments s'accordent avec ce lieu déserté. Pour être déserté, il l'est, sauf le dimanche, quand la foule des courtisans s'y rassemble, en grand déballage de soie et de satin. Ils viennent s'y faire voir et non prier, ils admirent la nouvelle mécanique de l'orgue plus que la profondeur du dogme chrétien. Couperin serait-il amer? Non. Comment pourrait-il leur en vouloir de leurs contradictions? N'a-t-il pas lui aussi du mal à réconcilier le malaise sournois qui l'obsède et les représentations du Dieu barbu qu'on lui suggère, la profusion insaisissable de la vie avec la crudité de ces mythes taillés dans du carton? Tout cela le fait sourire.

Il est de ces êtres pudiques qui ne manifestent pas leurs critiques par des éclats et dont la lucidité interdit les jugements à l'emporte-pièce. Il a trop de profondeur aussi pour ne pas reconnaître simultanément les avantages de l'église et ceux de la cour qui le nourrit. Il arrive que la première console, la seconde amuse... Il arrive que toutes deux l'irritent par leurs insuffisances, mais où serait-il, lui, comme tant d'autres artistes, s'il n'y avait pas tout ce gâchis, ce besoin de luxe et de frivolité? Que deviendrait-il, si toutes ces charmantes demoiselles, souvent aussi peu douées pour le clavecin que lui pour la maçonnerie, ne sacrifiaient pas à la mode d'être des musiciennes accomplies? Le drame n'était pas là. C'était celui de celles qui étaient véritablement disposées!

Un thème émerge. Il est triste, mais c'est aussi une petite danse. Il ne conviendrait pas à l'orgue et encore moins au service de dimanche. Il faudrait le transposer au clavecin. Voyons voir... Peut-être pourrait-il servir d'exercice à ces doigts fuselés et sans force dont la plupart des élèves sont nantis. Non, décidément. Et il n'a pas vraiment non plus de caractère religieux. Qu'en faire? On dirait une interrogation voilée. Ça se répète comme un écho insignifiant mais qui insiste. Tiens, je sais... C'est un rire qui cache une nostalgie... Il faut être très intime avec cette personne pour deviner qu'elle est triste. Cette personne, est-ce moi? Mais voilà que j'ai les larmes aux yeux, qu'est-ce qui me prend?

« Ah, jouez, luths et tambourins, nous n'irons plus danser, fantômes de nous-mêmes! Et pourtant si, dansons encore, dansons encore alors!...» Voilà ce que c'est, cette mélodie!

Peut-être cette mélancolie lui vient-elle de sa santé chancelante. Il s'est senti bizarre ces derniers temps. C'est une faiblesse d'os de vieillard!

— Un vieillard, vous, François?

La marquise de S. mord ses belles lèvres.

— J'ai cinquante ans, madame!...

Oui c'est cela. L'amollissement de mes émotions ne vient pas de ce que je ne peux plus crier comme un lion: «Ah non assez, quelle horreur ce spectacle!» avec la fougue aveugle de la jeunesse, il vient de ce que mes «nuits», avec le passage des ans, ne sont plus, non plus, que de noir. Elles se tempèrent toujours, maintenant, d'une certaine lueur. Le panorama est devenu si large, que ce qu'il a gagné en complexité, il l'a perdu en profondeur. Même la mort de mes enfants m'a révélé encore un sourire... Il n'y a pas de drames éclatants, c'est bien là le drame, madame!...

Ici, la marquise s'en va, comme elle avait surgi des pensées de François, et sa main sur le clavier saisit un autre fil.

Ce sont des feuilles d'érable qui bougent dans le vent, de grandes masses de feuillages qui font des vagues. Quand il baisse la tête, il constate les traces d'infimes passages sur le gravier. Il s'arrête, perplexe. C'est sans doute tout le secret de la vie, cette fugacité, ces traces.

— Mais que faites-vous là, monsieur Couperin?

— Rien madame, je regarde.

Son interlocutrice ne cesse de changer de forme. À présent c'est I. Elle rit comme du cristal.

— Mais il n'y a rien à regarder à vos pieds!

— Justement madame!

I. rit.

Mais que dire, mon Dieu, que dire? Tout cela est bien incommunicable: feuilles d'érable ou gravier!

C'est cela! Voilà le thème! Ce sont ces traces! Je suis peut-être à la recherche d'une femme. C'est S. C'est I. Toutes deux apparaissent et s'enfuient. Rien de plus simple. Ou bien c'est la mort qui vient à pas feutrés et qui étouffe mes grandes questions, qui dit, faisant l'innocente: «Jouons!...» Cela est gai, cela est tendre, cela est doux. Alors les deux voix se répondent et dialoguent. La droite et la gauche. Elle et moi. Moi et cette femme. Ou moi et la mort. Elles se séduisent, elles badinent. Mais est-ce qu'elles se comprennent? Ah sans doute pas, puisqu'elles répètent chacune toujours la même chose: Je marcherai vers toi! Tu marcheras vers moi! Jouons du tambourin! Dansons! Nulle rencontre!

Ça me rappelle la barrière blanche, l'autre jour, celle qui mène au grand pré. S. (encore elle!) avait laissé tomber son mouchoir dans l'herbe. Le mouchoir blanc, l'herbe verte, joli! S. plus jolie encore! Je l'ai ramassé. Elle a ri, comme toujours. À la façon dont elle m'a regardé j'ai compris que je devais être bien vieux.

— Vieux, vous, François?

— J'ai cinquante ans, madame, etc.

Ou bien le mouchoir n'était pas pour moi. Bien sûr il ne l'était pas!... Maladroite politesse!... Mais que m'importe S.

Et voilà, la musique continue. Certes ce thème n'aboutit pas, mais il est charmant. Au clavecin on pourrait peut-être en tirer quelque chose. Si le sort nous en laisse le temps! Allez, dansez, jeunesse, c'est une musique pour vous, celle-là. La cour va en raffoler. Bien sûr pas l'église!

— Si, c'est délicieux, je vous dis!

— Comment vous ne l'avez pas encore entendu? C'est de ce M. Couperin, vous savez. Il a du talent. Entre nous je le préfère dans ces sortes de choses. Ses offices sont parfois assommants!

Mais me voici encore les yeux embués. Décidément ça va mal. Comment sortir de ces stupides répliques?

Cette barrière blanche... Le parc débouchant sur les prés. La verdure partout sous le vent, gonflée comme une robe. Très rutilant, ce printemps, les feuilles lavées par la lumière. Il faisait frais. Ma petite promenade solitaire. Et je les ai vus tout à coup. Encore S. et le comte de N., je crois. D'abord la tache de la barrière blanche, comme le mouchoir blanc dans l'herbe, l'autre fois. Très belle. Blanc vert. Vert blanc. Peut-être venait-il de l'embrasser? Je ne sais pas ce que j'ai surpris. Elle rougissait (elle !)... Toute la scène reflétait un émoi furtif et charmant... J'étais désolé, et troublé aussi. Excité en somme autant qu'eux. J'ai fait mine de m'intéresser à la barrière et je me suis esquivé... Ça fera encore des larmes derrière les bosquets, de petits papiers cachés dans les massifs. Ils font bien des mystères, mais il faut bien que jeunesse se passe ! Beaucoup de danse, beaucoup de pique-niques. Des amours terribles et définitives ! Il n'y a que nous, les vieillards, qui ne savons plus pleurer. Ils croient même que nous n'avons jamais versé une larme ! Ces crocodiles ! Mais qu'ils nous séduisent, ces enfants malicieux, comme nous aimerions y croire encore, à leurs couchers de soleil !... Oui, c'est cela... D'abord ce thème, puis l'autre, puis les deux. Et tant pis pour les répétitions. C'est cette répétition même qui fait le morceau, comme dans la vie. Des mariages, des naissances ! Visiblement personne ne s'en lasse. Tout le monde continue à tendre l'oreille, comme si la ligne suivante allait changer. Eh bien, non ! Dansons, dansons ! On croira que j'ai manqué d'inspiration. Pas du tout ! Je décris sans décrire. Je décris la ronde. N'y touchons pas, n'ayons l'air de rien ! Qu'y a-t-il de si poignant dans cela ? Ah ? Vous l'avez senti aussi ? Mais c'est quoi ? Si seulement ça voulait dire son nom !

Les yeux de S., extraordinaires en vérité. Dès qu'elle les pose sur vous, son visage s'illumine. Sinon, elle n'est pas très jolie. Et la preuve que ses rires cachent plus de fragilité qu'il ne semble, c'est son attitude près de la barrière blanche, l'autre jour. Moi aussi, j'étais fragile. Notre monde nous oblige à avoir toujours l'air assuré. Nous échangeons des mots d'esprit, des piques. Nous nous drapons dans des tenues scintillantes comme des certitudes. Qui voudrait exprimer le doute ? Qui l'oserait ? Pourtant même le comte de N. avait l'air troublé. Nous avons tous l'air troublé près de la barrière blanche...

Bas les masques ! Bas les masques ! Non, ce n'est même pas ce que je veux dire. C'est plus subtil que cela. Je ne suis pas un vieux barbon qui guette la jeunesse et regarde avec envie ses émois. C'est que je suis passé de l'autre côté de la barrière blanche et que cela ne m'a servi à rien ! C'est un grand mystère, comme celui des feuilles d'érable et du gravier. De l'autre côté de la barrière, il y a encore une autre barrière, puis une autre et une autre, jusqu'à ce que le cœur s'en lasse. Où que j'arrive, je ne vois toujours que des traces, des traces de ce qui s'est passé. Par exemple je vois des traces d'eux : S. et le comte de N., mais lui voit des traces d'elle et de moi... À peine le vent a-t-il courbé les branches qu'elles reprennent leur place avec élasticité. À peine les fourmis sont-elles passées dans le sable que j'efface leurs sentiers. Mais je ne vois pas le vent directement ! Je ne connais pas les fourmis ! S. et N. sont pour moi insaisissables ! N. tient dans ses bras la cendre de celle qu'il aime !

Je ne me fais pas bien comprendre.

Ah, laissez-moi vous rejouer ce petit air. Qu'il vous soit familier jusqu'à la nausée. Vous avez été mille fois déçue et pourtant voyez comme vous êtes prête à danser encore, madame que je ne connais pas. Voyez comme à chaque fois vous vous laissez attirer vers la clairière, pleine d'herbe et de lumière, où les deux amants sont confondus dans leur baiser, à ce qu'il paraît... (Non, même là je suis arrivé trop tard, et eux aussi sans doute, mais je m'expliquerai.)

Ils s'embrassaient. Ils ne faisaient qu'un. Autour d'eux la création entière était printanière. Les oiseaux chantaient. (Pardonnez-moi ces envolées lyriques de mauvais goût, mais ce n'est pas seulement moi, c'est aussi votre regard. Ce que vous avez envie de voir.) Et vous croyez, pour découvrir tout ce bonheur, qu'il suffit de passer de l'autre côté de cette petite barrière de rien du tout. De franchir le mince obstacle d'un baiser. Vous croyez que cela suffira pour baigner dans la lumière : l'extase de S. et N. serait la vôtre si vous étiez S. ou N. ou si, comme moi, vous n'étiez pas arrivée « après » !

Hélas, laissez-moi vous détromper. S'il ne s'agissait que de cette petite barrière ! Mais ce que S. et N. viennent de découvrir avec effroi, même si ce n'est pas à ce sentiment qu'ils attribuent leur trouble, c'est l'existence d'une bien plus impalpable barrière qui, elle, m'a tout l'air d'une barricade.

Si, si, je m'explique. Laissez-moi jouer, laissez-moi jouer encore ! Comment ? Vous ne voulez plus ? Je vous dégoûte ? Vous croyez que je suis un vieux cynique qui ne croit pas à l'amour, qui détruit les choses les plus sacrées ! C'est que vous m'avez mal compris. Écoutez ma musique. Écoutez ce petit air. Y a-t-il là la moindre ironie ? Le moindre sentiment graveleux ? Suis-je un froid ? Un cérébral ? Cette danse est-elle une invitation aux bacchanales ? Tente-t-elle de vous entraîner à noyer la constatation de votre solitude dans un érotisme effréné ? Non ! Jamais, madame ! D'autant plus que j'ai essayé et, je peux vous le dire franchement, le remède est pire que le mal. Mais ce n'est pas le principal. Le principal c'est que, malgré cette lucidité qui vous épouvante, ou plutôt à cause d'elle, je reste un tendre. Je le suis de plus en plus, et cela ne s'arrange pas. Voilà, vous connaissez mon secret ! Mais laissez-moi continuer. Supposons pour plus de commodité que ce soit moi qui aie pris la main de S., moi pour qui elle laisse tomber son mouchoir et cache de petits billets, moi qui l'embrasse maintenant sur la bouche avec toute la fougue de la jeunesse. Et qu'en plus je l'aime... Hein ? Que dites-vous de cela ?... Eh bien, je vais vous dire. Ce qu'il y a d'affreux, c'est que même ainsi, en mettant toutes les chances de mon côté pour m'approcher d'elle, pour la saisir, je découvre que je ne peux pas la toucher !

Pas la TOUCHER ! Voilà que je vous fais rire ! Remarquez que j'aime mieux cela. Non, ce n'est pas ce que vous croyez. Reprenons : je viens de poser mes lèvres pour la première fois sur sa bouche et, je ne sais pas quel est le tempérament de Mlle S., mais quel qu'il soit, je suis prêt, selon le cas, à patienter le temps qu'il faudra pour la dépouiller élégamment de tous ses colifichets au fil des semaines, ou à lui faire subir sur-le-champ les derniers outrages. Mais, mais, mais... Mais, mais, mais... Je tiens tout entier dans ce mais, mais, mais...

Mais dans les deux cas, c'est un échec !

Prenons la première méthode — bien que ce mot recèle

une vulgarité qui n'est pas la mienne : les êtres humains ne sont pas des châteaux forts à conquérir ! — celle de l'approche lente. Bien, alors c'est ainsi. Vous rencontrez quelqu'un. Pour une raison obscure ou une autre, il vous plaît, il vous attire. Pas à pas vous le mettez en confiance et vous le conduisez à vous livrer ses secrets. Bref, donc, tendrement (j'insiste !), avec autant de peur et de réticence d'un côté que de l'autre, vous partez à la découverte du nouveau monde. Avec stupeur et exaltation, vous découvrez comment vous parlez, les sens différents que vous mettez sous les mêmes mots, comment vous marchez, comment vous respirez, quels rêves vous habitent et quels souvenirs vous évoquent les spectacles présents. C'est une sorte de parfum : Vous commencez à sentir le parfum de l'être aimé. Ce qui s'en dégage. Mais ceci n'est pas lui, ou elle, encore, et vous croyez qu'un jour, le jour où vous aurez arraché toutes ces pelures, de plus en plus transparentes et de plus en plus délicates, exactement comme on pèle un oignon, vous allez pouvoir tenir dans vos bras, non plus le parfum, mais l'être même de votre amante. Vous la connaîtrez ! Vous allez cueillir la fleur et vous fondre ! Eh bien, laissez-moi vous dire l'horrible vérité... Il n'y a rien que vous puissiez saisir ! Rien à quoi vous puissiez vous fondre avec cette sensation d'être enfin complet, enfin entier, enfin en sécurité. L'intérieur de toutes ces peaux est un centre de vide. Il n'y avait qu'un parfum pour vous leurrer !

Vous leurrer ? Pourquoi ? Dix mille fois de suite pourquoi ? Mais parce que nous crevons tous de solitude, madame. Nous vivons dans le manque. Personne ne nous comprend, personne ne nous connaît. Et si nous saisissons du vide dès que nous tentons de saisir l'autre, c'est sans doute parce que en fait, nous sommes vides aussi. Si nous tentions de nous attraper avec la même frénésie que lorsque nous tentons d'attraper notre semblable, il est certain que nous connaîtrions la même aventure horrifiante. Qui sommes-nous ? Qui est-il derrière tout cela ? Qu'y a-t-il là de stable, de nourrissant ? Il est clair que, passé les premières ardeurs du corps, nous nous retrouvons face au mystère, puis nous en voulons à l'autre de ne nous avoir rien donné de palpable. Nous l'accusons de nous avoir trompé sur ce qu'il semblait nous promettre. Nous en mettons le blâme sur lui, ou sur une erreur de partenaire... Constatant que nous sommes toujours aussi seul, unique et incomplet, nous portons nos rêves ailleurs : il nous est plus commode de croire qu'avec un autre le mariage céleste pourrait être consommé, celui qui rassasie tous les manques, ramène à l'unité. Tout plutôt que de faire face à la situation humaine telle qu'elle se présente, dans sa précarité. Tout plutôt que d'explorer nos gouffres, que de trouver ce que nous sommes, et de voir si ce manque fondamental est bien fondé.

Voilà, madame, une partie de ce que je crois. Voilà pourquoi les images d'amants réunis ont un tel appel sur nos âmes et font naître en nous une telle nostalgie.

Mais passons à la deuxième méthode, celle qui ne s'embarrasse pas des traces que le temps a laissées sur la personnalité, mais plonge tout de suite... dans le vif du sujet. Et pourquoi pas ? Qui nous a dit, au fond, que nous étions ces strates successives déposées par les événements, plutôt que le geste précis que nous faisons à l'instant ? Car que nous sont nos souvenirs dès que nous n'y pensons plus ? Est-il vrai que nous les transportions toujours ? Et lorsque nous rêvons, ou lorsque nous sommes sans rêves, lorsque nous avons totalement oublié tout ce personnage, sommes-nous alors « néants » ? Ce véritable nous, quel est-il s'il est ainsi intermittent... J'ai découvert toutes ces questions avec M.A. C'est ce qu'elle appelait dans son vocabulaire étrange « l'approche globale » ou, c'est plus poétique, « la fulgurance ». Les autres femmes que j'ai rencontrées vivaient toutes, sans le savoir, en rendant un culte inconscient au futur et au passé. Elles semblaient vouloir me transmettre, et moi de même avec elles, ce qu'elles avaient été, en me rappelant sans cesse leur histoire qui était toujours celle de « quelqu'un ». Elles construisaient sous mes yeux une sorte de statue de plâtre, de plus en plus détaillée, couverte de cicatrices et de blessures, qu'elles finissaient par m'offrir en disant : « Voilà, c'est moi ! » Le fignolage de la sculpture n'avait pas de fin ! Mais les êtres humains sont-ils la somme de ces bricolages?... M.A. rendait un culte à ce qui n'a pas de nom. Je dirais: au silence.

Sans doute croyez-vous, à me voir à présent ramasser des mouchoirs qui ne me sont pas destinés et rougir, que j'ai toujours eu le sang froid. Sans doute croyez-vous que je ne pourrais pas, si l'envie m'en prenait, poser immédiatement mes lèvres sur la bouche de S. (bouche qu'elle a fort tentante d'ailleurs), et lui imposer une morsure dont la chaleur l'étonnerait... C'est que, contrairement à beaucoup dans ce siècle, et surtout dans cette cour, je ne crois pas que le sexe doive s'afficher. Ses ravages sont, à mon tempérament, trop cuisants, pour qu'on en joue ou qu'on en rie. Badiner avec le sexe? Ah, peut-être s'il s'agit d'un chiot, mais s'il s'agit d'un loup!... Mais revenons-en à la méthode globale. Elle est justement de celles qui réclament de la témérité, de l'ardeur. Il faut être un peu casse-cou pour se jeter dans le présent sans lettres de créance, sans histoires à raconter. Sans rien dans quoi draper sa nudité que... « la fulgurance ».

Il y avait dans cette cour, il y a de cela environ dix-huit ans, mais je sais que cela nous ramène presque aussi loin qu'au déluge à vos yeux, une jeune femme que je désignerai sous les initiales de M.A. Non, ne cherchez pas dans votre tête des rumeurs d'union tapageuse. Il est évident que si M.A. avait été de celles qui laissent la moindre trace, elle n'aurait pas pu être ma maîtresse. Non seulement en raison de la cour, mais en raison de mes goûts. On voit tout des petits billets de S. cachés dans les bosquets, mais M.A. m'attendait dans la neige, invisible. Je ne parle pas ici de vraie neige, mais de la neige de son existence sans rides. De son absence de privautés. C'est pourquoi, si vous écoutez mon air à nouveau, vous y entendrez soit les confidences rieuses d'une jeune fille telle que S., soit rien du tout, et ceci est beaucoup plus dérangeant: c'est M.A. Elle est totalement là, elle danse et elle n'a rien à dire! Du coup, la danse est dérisoire. Ce n'est qu'une activité frivole qui sert à masquer ce qui est tellement grand que ce n'est même pas la peine de tenter de l'exprimer. M.A. se taisait. Elle n'avait aucune confidence à faire. Quand elle dansait, elle dansait. Elle ne dansait pas pour s'approcher de vous. Et elle ne rougissait jamais !

C'était là le tour de M.A. Loin de remplir les choses d'un message autre, elle leur enlevait tout leur sens. Elle les réduisait à leur état pur. Elle ne voyait pas en elles de progression, encore moins de symboles, car qu'est-ce qu'un symbole sinon un habillage de plus, un renvoi vers une situation autre toujours mémorisée ? Tout ce qui existait, pour elle, c'est tout ce qui se voyait, mais tout ce qui se voyait, c'est tout ce qui ne se voyait pas dans la chose. Car voir une chose en tant que chose suppose déjà qu'on soit parti ailleurs, dans ses souvenirs ou dans son éducation, pour la reconnaître — ce qui empêche de la connaître vraiment. Cela suppose aussi un certain esclavage au vocabulaire ou, pire encore, des buts sur ce qu'on se propose d'en faire. Bref, c'est déjà une complication et une construction. Et le fait qu'elle soit inconsciente ne la rend pas moins pernicieuse... Quand je réfléchis, je me dis que M.A. était l'être le plus pur que j'aie jamais rencontré, le plus courageux aussi. Car ce qui l'intéressait, c'était le réel, pas ce que nous en faisons. Elle vivait jetée à l'eau, sans références, la peau nue. C'est sans doute pour cela qu'elle bouleversait tant. Tandis que nous jouons toujours à toutes sortes de jeux, elle n'en voulait pas jouer. À l'intérieur elle était sans occupations. Elle ne possédait rien.

Je le répète : pour elle tout ce qui existait c'est tout ce qui ne se voyait pas. Ce qu'on ne pouvait plus définir. Ce qui reste une fois qu'on s'est dépouillé des conventions, de l'avidité et des émotions. Là, même plus question de partir de traces ou d'indices. Ou bien alors si, car les choses n'étaient que la trace visibles d'elles-mêmes. Ainsi M.A. dansait pour danser. Cela n'avait aucune profondeur autre. Elle parlait, elle mangeait, elle lisait. Tout cela ne présentait pas le moindre intérêt. Des questions sur elle ? Elle vous regardait de son air étonné ! Comment espériez-vous la découvrir dans l'accumulation de ces détails qu'elle subissait ? Son passé, ses goûts, son avenir, elle ne voyait en cela rien qui la définît elle-même, telle qu'elle se ressentait. Vouliez-vous laisser la proie pour l'ombre ?... Je soupçonne à présent qu'elle était allée beaucoup plus loin dans l'investigation d'elle-même que la plupart des gens qui vous assènent des romans. Elle en avait vu le caractère relatif. Mais ce qu'elle pressentait restait indéfinissable, alors elle se taisait. C'est là le peu que j'ai réussi à lui arracher ou ce que, dans le silence, j'ai pressenti, découvrant avec étonnement dans mon esprit un frère du sien.

Voyez ce petit air que je vous joue, pour elle une bête petite danse, d'ailleurs aussi d'une messe ou d'un grandiose oratorio. Mais ce qui n'était pas bête, dans aucun cas, c'était le mystère toujours complet de l'acte de jouer, du JOUANT, de cette chose étrange qui, ayant lieu à présent, se perpétue toujours. C'est pourquoi il suffisait qu'elle soit à mon côté, même à ne rien dire, pour que je ressente que l'univers était « plein à craquer ». Il avait au bord des lèvres une incommensurable poignance. « Incommensurable poignance » quels grands mots ridicules ! Et pour un si petit air, allez-vous dire. Eh si !

C'est à son contact que je pris l'habitude de regarder le gravier, ou plutôt qu'elle s'intensifia en moi, car si nous n'avions pas déjà été parents, rien de tout cela n'aurait pu arriver. Mais le mystère qui était juste au bord des lèvres de l'univers restait en suspens. Le message ne nous était jamais totalement délivré. Ou du moins il ne l'est pas encore pour moi. Qui sait, j'ai peut-être encore un peu de temps. Je sens que je « brûle ».

Vous avez peut-être entendu l'une de mes œuvres religieuses qui s'appelle les *Leçons de ténèbres.* Eh bien, disons que mes expériences avec M.A. étaient constamment de cette sorte, sans que rien d'autre puisse les traduire que de « bêtes petits airs de danse ». L'objet le plus insignifiant : une assiette, un bouton, prenait des proportions indescriptibles. Écrire une épopée ou un drame pour le décrire, c'était encore le réduire, lui faire injure. Rien n'était satisfaisant. Souvent M.A. se mettait en colère. Oh, à sa façon. Son œil devenait encore plus noir, sa peau encore plus blanche. Sans mots, elle fulminait contre la poésie, la littérature. Trahisons ! Oripeaux ! Alors l'assiette restait une assiette, le bouton un bouton, mais nous nous comprenions.

Nous parlions à peine, mais à la façon dont l'air vibrait dès qu'elle entrait dans une pièce, je savais qu'elle était là. Je l'affectais de même. J'aurais voulu être l'intervalle entre sa peau et ses vêtements, ce qu'elle tenait à la main, même négligemment. Bref, je connus tous les fantasmes de la passion physique portée à son extrême, passion que même son accomplissement, et dans notre cas il fut rapide et total, mène à une soif plus déchirante... Je l'avais rencontrée depuis cinq minutes à peine qu'elle était déjà dans mes bras. Je n'eus même pas le temps d'ouvrir le clavecin auquel elle ne portait qu'un intérêt aussi inexistant ou aussi excessif qu'au reste, selon l'angle choisi. Il n'est pas juste de dire qu'elle me séduisit, les calculs sont si éloignés de son caractère, ni qu'en venant elle avait la moindre idée de ce qui allait se passer. Simplement mes bras s'ouvrirent, ses lèvres se posèrent sur ma bouche et nous fûmes pareillement suffoqués par l'imprévisible... M.A. se posait beaucoup de questions, ou bien elle ne s'en posait aucune. Encore une fois selon les interprétations. Une fois qu'ayant arraché nos vêtements nous nous fûmes aimés avec frénésie — et son ardeur était égale à la mienne —, elle ne se confondit pas en excuses comme les autres femmes. Elle me contempla en silence de son regard droit. Elle assumait son acte. Moi aussi. Que dire? Rien. C'était. Renier le passé est un reniement du présent. Je venais de faire connaissance avec le « JOUANT ».

Bien sûr, vous ne vous êtes jamais couchée dans la neige, chère madame, mais il faut s'être couché dans la neige pour comprendre ce que je dis. M.A. était comme de la neige. La plupart la croyaient froide, elle leur faisait peur, ils l'évitaient. Mais loin d'être froide, la neige brûle. Et quand on en a bu...

Ces souvenirs, même aujourd'hui, me sont pénibles. Il est peu de dire que j'aimais M.A. Mon sentiment pour elle confinait à la folie. Cependant nous eûmes beau rivaliser d'ardeur et d'invention, sentir que nous étions l'un pour l'autre comme un fer rouge, force nous était de constater que nous restions étrangers. Elle restait elle, je restais moi. Le passage entre nous était impraticable.

C'est une chose bien étrange que de vérifier qu'après avoir abandonné toute pudeur et s'être montré dans tout le dénuement que cause le désir, donc la vulnérabilité, après avoir laissé derrière soi position sociale, métier, et même, si étrange que cela paraisse, sexe et humanité, il reste encore quelque chose d'autre d'insaisissable, de caché.

Que nous fussions habillés, entourés de mille regards ou nus, sans personne pour nous voir, nous étions toujours séparés par cette étrange barricade qui faisait que la fusion nous était refusée. Dans d'autres cas, on peut incriminer, à tort, mais cela rassure, les âges, la société ou les circonstances, bref, affecter de mettre la barricade à l'extérieur, mais dans notre cas, c'était impossible. Nul obstacle entre nous. Non rien, pas même l'absence d'amour ou de tendresse n'était à blâmer. La barrière était ce que nous sommes. Elle tenait à notre structure même.

Avez-vous déjà réfléchi à ceci ? Lorsque nous disons « je viens » nous avons atteint le point extrême du dépouillement. Ce n'est plus ni l'homme, ni la femme qui s'exclame ainsi, qui gémit, qui s'extasie. Tout a été arraché par l'énergie. « Je viens », crions-nous, mais ce n'est plus « nous » qui crions, et pourtant la vie de cet étrange « je » qui vient, qui n'a ni forme ni âge, est si indubitable par rapport au simulacre de vie qui anime notre personnage habituel, qu'il ne nous viendrait pas à l'idée de la contester. C'est comme si, au fur et à mesure que nous mourions, nous vivions davantage. Comme si nous nous approchions de ce rivage de feu qui est la vraie vie. Voilà où nous en étions. Et c'est parce que M.A. n'avait jamais cultivé cet attachement ordinaire qui nous fait rendre un culte à notre personne qu'il était si facile avec elle d'en arriver à ce point. Il n'était même pas besoin de se toucher ou de se déshabiller. Mais même encore cela, nous le faisions comme une recherche plus ultime de cette mort, qui est la vie...

Comme cette absence de nous-mêmes nous fascine ! Comme elle nous attire ! Comme elle nous est nécessaire ! « Je viens », crions-nous, et il ne reste plus rien, ni de nous, ni du monde, qu'une présence sans regard que seule une illusion nous fait appeler « je ». Mais dans cette négation complète de notre personne se trouve l'affirmation magistrale que nous pouvons être, que nous sommes, autres. Pendant quelques secondes c'est l'extase, puis nous reprenons machinalement, car nous ne savons pas nous comporter autrement, tous nos muscles et tous nos ligaments, nous nous reconstruisons un corps, des pensées, des sentiments. Nous resurgissons un peu ragaillardis de cette purification, et nous reprenons nos hardes. Nous revoici Untel, musicien, célibataire, trente-deux ans ! Le piège se referme. La vie nous quitte ! Nous redevenons des morts-vivants.

Je pense à présent que notre drame à M.A. et à moi tient en ce que nous n'étions pas allés assez loin dans cet abandon. D'instinct nous en connaissions tout le processus. Un instant infime nous n'étions plus personne, et n'étant plus personne, rien ne nous manquait... Non, que dis-je, nous n'étions plus personne pendant des heures, pendant lesquelles nous n'étions qu'une torture ou une danse, je ne sais quel mot choisir, l'un vers l'autre... une musique... mais après cet instant ou ces heures, rien ne pouvait empêcher la reconstruction, si minimale fût-elle, surtout dans le cas de M.A., de cette personnalité qui est toujours, à la fois, une soif d'écrasement et un obstacle. Notre désir le plus puissant est de nous débarrasser de nous-mêmes, et aimer n'est qu'une tentative pour se débarrasser de l'autre... pour le libérer, comme nous de lui-même.

« Il connut sa femme », dit la Bible. Avez-vous déjà songé à cette phrase ? Quel paradoxe, quand « connaître » quelqu'un c'est ne plus connaître personne, c'est lui avoir enlevé son visage ! Dans ce vide si plein, c'est le Un, et ce Un est totalement seul. Dans le sens de complet. Hélas ensuite, de ce Un, le Deux réapparaît. À nouveau on peut le voir se diviser... et plus il se divise, plus il expérimente ce froid et cette peur qui nous font nous coller les uns aux autres, cette solitude qui nous dresse les bras tendus vers cet Inaccessible qui, sans cesse, nous échappe. Mais je ne sais que dire de tout cela. Du reste je ne sais même plus où j'en étais...

Ah, oui ! M.A.... Décidément aujourd'hui mon esprit fonctionne d'une façon bien étrange. J'étais en train de dire que nous n'avions jamais pu éviter la reconstruction de la barricade mystérieuse, d'où notre soif inextinguible l'un de l'autre. Une barrière qui s'évanouit est une souffrance plus grande qu'une barrière qui ne s'évanouit pas ! Sans doute elle s'évanouit toujours un peu : j'avais aimé me perdre en d'autres femmes, mais certainement avec une force insuffisante pour remettre le monde en question. Le versant personnalisé, ou dirais-je « livresque », prédominait toujours, par la fréquence et la durée, dans ces relations. Mais lorsque je sortais des bras de M.A., ma stupeur était toujours qu'il y eût un M. Couperin. Ce personnage était un embarras et une incongruité... J'irais même plus loin : c'était un « faux ».

Ces répétitions mélancoliques, mélancoliques parce que avec l'âge rien ne peut être un désespoir, de mon petit thème, ne sont qu'un écho feutré de cette terrible constatation : l'érotisme est un échec renouvelé. Ni par lui, ni par aucune autre méthode nous ne traverserons définitivement ces barricades qui se dressent entre les êtres...

M. Couperin lève le pied des pédales. Il est fatigué. Il sent ses réflexions sombrer dans l'incohérence. Il voulait mettre le doigt sur quelque chose mais cette chose vient de s'envoler. Ah, oui ! L'érotisme. M.A. La solution, la solution, il doit bien y en avoir une pour déposer tous ces fardeaux ! Quelle est-elle ? Telle quelle. Telles des ailes. Des ailes de dentelle. Un mouchoir de dentelle. Par terre. Un mouchoir vert dans l'herbe blanche. Blanc dans l'herbe verte. Ah, saisir M.A. ! La prendre encore. Même si c'est passager ! Tant pis ! Juste cela ! Dix-huit ans déjà. Quelle farce ! Moi qui n'ai pas vieilli d'un poil ! L'herbe blanche. Son parfum. Le parfum de M.A. Je n'ai pas encore écrit cette pièce pour dimanche. La tirer de ma manche. Comment faire ? Hélas !

La musique s'arrête. Pendant quelques instants Couperin a l'impression de flotter dans le silence. Tiens, on a arrêté de jouer. Mais oui, c'est moi, bien sûr, je l'avais oublié ! Son corps se défait comme un artichaut trop cuit.

Un artichaut, oui! Il se sent ce goût d'artichaut dans la bouche. Il passe la main devant ses yeux. Pfuiiiit... Un camélia blanc se défait. Dans un frôlement de soie tous les pétales tombent d'un coup. La fleur passe directement de la perfection à la mort sans que personne ait pu soupçonner le coup fatal. Défait. Le coup fatal. Je ne suis pas encore assez défait, pense Couperin. Même si j'ai perdu M.A. Son goût dans la bouche. Tous les jupons qui tombent d'un coup. Une fleur. Des pétales. Sa peau blanche comme un camélia.

Nous allons de défaite en défaite et d'insulte en insulte, mon amour...

Couperin se lève en titubant. Il ne restera pas grand-chose de ces divagations à l'orgue. Rêves et souvenirs au fond de la chapelle. Je suis à un tournant. Dix-huit ans après. Tout juste un petit air. Et quel ramassis de dialogues incohérents! Avec qui, je vous le demande!... Il fait craquer ses doigts et se masse les phalanges. Il s'essuie le front. Allons sortons! Ce monde sera pour moi toujours aussi étrange. Je suis vraiment un vieux scorpion. Il paraît qu'un scorpion n'a que deux passions. Le sexe et Dieu. Ou bien c'est la même. Car cet anéantissement! C'est soit un démon soit un ange! Eh oui! Dix-huit ans de chasteté bientôt! Car Catherine...

Il referme le clavier d'un coup sec. Il donne un tour de clef. À la porte une bouffée d'air frais le réveille et le ramène à la réalité. Il plisse les yeux. Des arbres, du vent, des feuilles. Tout ce qu'il aime. Sur le parc un soleil printanier. Le Dauphin a-t-il fini d'apprendre sa main gauche? Nous terminerons la leçon une autre fois. Et tant pis pour dimanche. Nous leur resservirons un vieux plat avec une nouvelle sauce... Ou une transcription de Bach, pourquoi pas?

Couperin s'apprête à traverser le parc. Comme un automate il prend la direction de sa demeure, mais comme souvent, le fait d'être dehors donne un tour nouveau à ses songeries. « Voyez-vous, madame », dit-il d'un air guilleret, sans savoir s'il s'agit de S., de M.A., de sa femme Catherine ou d'un résumé de toutes les femmes qu'il a rencontrées, « voyez-vous, timidité ou sortilège, passion ou dévouement, amitié ou galanterie, je n'ai rien oublié de toute cette gamme de sentiments. Je n'en privilégie aucun, je n'en renie aucun. Tous existent, et si l'on a un tempérament bariolé comme le mien, on sait qu'il est possible de vivre en succession dans ces mondes qui sont aux antipodes. Qui sont si imbriqués dans l'espace et le temps que chacun des habitants de l'un ne trouve sur le sol que des traces infimes des autres. Ou même rien! Rien! comment S. pourrait-elle savoir où est M.A.? Elle ne voit que sa coquille! Comment M.A. pourrait-elle comprendre Catherine? Dans la même pièce elles sont sur une autre planète! Je sais tout cela, et même plus... Car maintenant je vais vous révéler le secret que je vous avais promis tout à l'heure quand je vous semblait si choquant. Et vous verrez si je suis pessimiste ou cynique... »

François avise un banc. Sans s'en rendre compte il s'y assoit. Il a le souffle court et il doit reprendre haleine. Il est étrangement excité. Couverait-il une mauvaise fièvre?

Les barricades mystérieuses! Les barricades mystérieuses! Ah, maintenant ne croyez pas que ce soient uniquement celles qui se dressent entre un homme et une femme, ou entre vous et les autres. Non, ce sont celles que partout, partout, je m'en suis aperçu récemment, mon regard rencontre. Regardez cet arbre, ce massif de fleurs, ce rouge-gorge. Comme ils ont l'air proches! Comme ils sont vivants! Mais j'arrive toujours sur les traces de la vie, je ne connais pas la vie même. Je suis toujours en retard au rendez-vous... Si c'est un arbre, je suis embarrassé par ses feuilles, si c'est une fleur par ses pétales! Exactement comme j'étais embarrassé par M.A. lorsqu'elle redevenait M.A., ou comme je vous embarrasse et vous bouche l'accès à moi-même. C'est mon impression, la déception constante de mon existence. Lorsque j'arrive sur les lieux, tout a déjà levé le camp. J'arrive quand le Un s'est déjà perdu... après la création, la naissance, le mariage! Maintenant que je suis vieux, mon désir s'est déplacé des femmes aux choses, mais entre nous, je ne crois qu'il ait jamais été question de femmes réellement. Je suis amoureux de la vie. Je suis amoureux de la complétude. Je suis amoureux du feu vivant. Je suis amoureux de Dieu. Je suis amoureux de mon âme. C'est vers elle que je marche en tendant les bras. C'est elle que je cherche à travers tout cela. Je ne veux que combler cette insupportable absence à moi-même dont toutes les autres ne sont que des conséquences ou des reflets. Comprenez-vous madame? Ah, notre conversation a pris un tour bien abstrait, je commence à vous lasser peut-être. Mais dites-moi, d'où croyez-vous que vient ce pouvoir qu'a sur nos esprits l'image d'un couple réuni? Pourquoi remplit-elle toujours avec succès la dernière page de nos romans? Croyez-vous que c'est simplement l'appel du corps qui nous fait attribuer, à tort, une telle béatitude à la moindre clairière entrevue entre des barrières? Non, c'est la nostalgie de nous-mêmes, de ce que nous sommes vraiment, sans savoir comment nous pourrions le redevenir ou le rester! Nous voulons être dupés, même après avoir mille fois constaté que cette image n'était pas la bonne, qu'elle est un leurre. Voilà, à mon avis. Mais quel drame! Et ce drame ronge ma vie, madame, et nul n'en sait rien, sauf M.A. Mais elle, hélas...

Couperin se frotte le front et fronce les sourcils comme s'il rabrouait son interlocutrice invisible. Il porte la main à son cœur. Ça bat drôlement là-dedans. Décidement, si sa santé ne se rétablit pas, il lui faudra confier sa charge à Marguerite-Antoinette, sa fille. C'est une honnête musicienne. Elle porte les initiales de M.A. mais cela personne ne le sait, pas même Catherine.

M.A. Je ne sais ce qu'est devenue M.A. ou plutôt je ne le sais que trop! Dix-huit ans et ce souvenir m'est toujours aussi atroce. L'étonnement général lorsqu'elle a annoncé qu'elle « partait »! Ce fut son mot. Elle qui ne mentionnait jamais Dieu et n'avait aucune de ces pieuses lectures qui sont devenues à la mode dans notre siècle. Elle qui ne participait à aucune de ces conversations bien-pensantes qui font le délice des salons. Comme si par elles nous pouvions excuser la frivolité de nos vies! Nous consommons de la religion comme un bonbon! Ce n'est qu'un meuble de plus dans nos têtes archi-pleines, qui voisine sans danger avec le lit à baldaquin et la rôtissoire. Sans danger! Tout ce qui est sans danger n'est pas vrai, voilà ce que je crois!

Comment M.A. qui était plutôt connue pour sa tiédeur aux offices, et même souvent son absence, aurait-elle pu parler de Dieu? Parle-t-on de ce qui vous remplit tellement l'âme qu'on en ignore la présence? Il n'y avait plus de place dans l'âme de M.A. pour Dieu. La violence de ses engagements, l'ardeur de sa vie érotique, qui aurait fait scandale si on l'eût connue, n'étaient que cela: une interrogation généreuse et suicidaire du mystère. Guerrier et soldat, elle se jetait dans des abîmes, et moi je m'y jetais avec elle, car nous étions frères. Avons-nous jamais discuté de textes sacrés? Jamais à ma souvenance. Les aventures de Jésus ne lui tiraient pas de larmes comme elles en faisaient venir sur la charmante frimousse de S. Par-delà les mots, elle entendait, non pas l'histoire des apôtres, mais ce qui lui semblait se rattacher à l'histoire incommensurable qui était en train de se jouer. Au JOUANT.

À la surprise de tous, sauf à la mienne, elle fut acceptée sans problèmes par la supérieure du carmel de T. Cette femme avait, bien sûr, un jugement plus exact de l'étoffe des âmes mystiques que les charmantes personnes qui entouraient M.A. Elle savait que ces âmes se baignent de pratiques et non de textes, de discipline et de silence, et que ceci ne poserait nul problème à M.A.

Sans bruit les grilles se sont refermées. On ne fit aucune publicité autour de cette vocation, rien de comparable à la prise de voile de la jeune duchesse de V. qui répandait des pleurs depuis des mois de la trahison de son amant. La donzelle en ressortit d'ailleurs, de son couvent, par je ne sais quel miracle papal, après tout juste un an! Mais dix-huit ans ont passé depuis que ces paroles ont retenti pour la dernière fois à mes oreilles: «Vous savez que je vous aime, François!» Et moi, l'aimais-je! Seigneur! Qu'avons-nous fait? Pourquoi? La musique est devenue mon couvent.

«Je regarde ma femme Catherine avec une reconnaissance que peu de gens peuvent comprendre. Si ce n'était grâce à elle, je serais déjà mort des contradictions entre ma position à la cour et mon âme, ou de celles, plus graves, entre mon âme et mon âme elle-même. »

Cette phrase qu'il a souvent prononcée devant des amis revient tout à coup en mémoire à Couperin, tandis que, dans un éblouissement il voit apparaître la grille du carmel, et derrière elle la tache blanche de M.A., mais cette tache devient un mouchoir qui s'étire et s'allonge dans l'herbe verte, la grille est une barrière, il tend les bras pour la saisir et c'est S. Enfin il pose ses lèvres sur sa jeune bouche ! Il est le comte de N. Quel délice que S. ! Elle est tellement fraîche ! C'est une de ces femmes qui ne comprennent rien ! Quel repos ! Elle va rire et boire toute sa souffrance de ses yeux candides ! Mais S. s'évanouit, c'est Catherine, et tandis que les feuillages se gonflent dans le vent de la clairière, le ventre de Catherine s'arrondit, et voici qu'elle est enceinte. Elle est enceinte de M.A. Non ! De Marguerite-Antoinette ! Catherine, c'est une mère. Elle lui ouvre les bras, elle lui sourit tendrement, viens mon enfant, et il s'abandonne, mais l'étreinte devient frénétique. Les nuages s'entrouvrent comme des lèvres. Ce sont les lèvres de M.A. et ces lèvres brûlent. Catherine s'efface. C'est M.A. qui l'enlace, c'est M.A. qui l'étreint. Tout son corps n'est qu'une question. Il gémit de désir. Il hurle. Lâchez-moi ! Qui êtes-vous ? Qui suis-je ? Mais voici que le mouchoir s'envole, le mouchoir-robe, le mouchoir-barrière, le mouchoir-nuage, et c'est un oiseau qui fonce en plein ciel, une colombe. Couperin halète : Est-ce possible ? et tandis qu'il roule sur le sol sous le poids d'une femme qui est tantôt S., tantôt Catherine, tantôt M.A., il voit la colombe se déployer, devenir un point minuscule dans l'espace, et, par une magie inexplicable qui les réconcilie toutes les trois, s'évanouir en plein ciel. JOIE. JOIE. JOIE.

François sent son menton qui tombe sur sa poitrine. Il glisse lentement du banc. Voici la lumière. Voici le silence. Il presse sur ses lèvres des lèvres qui sont des absences de lèvres et auxquelles il trouve un goût aussi extraordinaire que celui qu'il trouvait à celles de M.A. Mais ce goût ne s'épuise pas, il demeure ! Il déclare son amour à tous ces visages, qui n'ont plus de contours, et peu lui importe à qui ils sont ! Ses larmes coulent. Ah Dieu, Dieu ! C'était donc possible ! Ô mon amour de feuilles et de gravier, gonfle tes voiles d'herbe, car nous sommes arrivés enfin et la création a accouché... Je sais son message...

Un choc dur contre son crâne, puis des voix. Il est tombé sur le ventre, dos au ciel, et devant ses yeux, d'énormes grains de sable brillent, hauts comme des montagnes de quartz. À travers eux, le chemin des fourmis est évident, clair.

— Qui est-ce ?

— C'est M. Couperin.

— Il a eu une attaque ?

— Je ne sais pas, je l'ai trouvé comme ça.

— Il est mort ?

— Non, son cœur bat.

« Non, je ne suis pas mort, imbéciles », pense Couperin, mais ses lèvres sont inertes.

— Est-ce qu'il faut le bouger ?

— Non, il faut aller chercher Fontenelle.

— L'écrivain ?

— Non, le docteur, voyons ! Vite !

« Ah, voilà, deux phrases et ils se disputent déjà, pense François, ces barricades, ces barricades ! »

— J'y vais. Vous, vous restez ici.

— Cela va de soi, mon ami, avec mes jambes ! Vous irez beaucoup plus vite que moi !

« Que pourrais-je leur dire », pense François, mais déjà la joie qui le baigne le quitte, la lourdeur physique réapparaît et avec elle la sensation de plusieurs ecchymoses et d'un point dans la poitrine.

— Alors, mon ami, vous revenez à vous ?

Couperin grogne.

— Non, ne bougez pas, on va vous transporter chez vous. On peut dire que vous nous avez fait peur. Moi je suis vieux, mais mon ami qui a les jambes lestes ne va pas tarder à revenir avec le docteur

— Je sais.

— Ah, vous savez ?

— Oui, j'ai tout entendu.

— Pourtant vous aviez l'air prêt à rendre l'âme.

— Je l'ai rendue.

L'autre reste un instant perplexe puis il dit :

— Bien, l'humour marche toujours, c'est le principal. Tenez les voilà ! Posez la civière ici, en avant marche !

Le feu brûle dans l'âtre. François a les pieds dans un baquet d'eau fumante, il est drapé dans des couvertures, un grog à la main. Sa femme, Catherine, est assise un peu à l'écart sur un tabouret. Elle fait du raccommodage en profitant de la lueur des flammes. La scène est très conjugale. Avec sa serviette sur la tête, le « Grand » Couperin a l'air de tout sauf d'être « Grand ». Il ne dit mot. Il réfléchit à une lettre qu'il a l'intention d'écrire à son ami et confrère J.S. Bach auquel il voue une admiration sans bornes. La lettre commencerait ainsi :

> « Très cher Bach. Pas grand-chose de nouveau sauf quelques pièces de clavecin. J'ai l'esprit chargé d'un thème qui conviendrait sans doute mieux à votre tempérament et à la dimension de votre talent qu'au mien, mais auquel je veux pourtant m'essayer. Il s'agit des noces mystiques. Vous devez avoir lu le Cantique des Cantiques qui chante les beautés de la femme aimée. Certains ont vu dans ce poème une glorification de l'érotisme humain, d'autres un symbole de l'amour de l'âme chrétienne pour Dieu. Cette interprétation, à tout prendre, me semble la plus cohérente. Elle rattache notre attirance les uns pour les autres à une nostalgie plus grande. Elle valorise ainsi l'amour humain plutôt qu'elle ne le rabaisse. Elle en fait la part d'un plus grand mystère. La division des sexes n'est qu'une de nos multiples divisions, et donc une de nos multi-

ples souffrances. Celui qui a réalisé l'unité divine ne la ressent plus. Elle n'est plus, pour lui, qu'une illusion. C'est du moins ce que je pressens, mais vous aurez peut-être d'autres lueurs sur le sujet que j'attendrai avec impatience... Peut-être même l'avez-vous déjà approché.

« Ma santé reste chancelante. Elle préoccupe beaucoup mon entourage sans m'inquiéter moi-même. J'ai déjà eu plusieurs évanouissements que certains veulent qualifier d'attaques et qui ont été pour moi l'occasion d'expériences fort curieuses. Hélas, alors que je ne redoute pas la mort, je déplore que ces crises occasionnent à ma femme un surcroît de soucis. Marguerite-Antoinette me succédera bientôt sans doute, du moins pour ce qui est des cours. Je ne sais ce qu'il adviendra de ma charge à l'église Saint-Gervais, qui me donne énormément de travail. J'y ferai donner ce dimanche plusieurs de vos cantates, n'ayant pas eu le temps de composer quoi que ce soit.

» Vous savez l'intérêt que j'ai toujours porté à la musique religieuse. Cependant, ainsi que je vous l'écrivais plus haut, c'est le sujet du mariage de l'humain et du divin qui m'accapare. Je ne sais si j'aurai le temps de donner le jour à cette œuvre qui me travaille obscurément. Il me semble aujourd'hui que tous les thèmes de ma vie s'y rattachent, tous les êtres que j'ai rencontrés m'y ramènent. Je ne dis pas avoir la moindre certitude quant à ce que ce thème recèle, mais je pressens que j'approche. Je pressens. Je pressens.

» Si je réussis, nous serons loin de l'angoisse qui se dégage des *Leçons de ténèbres*, mais je devais sans doute en passer par là. Ce thème sera un thème de joie.

« Ce qui m'amène à vous dire ce que je vous ai avoué maintes fois : je me demande par quelle merveille, dans votre musique, la souffrance est toujours réconciliée avec le cosmos. Vous pouvez décrire les angoisses de la séparation les plus insupportables, comme par exemple dans les passions, en demeurant sur un fond de lumière que rien n'entame. Quoi qu'il arrive, vous restez toujours solide, rien ne cause de rupture sur le tissu continuel de votre musique. Il n'en a jusqu'ici pas été de même pour moi. Chez vous l'émotion peut se déployer avec une amplitude inégalée parce que aussi immense qu'elle soit, elle n'est jamais une menace. On sent qu'elle ne remplira jamais complètement ce « quelque chose de plus grand » sur lequel elle existe. Je constate que dans *Saint-Matthieu* la foule en colère crie « Barabbas », que le Christ dans le puits du doute s'exclame : « Elie pourquoi m'as-tu abandonné ? », que le chrétien pleure « Tout est fini », mais que, malgré tout, nous sommes envahis par cette omniprésence de la joie que rien n'altère. Les contraires existent en s'opposant l'un à l'autre, mais ils sont identiques en ce qu'ils participent « identiquement » du support. Quel est ce support ? Cet écheveau de voix qui vous a fait privilégier de façon quasi-obsessionnelle le contrepoint ? Il me semble que c'est Dieu. C'est lui que vous avez toujours cherché à traduire en écrivant pour sa seule gloire. Je ne peux. Mais avec ce thème nouveau, cela viendra peut-être. Tout se passera alors entièrement de l'autre côté de la barrière, dans la lumière, et non pas ici et là. Comment pourrais-je me faire comprendre ? Si je vous admire tant, c'est que je sens que vous avez percé des secrets qui me déchirent encore.

« Je terminerai ici cette lettre en espérant que Leipzig bénéficiera encore longtemps de vos bienfaits. Je joins les salutations de ma femme aux miennes. Je vous ferai parvenir sous peu mon dernier recueil de pièces pour clavecin, dont une bricole, mais qui restera chère à mes yeux : *Les Barricades mystérieuses.* »

Ayant ainsi composé sa lettre dans sa tête, François soupire, et sa femme attentive lève aussitôt les yeux.

— As-tu besoin de quelque chose ?

— Non, je réfléchissais à une lettre pour Sébastien.

— Cette lettre ne sera jamais écrite, comme tant d'autres.

— Peut-être que si, peut-être que non, pourquoi pas ?

— Parce qu'il ne faut pas te fatiguer, c'est ce que le docteur a dit.

— Le docteur... Peuh... que sait-il de la façon dont nos esprits fonctionnent ? Une bonne maladie peut nous préparer une meilleure santé, comme une purge ! Ne suis-je pas, ainsi que tu le dis toi-même, un vieux scorpion qui renaît toujours de ses cendres ?... Il me faut mourir de temps à autre... abandonner mes mues successives... Pas de mort, pas de vie... Voilà la vérité... Qu'est-ce d'autre que la résurrection, sinon ?

— Une chose qui se passe après la mort, à l'exemple du Christ, ainsi que l'enseignent les Écritures, dit Catherine calmement.

— Que non ! La résurrection c'est ce qui doit se passer ici !

— Je ne te suis plus, mon ami.

— N'éprouves-tu pas, à présent, que tu es un peu morte ?

— Un peu morte ! Comme tu es étrange, par rapport à quoi ?

— Par rapport à ce que tu pourrais être, au potentiel que tu pressens ? N'as-tu jamais été enlevée au-delà de toi-même, tout en ressentant que c'était toi, enfin ?

— Non, dit Catherine, la vie m'est douce. Je fais ce que je peux pour aider un peu autour de moi. Je ne suis pas grand-chose, mais j'accepte mes imperfections. Je sais que le bon Dieu en aura pitié.

— Sans doute ton cœur est-il plus grand que le mien, mais ceci, moi, ne me suffit pas ! Pourquoi Dieu nous serait-il extérieur s'il est absolu et s'il est partout ?

— Tu veux dire que s'il est tout il n'a pas pu nous laisser en dehors de lui ?

— Non, car comment aurait-il un dehors ? S'il en avait un, il ne serait pas absolu mais relatif !

— Tu me casses la tête. Tu veux percer la vie, la mort, les mystères chrétiens, cela, nous ne le pouvons pas !

— Qui te l'a dit ?

— L'Église ! Moi !... moi en tout cas... Je suis trop bête.

Je ne veux penser qu'au bien que je peux faire de mes mains.

— Et tu en fais, ma bonne Catherine, sans toi je serais déjà mort épuisé...

— ... des contradictions entre mon âme et mon âme, termine Catherine.

— Exactement ! Tu le sais, mais...

— Dieu nous réunira. Il nous enseignera l'amour parfait qui est le sien.

— Voilà, nous y sommes ! Tu parles au futur et tu attends, après la mort, que ton Dieu résolve tout pour toi !

— Ne l'a-t-il pas promis ? Que puis-je, moi ?

— Je suis sûr que nous pouvons tout, si nous le voulons. Ou si nous voulons plus rien, justement. Je suis sûr que le Christ n'est qu'un modèle. Il ne nous a pas sauvés comme l'Église l'enseigne, mais en nous montrant ce que nous sommes et ce qu'il fallait faire pour le découvrir, pour trouver Dieu.

— Et que faut-il faire ?

— Mourir !

— Tu es fou !

— Oh, je ne parle pas de mort physique, mais d'un abandon de notre personne.

— Pour moi, et tu ne m'en feras pas démordre, rien dans notre raison ni dans nos sentiments n'est assez vaste pour concevoir Dieu.

— Qui te parle de concevoir ? Concevoir est un acte extérieur. Je te parle, moi, de trouver Dieu vivant, au fond de soi !

— En mourant !

— C'est cela ! Dieu est la Vie. Lui-même se nomme sans cesse le Dieu Vivant. Avons-nous trouvé la vie au fond de nous ? Si elle est éternelle, elle y est déjà !

Ces phrases sont suivies d'un silence. Tous deux réfléchissent. Le feu dans l'âtre craque.

— Veux-tu une autre serviette ? Tu frissonnes.

Le calme inaltérable de Catherine va droit au cœur de Couperin. Il est vrai que jadis il l'a souvent qualifié de « bovin », mais comment pourrait-on se mettre en colère contre elle ? Ce n'est pas si étonnant qu'il l'ait épousée, surtout qu'elle a plus de profondeur que sa placidité ne le laisserait supposer... « Dieu », comme elle prononce ce mot avec simplicité, quand il a souffert lui pendant des années toutes les affres de l'hésitation, le tournant vingt fois dans sa bouche. Une petite bonne femme de rien du tout, tout juste bonne à repriser des chaussettes, et voilà qu'elle le lui a lancé sans émoi ! Bigre !... Apparemment, il change de sujet :

— J'ai composé une petite pièce cet après-midi, juste avant. Tu ne peux pas savoir toutes les sottises qui me sont passées par la tête.

— Si, comme d'habitude : tu t'es inquiété de l'office de dimanche.

— Pas seulement. C'était tout à fait étrange. Cette accélération de mes pensées. Cette confusion. Cet évanouissement. Agréable au fond... La musique ne le rendra pas.

— Eh bien, joue ! Le clavecin est là !

— Si tu veux. Mais dis-moi d'abord... qu'est-ce que c'est pour toi « les barricades mystérieuses » ?

— Hum, je ne sais pas... Une offensive de guerre. Des femmes qui vont chercher des blessés dans un endroit secret... ou bien non... l'un de ces jeux stupides qu'ils inventent à la cour avec des volants, des écharpes, de petites barrières tendues entre les buissons pour vous faire tomber... on a les yeux bandés, on hésite, on se retrouve dans les bras les uns des autres sans savoir de qui il s'agit... c'est une sorte de labyrinthe... mais ça pourrait être aussi des faux-semblants, des excuses, tous ces masques que nous mettons pour faire bonne figure, tous ces personnages que nous nous construisons et qui nous cachent... et... et... si j'étais un homme... peut-être que je dirais... des JUPONS !

— Ma bonne Catherine, tu me surprendras toujours, toi, la bonne ménagère !

Ils pouffent comme seuls peuvent le faire les vieux couples qui ont des souvenirs à eux.

— Et toi... pourquoi cette question ?

— Ah, si je te disais... si je te disais...

— Tu me feras toujours rire, François, avec ton exaltation !

— Si je te disais, reprend-t-il l'air énigmatique, que pour moi, la « barricade mystérieuse », c'est NOUS !

— Nous ?

— Oui, ce n'est pas qu'entre nous et Dieu il y ait un obstacle, c'est que nous en imaginons un, parce que nous nous imaginons. Cet obstacle c'est donc nous ! Et plus nous cherchons à nous rapprocher, plus ce mouvement nous éloigne car il nous donne de la consistance, car il suppose qu'il y a une rupture quelque part entre Dieu et nous, ou entre nous et NOUS. Comprends-tu ?

— Pas vraiment...

— Si nous le cherchons, ou de même, si nous cherchons les autres, alors notre soif est inextinguible. Nous sommes l'unique barrière, la mystérieuse « barricade » ! Comprends-tu ?

— Non !

— Regarde. Nous devons nous placer avant la division ! Avant la rupture ! Ce n'est pas que la flèche puisse jamais atteindre la cible, c'est qu'elle l'a déjà atteinte ! C'est la cible qui est au centre de la flèche ! Nous ne sommes séparés de rien ! C'est un leurre ! Dieu n'est pas inaccessible ! Les autres ne nous sont pas irréparablement étrangers ! Ils sont le cœur de nous-mêmes, dès que nous cessons toute préhension... C'est toujours la personne qui veut saisir, se compléter... mais ce qui ne veut plus rien saisir... ce n'est pas une personne... c'est... c'est... je ne trouve pas mes mots !

Catherine le regarde, patiente.

— C'est l'ÉTANT ! explose François qui comprend qu'il vient de rendre un hommage imprévu à M.A. J'ai cherché cela pendant des années, ajoute-t-il, soudain sobre. Mais comprends-tu un peu ?

— Non, mais je t'adore... et je vois bien que ceci est important pour toi.

— L'ÉTANT c'est l'unité. Car ce sont seulement des personnes qui peuvent être séparées.

— Tu voudrais l'appeler Dieu, hein ?

— Pourquoi pas ?

— Mais nous vivons toujours dans cette personne, dit Catherine.

— Oh, non ! dit Couperin. Maintes et maintes fois elle nous quitte spontanément... Ce peut être devant un beau spectacle ou...

François hésite... Catherine vient à sa rescousse :

— Ou quand nous donnons, quand nous nous oublions nous-mêmes.

— Voilà bien la beauté de ton caractère, dit Couperin. Je pensais à tout autre chose...

— Passons, dit Catherine qui pressent le monde de son mari, sans bien le comprendre, et se sent vaguement mal à l'aise.

— Une fois qu'on a démasqué le leurre de la personne... quelle que soit la méthode, le tout c'est de ne pas la reprendre... ou de la reprendre avec un clin d'œil... comme un jeu ! Si l'on commence à sentir à nouveau de la souffrance, c'est qu'on a perdu de vue le Un. Mais pour le retrouver, il ne faut pas vouloir traverser le Deux, car plus on s'y efforce, plus on lui donne de réalité ! Est-ce clair ?

— Je n'en sais rien.

— Peu importe.

— Mon pauvre François, te voilà bien ramolli de supporter si calmement que je ne te comprenne pas. Où sont donc tes rages ? Tes grincements de dents ?

— C'est le gâtisme, c'est l'âge. Je ne suis plus que l'ombre de moi-même, tu le vois ! dit Couperin avec un sourire.

Catherine le dévisage d'un air intrigué. C'est vrai qu'il semble soudain différent, comme si la chose très serrée qu'il portait constamment au centre de la poitrine avait fondu. Catherine a toujours appelé cette chose « le poing fermé » ! C'est qu'elle le connaît bien, son François, depuis dix-huit ans qu'ils vivent ensemble et, ajoute-t-elle avec tendresse, bien qu'ils NE SE COMPRENNENT PAS.

— Qu'ai-je besoin que tu me comprennes, dit François comme s'il faisait écho à ses réflexions. Deux personnes ne peuvent jamais se comprendre. Par contre, quoi qu'il en semble... si éclatante qu'apparaisse la séparation...

— Quoi ?

— Approche un peu, pose ces chaussettes !

— Mais je dois les terminer. Marguerite-Antoinette a froid aux pieds et ce sont les seules qui lui restent !

— Et moi je dois finir ma messe ! Il la regarde avec douceur. Allons, approche !

Catherine soupire et abandonne son ouvrage. Lorsqu'elle est près de lui, Couperin lui prend la main gentiment. Il pose ses lèvres dessus. Il sent déjà cet imperceptible recul auquel il est si habitué, mais ceci ne lui fait pas peine. Catherine le regarde, souriante et embarrassée. Elle se dit qu'elle a des choses à faire, mais elle est aussi trop docile pour retirer sa main. Elle redoute de froisser son mari. Ainsi par volonté la main reste comme ouverte, mais par instinct, elle s'est fermée.

— Ma mie ! dit Couperin sans tenter autre chose. Il se sent le cœur si libre qu'il se contente de sentir cette main et toutes les contradictions qu'elle renferme. Il n'est à l'écoute que de cette peur que lui transmet sa femme et dans laquelle il la sent tendue, inquiète et toujours sur le qui-vive, malgré l'amour qu'elle lui porte. Il comprend la grande violence qu'elle se fait à elle-même en restant ainsi.

Il repose la main doucement.

— Veux-tu que je change cette eau, elle n'a plus l'air très chaude, je vais aller voir à la cuisine !

— Sans doute, dit Couperin qui perçoit à quel point elle redoute qu'il ne l'attire vers lui. Sans doute. Va ma mie !

Étonnée d'en être quitte à si bon compte, Catherine s'écarte un peu. Elle le regarde. Un instant elle balance entre l'explication de la fatigue qui ferait que son mari soudain n'aurait plus envie de lui faire des avances ou... Elle ne sait quoi...

— As-tu besoin d'autre chose ? demande-t-elle, comme prise d'un remords soudain.

— Mais pas du tout ! De quoi ? répond Couperin. Je suis très bien. Je n'ai besoin de rien.

Catherine sort, et tout le temps qu'elle est là, dans la cuisine, à remuer les objets rassurants de son foyer, elle se sent enveloppée d'une nouvelle douceur qui est un mystère. Comme il a laissé aller sa main ! Et cela n'avait point l'air de lui être deuil, comme souvent ! Elle ne le sentait point se contraindre par égard pour elle ! Car depuis qu'ils sont mariés, ils ont tous deux fait des efforts méritoires pour vaincre leurs tempéraments. Catherine n'a de doute que son mari l'aime et elle l'aime tout autant. Cependant il se mêle au soulagement qu'elle éprouve, et à son grand étonnement, une sorte de déception. L'être humain est un tissu de contradictions !

Lorsqu'elle revient, Couperin la laisse changer l'eau à son idée. Il chantonne et ses traits sont empreints d'une légèreté qu'il n'ont jamais eue. C'est comme une bouffée d'air frais à travers la pièce.

Catherine pense qu'il va profiter de ce qu'elle est à ses pieds pour lui claquer les fesses avec ce genre de plaisanterie qu'il affectionne : « Alors, fille d'auberge ! » et qui est une expression de sa gaieté, mais Couperin ne fait rien. Elle ressent cet espace comme une étrangeté.

— Qu'as-tu ? demande-t-elle enfin, timidement.

— Ah, tu te le demandes ! dit-il, heureux. Eh bien, chère madame, au cas où vous ne vous en seriez pas aperçue, et bien que le ciel vous ait infligé un bien étrange mari depuis dix-huit ans...

— Je n'ai pas eu à m'en plaindre.

— Si, si...

— Il fut fidèle et travailleur.

— Je disais donc un bien insatisfaisant mari...

— Oh non, c'est moi qui ne l'ai pas satisfait !... Et je sais bien comment !...

— Pas du tout ! Je disais donc... chère madame, au cas où vous ne vous en seriez pas aperçue, cet infâme mari vous aime... et dorénavant... il est tout entier là pour vous aimer... Allons ma soupe !

— Cesse de faire le bouffon ! Catherine rit, mais les larmes lui montent aux yeux.

— Ma soupe! Mes chaussettes! Vite!... euh non... Les chaussettes de Marguerite-Antoinette, veux-je dire!

Catherine détourne la tête. Les larmes jaillissent de ses yeux. Est-ce sa faute à elle, si elle ne conçoit pas, avec toute la bonté de son cœur, en quoi le corps, les baisers et les soupirs sont un langage et l'une des manifestations chrétiennes de l'amour?

— Je ne me moque pas, dit François si bas qu'elle l'entend à peine. Savez-vous que je vous aime, madame... et je m'en veux des tristesses que je vous ai infligées si longtemps. Il faut me pardonner car je souffrais... et nous ne vivions pas dans le même monde il est vrai... À tort!

Catherine a assez de charité pour sécher ses larmes qui sont une faiblesse et pour se tourner vers son époux.

— Lorsque je dis que je vous aime, me croirez-vous à la fin? Certes, je fus maladroit! Mais que m'importe à moi si vous n'êtes pas la reine des cabrioles? Que m'importe à présent ceci ou cela? Ce monde est si plein, si vaste! Je vous le donne!

— Vous êtes ridicule François!

Dans un élan imprévu Catherine court s'agenouiller devant le baquet de son mari. C'est elle qui lui prend la main.

Il se laisse faire, mais il ne fait rien.

Elle lui embrasse la main.

Voici un geste qu'elle n'a jamais fait d'elle-même. Elle trouve cela étrange. Elle est désarçonnée de se trouver soudain dans un univers où elle ne peut plus prévoir l'avidité des gestes de son mari. Il ne profite même pas de cette ouverture comme elle aurait pu s'y attendre.

Il attend. Il écoute.

Catherine hésite. Elle ne sait que faire. Et soudain elle a envie de goûter cette peau un peu plus fine au-dessus du poignet. Elle défait le bouton de la manche. Elle l'embrasse à cet endroit.

— Oh! dit Couperin dans un souffle.

— Voilà tout! dit Catherine définitive. Elle teste son pouvoir, sans y croire. Elle est comme les enfants auxquels on a permis de jouer avec toute la longueur du fil d'un cerf-volant, mais qui, ne sachant pas vraiment si c'est vrai, le font revenir après quelques mètres.

Couperin ne dit rien. Il ne fait rien. Il a le cœur serré à la pensée de toutes les cages, mais en même temps rien ne pourrait entamer sa joie.

— Écoute-moi bien, dit-il, je connais une femme comme une colombe. Elle est timide, elle est douce. Elle est chaste aussi. Il me suffit qu'elle vole à son aise. Au fond du ciel les oiseaux se touchent. Qu'ils soient des aigles ou des éperviers. Aussi loin qu'ils volent, ils ne se quittent. Aussi différents qu'ils soient, rien ne les sépare. Parce que l'amour est antérieur à l'amour même. Parce que le Un vient bien avant le Deux.

Catherine blottit sa tête contre l'épaule de son mari.

— C'est joli, dit-elle. Puis comme si soudain elle s'effrayait encore de ce qu'il pourrait profiter de son attendrissement, elle se redresse troublée et confuse... Couperin ne fait pas un geste. Il ne s'étonne même pas de ne plus ressentir ni irritation, ni douleur. Il comprend toutes les ramifications de cette peur et la compassion l'étreint.

— Et qu'aurons-nous comme potage ? dit-il. J'ai sacrément faim. Et puis il faut que je te joue cette merveille ! Pousse-toi un peu, que je sorte de cet attirail de grand-père !

Catherine ne va pas à la cuisine. Elle se tire une chaise. Sans la regarder Couperin, affairé, s'installe devant l'instrument.

— Tu vas voir !

Il joue, et comme toujours Catherine s'étonne de partager la vie d'un homme dont les doigts courent si agilement sur le clavier, et qui peut en faire sortir tous les mirages qu'il veut, d'une façon qu'elle ne comprend guère. Il lui semble que le morceau est très long. Il lui semble aussi que son mari a une nuque séduisante, mais elle se reproche aussitôt cette réflexion incongrue. Elle se souvient que c'est elle qui a embrassé sa main, déboutonnée sa manche, et qu'il n'a rien fait. Elle est intriguée et aussi... elle n'ose se le dire... cela la remue. Est-ce la peur de le perdre ? Elle se dit que non... Du reste, aussi inexplicable que cela soit, il lui a toujours été fidèle... C'est un tempérament incompréhensible! Intraitable!... Est-ce soudain la peur de ne plus lui plaire? Elle se dit que non. Du reste une voix intérieure l'avertit bien qu'il n'est pas si « autre » que cela. Il couve sous sa cendre. Mais différemment. Alors qu'est-ce? Qu'est-ce? Qui est donc ce mari si chaste? Quelle est cette patience?

Couperin joue. Il semble que rien ne pourrait l'arrêter et qu'il tire de son instrument des paysages dont la dimension convient bien mal à la modestie de l'instrument. Les couleurs se succèdent et s'opposent avec des violences qui pourtant les unissent. Une paix plus large et même joyeuse domine l'ensemble. Catherine est sidérée, éblouie et... mal à l'aise.

Qui est cet homme inconnu dont elle partage la vie? De quel feu secret il brûle! Il lui fait peur comme s'il allait la dévorer! Pourtant elle se lève en pensant à bien autre chose: la soupe! et si le feu s'était éteint!

En l'entendant remuer, Couperin s'arrête brusquement.

— Il fait faim, n'est-ce pas, dit-il.

— Continue, c'était très beau, dit Catherine consciente de l'avoir interrompu.

— Non, il suffit! Il pivote sur son tabouret comme une toupie. À table!

Catherine remettant sa cuisine à plus tard vient poser la main sur son épaule. Il la regarde, jovial.

— Est-ce cela les « barricades mystérieuses »? Cela m'avait l'air bien long pour ce que tu m'en avais décrit.

— Oh, non! ça c'était une improvisation. Les « barricades mystérieuses », la barbe!

— Et ça s'appelle comment?

— Ça s'appelle « La Catherine », dit Couperin.

Catherine retire sa main, effarouchée.

Regardant droit devant lui dans l'espace, comme s'il voyait à travers elle, Couperin ne bouge pas. Il sait que ce sera un très long apprivoisement. Un apprivoisement qui ne sera jamais accompli, peut-être. Mais qu'importe! Aussi nombreux que soient les êtres, il les tient dans ses bras, ses dix mille bras embrasés des morsures invisibles de l'amour, il coule en eux comme la flamme de la musique, il les habite, il les pénètre, il est leur père, leur mère et leur amant. Ainsi il se tient, si plein, immobile au centre du temps, dans une extase semblable à celle de l'homme et de la femme quand le souffle de l'ignorance se suspend. À la main il tient une roue d'où s'envolent des notes qui les fécondent. Avec ses doigts, plus légers que des colombes, sur les touches de son clavecin il les effleure, il attend que leur cœur s'ouvre, tout seul, à la béatitude... Il a devant lui l'éternité.

L'ILLUMINATION D'ANANDA

Ananda, le disciple bien-aimé du Bouddha, était assis à l'écart sur le sol. Une natte le protégeait de la poussière. Il pleurait doucement, le dos droit, sans un sanglot, en ouvrant ses yeux immenses. Les larmes qui inondaient son visage descendaient fil à fil le long de ses joues comme s'il avait été étranger à sa propre peine. Sans violence, tel avait toujours été Ananda, et même la souffrance, il l'accueillait avec la simplicité d'un nouveau-né. Calmement, il s'y ouvrait. S'il s'était retiré à quelque distance du campement, ce n'était pas par honte, mais pour ne pas déranger les autres moines. Il lui fallait de plus en plus souvent s'isoler ainsi et donner libre cours à sa souffrance. C'était étrange car il y avait déjà trois ans que le Bouddha était mort. La blessure, loin de se cicatriser, saignait un peu plus chaque jour.

Peut-être était-ce parce que le véritable amour ne s'éteint jamais, or Ananda, qui aimait le Bouddha comme un fils aime son père, comme une amante aime son amant, se sentait l'aimer davantage, plus le temps passait ! Depuis le jour où il l'avait rencontré, il avait été complètement séduit. Sur toutes les routes de l'Inde, il l'avait suivi. Pendant trente ans, il avait bu chacune de ses paroles, noté chacun de ses gestes et répondu à chacun de ses besoins. Il s'était fait son serviteur, son compagnon, son confident. Dans chaque détail, l'être aimé est totalement contenu : lorsqu'il mange, lui seul mange ainsi, lorsqu'il marche, lui seul marche ainsi, lorsqu'il parle, lui seul parle ainsi. C'est ce qu'avait toujours ressenti Ananda et c'est pourquoi son esprit, qui ne sélectionnait rien, avait tout retenu. Une mémoire prodigieuse lui était venue de son adoration... Dans cette prodigieuse mémoire d'Ananda, furieusement inaccessible, le Bouddha entier vivait.

En fait, c'était là sans doute que le bât blessait de plus en plus. À la suite de nombreux débats, les disciples du maître, soucieux de préserver son enseignement, avaient décidé de l'écrire. Cela n'avait pas été sans heurts car la transmission avait été jusqu'ici orale. Ceci requérait la présence d'un instructeur qui seul pouvait juger des capacités du disciple et du moment opportun. Cependant, les textes appris par cœur n'étaient pas à l'abri des défaillances de la mémoire, ou de la mort des initiés, et présentaient un caractère outrageusement répétitif, assurance que l'essentiel n'en serait pas perdu et qu'ils pourraient être scandés facilement, même par les plus obtus. Finalement, les partisans d'une transmission écrite l'avaient emporté car celle-ci, disaient-ils, n'excluait pas l'autre qui demeurait, de toute façon, prépondérante. Il ne restait plus qu'à trouver quelqu'un qui connût à la lettre près tous les sermons du Bouddha. Qui était capable de cette performance ? Personne, sinon Ananda ! Ainsi avait commencé une nouvelle souffrance. Se tournant vers lui, alors qu'ils l'avaient jusqu'ici regardé uniquement comme un serviteur, tous s'étaient mis à l'utiliser comme un ouvrage de référence, et à tourner sans scrupules les pages de son passé. Ananda avait été obligé de vivre à chaque seconde dans le souvenir du maître, avec le rappel douloureux de cette présence qui était en lui mais lui échappait. Pis encore, tandis qu'il aurait aimé parler du sourire et des gestes, tous l'avaient forcé à se concentrer sur les chapitres philosophiques. La vie du Bouddha avec Ananda était pour eux une somme de trivialités dignes de mépris. Aucun d'eux n'avait vécu avec le même Bouddha, voilà tout, mais Ananda sentait que SON Bouddha était le vrai. Tous se nourrissaient de mots, mais lui Ananda sentait inutiles ses bras, inutiles ses mains, inutiles ses jambes depuis qu'il n'avait plus besoin de rassembler du bois pour le feu, puiser de l'eau, étendre la couverture. Depuis qu'il n'avait plus ni vêtements à rapiécer, ni riz à cuire, ni pieds à masser, il haïssait la force de son propre corps. Il se languissait de sentir encore le poids du vieillard à son bras. Il rêvait d'entendre la chère voix se moquer de lui ou le gronder.

« Qu'ont-il à dépecer un mort de la sorte ? se disait Ananda. Son enseignement, un autre que lui pourrait le dispenser, ce ne sont que des pensées, mais il n'y a que lui qui aimait les épinards sauvages ! » Et ce souvenir le faisait pleurer. Une troisième souffrance s'ajoutait aux deux précédentes, c'était celle de l'obscurité. Lorsque Ananda récitait les grandes prédications pour les besoins de la cause, il était amèrement conscient de ne pas les comprendre ! Il s'entendait de l'extérieur avec la sensation ravivée que le maître était présent. Les auditeurs éblouis étaient dans la même illusion. Mais il ne ressentait jamais plus qu'à cet instant où il le représentait la coupure entre lui et le maître. Il s'y livrait à la fois comme à une parodie sacrilège et comme à un acte d'adoration. Il aurait aimé embrasser la bouche d'où sortaient ces paroles, mais c'était la sienne ! Il aurait aimé enlacer ce corps, mais c'était le sien ! Plus amère chaque jour, la blessure de la séparation grandissait.

« Le charmant Ananda », c'est ainsi qu'on l'appelait avec une légère dérision, et parfois tout bas : « Le stupide Ananda. » Il est vrai que le paradoxe était surprenant. Mois après mois, Ananda expliquait les modalités de la libération et voyait les autres se transformer sous l'effet de ses discours. Les écailles tombaient de leurs yeux, leur esprit explosait. Il aurait aimé qu'on lui expliquât ce qu'il venait de dire de si merveilleux, mais pour cela il aurait fallu un Bouddha, et le Bouddha, pour l'instant, c'était lui !

Un jour, il eut l'idée d'un subterfuge. Il alla trouver un moine de ses amis.

— Gopal, sais-tu pourquoi je ne suis pas libéré ? Parmi tous les disciples anciens, je suis le seul qui n'a pas encore vu dans sa propre nature.

— En effet, c'est étrange, car tu es celui qui a vécu le plus proche de Lui.

— Je suis sûr que la réponse est quelque part dans ma mémoire, mais je suis incapable de la consulter seul. Il me faut un intermédiaire.

— Tu veux que je te pose la question, afin que tu puisses y répondre en tant que Bouddha ?

— C'est cela ! Je suis certain qu'il a dû maintes fois m'expliquer la cause de mon retard, mais je n'ai jamais pu l'assimiler.

— Tu penses que ces conversations sont enfouies dans ton esprit mais que tu ne peux pas les regarder en face ?

— En quelque sorte, c'est cela ! J'y fais obstacle !

— Ce que tu dis là est curieux.

— Je ne crois pas. Tout est inscrit intégralement quelque part, même si tout n'est pas vu sur-le-champ. Alors ? Veux-tu jouer mon rôle ? Tu seras moi, et je serai le Bouddha ?

— D'accord.

— C'est ce que je fais constamment pour les autres, sauf qu'ils ne me posent que des questions métaphysiques... hélas...

— Allons-y.

Ananda s'installa en lotus, les paumes l'une sur l'autre, et ferma les yeux.

Gopal qui était d'un caractère facétieux se livra à quelques mimiques par lesquelles il essayait d'imiter Ananda par son visage et par ses attitudes et finit par s'asseoir sur les talons, un peu tassé sur lui-même, les yeux levés avec adoration vers le « Bouddha ».

— Maître, bêla-t-il, et le fou rire le prit...

Ananda sortit de sa concentration et le regarda avec désarroi.

— Pardonne-moi, dit Gopal qui ne voulait pas blesser son ami et comprenait soudain l'aspect douloureux de cette scène cocasse.

— Reprenons.

Ananda ferma les yeux à nouveau, Gopal aussi.

Ils laissèrent passer un silence. Gopal se pénétrait de son rôle. Enfin il demanda :

— Ô maître, pourquoi ne suis-je pas éveillé ? Les autres

chuchotent dans mon dos. Ils me traitent d'abruti... Pourtant devant vous, j'éprouve une joie sans partage, sans doute supérieure à tout ce qu'ils peuvent connaître! Je n'ai que faire de leur commisération!

— Cette joie, n'est rien, Ananda, bien qu'elle te semble incommensurable. Comparée à celle de la libération, elle est comme un grain de sable face au mont Sumeru. Cependant ils ont tort de te juger et toi de même, car chaque être a ses caractéristiques, son heure et son chemin. De telles choses ne devraient pas exister dans notre sangha.

— Je ne veux pas connaître d'autre bonheur que celui de vous servir et je ne peux en concevoir de plus grand, Seigneur!

— Quel enfant tu fais, cher Ananda! Ce que tu me décris, ce n'est pas le bonheur, c'est l'enfer! Que je sois malade, que je meure et c'en est fait de ton bonheur! Or ce corps périra comme tous les corps!

— Je préfère ne pas penser à cette éventualité.

— Mais elle se produira. Que feras-tu alors?

— Je me souviendrai de vous, Seigneur!

— Tu souffriras, Ananda! Or n'ai-je pas promis à celui qui suivait mon chemin la fin de toute souffrance? Veux-tu être le seul de la communauté à ne pas suivre mes conseils? À n'être attaché qu'à un corps?

— Je ne veux aimer que vous, Seigneur.

— Va, tu n'aimes pas le Bouddha! avait crié le maître avec cette vivacité de réactions qui le caractérisait. Ce n'était pas de la colère, c'était simplement la vérité qui sortait sans obstacle.

— Je ne vous aime pas, moi, Seigneur! répondit Ananda. Sous le choc les larmes jaillirent de ses yeux.

— Que sais-tu de moi? demanda le Bouddha radouci Cher Ananda, comment me vois-tu?

— Vous êtes partout Seigneur! Vous êtes le maître de l'univers! Celui qui fait tourner la roue du Dharma!

— Ce n'est pas grand-chose, Ananda!

— Rien ne peut être plus grand, Seigneur.

— C'est ce que tu crois! Pour l'instant, l'attachement que tu me portes est ce qui t'entrave... Il n'est pas vrai que tu me voies partout ! Lorsque ce corps sera dissous, il sera ton maître !

— En quoi l'attachement peut-il être un maître ?

— En ce qu'il est cause de souffrance. Il nous indique notre erreur aussi sûrement qu'une borne indique la voie de Bénarès. Ensuite la nécessité de faire cesser la souffrance nous mène radicalement à la vérité. Quand ce corps sera décomposé, le Bouddha sera pour toi une souffrance ! C'est ce Bouddha qui sera ton maître ! Alors tu devras trouver le Bouddha qui est une joie !

— Comment cela, seigneur ?

— Tu verras. Face à l'intolérable. Mais n'oublie pas ces mots : partout où est le Bouddha est la joie sans fin. Sinon, tu n'aimes pas le Bouddha, mais son fantôme !

Sur ces fortes paroles, Ananda sortit de sa transe. Ouvrant les yeux, il regarda autour de lui d'un air éberlué. Gopal lui prit la main en signe de réconfort.

— Alors, qu'a-t-il dit ?

— Il a dit que tu ne t'éveillerais qu'après sa mort.

À ces mots Ananda rougit violemment.

— Parce que tu serais contraint d'échapper à la douleur.

— Un amour infini cause une douleur infinie, dit Ananda.

— Non pas, dit Gopal. Il a dit que si tu souffrais, c'est que tu ne l'aimais pas assez ! Pas bien ! Pas lui ! Il l'a répété plusieurs fois, sous des formes différentes.

— Es-tu sûr d'avoir bien compris ?

— Tout à fait.

— Cela n'a aucun sens, dit Ananda, personne ne peut aimer le Bouddha plus que moi, personne ne le connaît mieux que moi, et moi, je ne peux pas l'aimer davantage !

— Il a dit que tu le pourras !

— Je te remercie, Gopal. Ceci est un grand mystère sur lequel je vais méditer.

— Quand tu voudras, dit Gopal en se levant, n'oublie pas que je suis à ta disposition.

C'est à l'évocation de cette scène qu'Ananda pensait à présent tandis que les larmes coulaient fil à fil le long de ses joues. Sa coupe débordait. Soudain son dos s'affaissa et par voie de conséquence immédiate, la douleur qu'il avait accueillie si calmement, planant dignement au-dessus d'elle comme un oiseau, fondit sur lui, l'enserra dans ses griffes et le submergea. Il se couvrit les yeux et se mit à sangloter.

— Maître, reviens ! Ne me laisse pas seul ! Je ne comprends pas le sens de tes paroles ! Je ne peux plus supporter cette solitude ! À part Gopal, aucun d'eux ne me comprend ! Tu les as quittés aussi, pourquoi ne souffrent-ils pas ? Reviens ! Nous partirons à nouveau sur les routes. Tu prêcheras et je m'occuperai de toi ! Nous traverserons les villages et les rivières. Nous converserons gaiement. À nouveau j'allumerai le feu, et la nuit nous regarderons les étoiles ensemble.

Le vent répondit à Ananda.

Que cet endroit était désertique ! Les herbes bruissaient. La communauté s'était installée loin de là, autour du point d'eau. Le soleil déclinait.

Qui savait où était Ananda ?

Qui se préoccupait de lui ?

« Tout est impermanent, Ananda, disait le vent, le corps, les pensées, les sentiments, rien de tout cela n'a de substance ! Il est parti sans retour ! Rien ne pourra le faire revenir ! Vous ne serez jamais plus ensemble. Jamais plus ! »

— Aaaah ! cria Ananda, et dans ce cri, toute sa souffrance sortit. Pourquoi le monde était-il ainsi fait ? Pourquoi le temps détruisait-il tout irrévocablement ? Il était impossible de faire machine arrière. Impossible de réunir ce qui avait été séparé ! Le soleil se lèverait, les planètes tourneraient, les générations passeraient, jamais plus on ne verrait réapparaître un Bouddha ! Jamais plus on ne verrait réapparaître un Ananda ! Encore des millions et des millions d'années, encore des kalpas ! Personne ne saurait qu'ils avaient existé ! Personne ne se souviendrait !

Soudain Ananda s'arrêta. Il avait entendu un bruit. C'était Gopal. Il ne tenta pas de dissimuler ses larmes. Il avait assez confiance en son ami pour se montrer à lui comme il était. Gopal ne posa pas de questions, il avait compris ce qui se passait. Sans un mot, il s'assit à l'autre bout de la natte, les jambes croisées. Il fixa son regard sur l'horizon. Ananda fit de même. Lentement il se laissa gagner par le calme de son ami. Il savait que celui-ci n'offrirait pas de consolations, qu'il ne tenterait pas de manipuler la situation pour se la rendre plus agréable. Il se contenterait d'être là, ouvert comme une fenêtre, sans buts, sans souhaits. Ananda sentait que quoi qu'il dît, quoi qu'il fît, Gopal le prendrait tel quel. Passif dans son acceptation, actif dans sa vigilance. Il y avait une force immense dans cette attitude.

— Pourquoi es-tu venu ?

— Je m'inquiétais de ta disparition, je me doutais bien...

Ils ne se regardaient pas mais fixaient ensemble le ciel. Leurs voix résonnaient comme si elles ne leur avaient pas appartenu.

— C'est toujours le Bouddha ?

— Oui. À présent je le hais. Je souhaiterais ne l'avoir jamais connu !

— Ne dis pas cela, Ananda, si tu souffres, c'est toi qui en es responsable, pas lui !

— Tu es bien heureux de ne l'avoir jamais rencontré !

— Mais je l'ai rencontré, puisque j'ai rencontré sa doctrine. Pour moi le Bouddha c'est le Dharma !

— Peuh, tu parles comme les autres ! Le Bouddha ce ne sont pas des mots, c'est un cœur !

— Et quel est ce cœur ?

— Un cœur qui comprenait tout, voyait tout, ne jugeait personne. Un cœur qui incluait tous les hommes, tous les animaux et toutes les plantes.

— Alors ce cœur n'est plus ! dit Gopal, et ton Bouddha est minuscule ! Il n'a fait que passer quatre-vingts ans sur cette terre, après quoi il a disparu !

— Et comment vois-tu les choses, toi ?

— Pour moi, le Bouddha est une plante que je cultive à l'intérieur de moi-même. Bien que je n'aie jamais connu le maître, je ressens de plus en plus sa présence, tandis que tu ressens de plus en plus son absence. Lorsque je m'assois par exemple, j'ai souvent l'impression de m'asseoir devant lui, ou bien, et c'est plus étrange, que c'est Lui qui s'assoit!

— Pourtant tu ne lui ressembles pas du tout! ne put s'empêcher de remarquer Ananda, candide. Gopal sourit:

— Je crois que tu te laisses entraîner vers l'extérieur par tes sens! La véritable question que tu dois résoudre est celle-ci: Qui est le Bouddha? Qu'aimais-tu en lui? Il te l'a dit lui-même, d'ailleurs. Je soupçonne que si tu nous questionnais tous, tu aurais mille réponses différentes. Pourtant il est évident qu'une seule est la bonne: celle qui met fin à toute souffrance!

— Pourquoi?

— Parce que le Bouddha était heureux. Fatigué, affamé, malade, mourant, il était toujours heureux. Cela tu le sais!

— Oui, je l'ai vu. C'était incompréhensible, mais c'est vrai. Hélas!

— Hélas pourquoi?

— Parce que lorsqu'il s'est senti mourir, cela ne lui a pas fait deuil de se séparer de moi, alors que moi, j'avais tant de peine! J'aurais aimé le retenir... en vain...

— Peut-être le Bouddha, de son côté, ne s'est-il jamais séparé de toi!

— Pas séparé de moi? Que veux-tu dire?

— Je ne sais pas.

La nuit commençait à tomber. Les premières étoiles s'allumaient. Finalement Gopal se leva:

— Je rentre au camp.

— Je reste ici, dit Ananda, je vais méditer jusqu'au matin.

Certes l'Amour est une chose bien mystérieuse. Lorsque nous aimons quelqu'un nous aimons son corps, sa voix, sa façon de voir le monde, ses idées, mais tout cela ce ne sont que des morceaux. Où est cette personne en vérité? Où est-elle cachée?

« Je prends la terre à témoin que dans tout ce vaste univers, moi seul suis digne d'honneurs! » s'exclama le Bouddha lorsqu'il s'éveilla, mais ces paroles se rapportaientelles à ses bras, ses jambes, ses pensées, ses sentiments? Dans ce cas pourquoi découragea-t-il toujours ceux qui voulaient lui rendre un culte?

C'est à ce genre de réflexions que se livrait maintenant Ananda. Tout en comptant ses respirations ainsi que le maître le lui avait enseigné, il contemplait son esprit qui se dévidait à son aise, tournait autour du problème, s'en éloignait et y revenait avec son rythme naturel. La nuit s'approfondissait, mais Ananda ne lâchait pas le fil de cette attention au souffle qui le maintenait dans la présence sans rien effacer ni occulter. Il sentait l'air l'habiter, le quitter, l'habiter encore, et la sensation de sa propre existence devenait, du coup, de plus en plus forte. Intérieur, extérieur, l'air!... Soudain il se reprit. Est-ce que ceci correspondait vraiment à son expérience? Il observa plus finement. Intérieur? Ah? Et comment? Où trouvait-il cette frontière entre dehors et dedans? Il la chercha. Respirer devenait extrêmement intéressant. Pendant de nombreuses minutes il fit un effort pour suivre complètement le processus apparemment si simple de cette entrée et sortie de l'air.

Une barre vint sur son front. Il se sentit proche d'une révélation qui couperait court à toutes les fausses descriptions qu'il avait jusqu'ici adoptées par paresse et sans les mettre en doute. Elles avaient semblé le comble de l'évidence. L'étaient-elles? Malgré lui il serra les poings et se pencha comme un guetteur vers la respiration suivante. Que se passait-il exactement et où se situait-il, lui, dans tout cela? Était-ce lui qui respirait ou lui qui regardait? Et en quoi le regard était-il dans la respiration? Comment? Lui était-il lié ou était-il indépendant?

Il fit un tel effort que bientôt son attention se fatigua. Son esprit se mit à virevolter vers d'autres questions: « Qu'est-ce que le Bouddha? » se demanda alors Ananda. Ceci graduellement ne fut plus une question formée de mots se trouvant dans sa tête, mais une interrogation de tout le corps. Tantôt cette perplexité était logée plus particulièrement dans son bras, et il sentait qu'il « brûlait », tantôt elle s'échappait dans ses épaules ou dans sa gorge, y formant des nœuds douloureux, puis elle se solidifiait dans son ventre où elle rencontrait d'informulables obstacles et des contradictions. Chaque fois que la question fuyait ainsi devant des impossibilités sans nom, Ananda avait les tempes qui battaient. Il se sentait pris de vertiges et de haut-le-cœur. Apparemment la réponse bouleversait tellement les idées reçues que toute la chair qui leur servait de support se révoltait. Ananda découvrait à sa grande surprise que les convictions intellectuelles ne sont pas cantonnées exclusivement dans le front, ainsi qu'on pourrait le croire. Le corps et le mental étant interdépendants, il se pouvait très bien que la conviction « la terre est plate » fût cantonnée dans l'estomac. Il se souvint de l'histoire qu'il avait entendue jadis, sans y porter foi, d'un homme qui était paralysé d'une jambe tout simplement parce qu'il y avait gardé enfermé le coup de pied qu'il voulait décocher à un voisin. Il comprit qu'il en était arrivé à ce stade où les problèmes sont devenus si profonds qu'ils se posent, non plus verbalement, mais physiquement. Il lui sembla que sa poitrine proposait une solution — qui n'était qu'une sensation — mais que cette solution était écartée par la peur logée dans son plexus solaire qui répondait NON, définitivement. NON.

Ananda n'était plus qu'une question.

Au milieu de cette lutte qui l'épuisait et tout en restant conscient de ce que la fatigue et toutes les forces d'inertie de son être habituel allaient lui offrir de tentations comme « Il faut abandonner, cela n'a aucun sens » ou « tu vas prendre froid, il vaudrait mieux dormir », il continua à compter ses respirations. À nouveau le problème s'échappa et ce furent mille souvenirs qui affluèrent en désordre. Il vit le Bouddha qui buvait de l'eau dans ses mains puis l'éclaboussait en riant : « Tu es trop sérieux, Ananda ! » Le Bouddha mangeant des lentilles ! Le Bouddha ajustant sa robe orange et passant ses doigts dans les trous d'usure ! Le Bouddha vêtu comme un prince avec une étole de soie qu'on lui avait offerte ! Le Bouddha redonnant une robe à un autre moine ! Le Bouddha sévère ayant passé la nuit assis ! Le Bouddha moqueur ! Le Bouddha des larmes plein les yeux au spectacle d'une misère !... Comment pouvait-il à la fois pleurer et être inébranlable? Ému mais sans une once de fragilité? Toutes ces scènes défilèrent avec incohérence, mais comme si l'esprit d'Ananda, livré à sa fantaisie, avait su mieux que lui où il allait et vers quel souvenir brûlant... Le Bouddha jeune... le Bouddha vieux... le visage du Bouddha mort... la cérémonie d'incinération de son corps!

À cette image qu'il avait refusé de voir sans doute mille fois depuis trois ans, saisi de plein fouet par l'aiguillon d'une douleur inattendue cachée au milieu de toutes ces scènes charmantes, Ananda s'écria: «Il est MORT!» La puissance de ce deuil, qu'il croyait pourtant avoir totalement vécu, le frappa d'une façon nouvelle. Il se sentit comme un tissu qu'on déchire en deux. Chaque fibre de son être criait!... Et ce tissu qui n'en finissait pas d'être déchiré et qui était Ananda faisait un bruit horrible, qui remplissait l'univers de révolte et d'horreur.

Ananda s'écroula sur le sol. C'en était trop! Il pleura tant et tant qu'il finit par s'endormir sur le sol glacé.

Vers le milieu de la nuit Ananda se réveilla brusquement. Il se sentait merveilleusement bien. Il faisait nuit noire. Un merle chantait. Sa voix était liquide et claire comme du cristal. Elle faisait naître le silence autour d'elle. En l'entendant, c'était le vide des espaces qu'elle avait traversés qu'on entendait, et c'était ce vide qui s'exprimait. Elle ne jaillissait de rien, la pureté de l'espace était sa matrice. Ananda n'eut pas le temps de comprendre, il fut saisi. Toutes les facultés de son être se suspendirent, en arrêt. Il n'avait jamais écouté ainsi, jamais rien entendu de tel! À chaque note qui s'élançait il se disait: «Oui, oui, c'est bien cela! Ah, comment peux-tu savoir de telles choses?» L'oiseau exprimait si parfaitement ce qu'il ressentait qu'il était lui-même devenu oiseau et chantait. Il chantait toute sa douleur mais elle ne faisait plus mal, toute son angoisse d'homme, mais elle était devenue jubilation, motif à rendre gloire. Ananda était en extase. Il n'aurait pu dire ce qui lui avait été révélé. C'était une sensation de bien-être et de légèreté par tout le corps, une évidence de joie. Longtemps Ananda écouta l'oiseau et il entendit les arbres bruisser. Il vit les étoiles pâlir sur l'immense dais du ciel, et l'aube se lever...

Au petit matin Gopal apparut. Il apportait un bol de riz chaud.

— Alors, tu n'as pas eu froid dans cette solitude ?

— Dans cette solitude ? dit Ananda.

— Eh bien oui, quoi ! Gopal dévisagea son ami d'un air intrigué.

— Je n'étais pas seul, dit Ananda.

— Toi, tu m'as l'air de quelqu'un qui prépare une bonne farce... Mais remarque, j'aime mieux te voir ainsi. Les membres de la communauté se sont inquiétés de toi. Ils ont demandé : « Où est Ananda ? » J'ai répondu : « Il a besoin d'être un peu seul, il médite. »

— Il médite avec le Bouddha, dit Ananda.

Gopal posa le bol sur le sol. Il se demandait si son ami n'avait pas l'esprit dérangé. Il se racla la gorge :

— Tu as été visité par des revenants ?

Ananda éclata de rire.

— Tu veux dire par des visions grotesques fabriquées par mon esprit, par des résidus mentaux soudain libérés ? Certes, certes ! Tout le passé a défilé. J'ai cru voir le Bouddha vingt fois, comme il était jadis. J'ai touché le noyau central de mes peurs et de ma douleur comme on toucherait un objet matériel, et ceci encore m'a donné des hallucinations. Mais toujours, j'ai compté, compté mes respirations, et tous ces phénomènes transitoires, arrivés à leur paroxysme, se sont soudain décrochés de moi. Pouf ! Comme des bagages qui tombent sur le sol ! Comme des orages qui s'évanouissent !

— Le Bouddha t'est apparu ?

Ananda hésita. Il prit un caillou dans sa main et le regarda d'un air songeur. Un sourire moqueur vint sur ses lèvres.

— Alors ?

— Tu vois cette petite pierre, dit-il, eh bien cette nuit, au comble de la souffrance, je me suis endormi, peut-être seulement quelques secondes, comment savoir ? J'étais épuisé.

Mon intelligence avait atteint les limites de l'horreur. Il n'y avait plus rien au monde que de l'absurdité... Quand je me suis réveillé, le Bouddha me tenait, ainsi, dans sa main. J'étais blotti en sécurité dans son amour, et il était dans moi. Comprends-tu ?

— Oui, je comprends, mais je n'ai jamais eu cette sensation, alors autant dire que je ne comprends pas vraiment...

— Et ce n'était même pas encore cela ! La main était le Bouddha et le caillou Ananda, puis le caillou était le Bouddha et la main Ananda ! Si bien que le Bouddha jouait avec lui-même en étant tantôt l'un, tantôt l'autre sans jamais oublier qu'il était les deux. Comprends-tu cette fois ?

— Encore moins.

— Tu avais raison, mon Bouddha était minuscule ! Je croyais l'aimer, je n'aimais qu'une ombre. J'ignorais qui il était... Le Bouddha que j'aimais n'était pas là quand il était ailleurs. Il était soumis à aujourd'hui, hier, demain. Il ne transcendait ni l'espace, ni le temps.

— Et maintenant ?

— Maintenant, le Bouddha est toujours avec moi. Le Bouddha c'est ce qu'il y a derrière le Bouddha. Il m'est plus intime que moi-même. D'instant en instant, je sors de lui et il sort de moi.

— Tu veux dire qu'il est ce qui est au plus profond de ta substance ?

— Cela même n'est pas encore assez profond. Car le Bouddha est là avant même que la substance ne soit de la substance, avant même que les sensations ne soient des sensations, et les mots des mots. Le Bouddha c'est ce qui est derrière le Bouddha, ce qui est derrière Ananda ! Mais ce qui est derrière, c'est aussi ce qui est devant ! Le plus profond, c'est aussi ce qui est à la surface ! Le Bouddha c'est le Bouddha avec ses bras, ses jambes ! Le Bouddha c'est... le stupide Ananda...

— Hé là, tu es sûr que tu n'es pas devenu fou ?

— Fou ! Oh non ! car ceci n'est pas une déduction, pas une conviction apprise par cœur, c'est une sensation qui habite tout le corps. C'est ce que je vois à chaque instant et ça me crève les yeux. Fou ! Mais c'est avant que je l'étais, songe à la marionnette à laquelle je rendais hommage ! Ah, comme le maître a été patient avec moi ! Comme il m'a aimé ! Comme ses reproches étaient tendres ! Comme mon amour à moi était petit ! Fragile ! Prêt à se transformer en haine à la moindre occasion ! Maintenant cet amour habite l'univers, et jamais nul ne pourra plus séparer le Bouddha d'Ananda ! Jamais la mort ne nous détruira ! Ananda tient le Bouddha dans la paume de sa main comme une pierre précieuse. Il la cache, il la protège. Le Bouddha tient Ananda dans la paume de sa main comme une pierre précieuse, il le cache, il le protège. Cachée, mais offerte, cette pierre précieuse illumine tous les quartiers de l'univers et les pénètre !

De ce jour Ananda ne manifesta plus la moindre réticence à réciter les sutras du maître. Il voulait collaborer de toutes ses forces à la préservation de ses paroles. Shubbuti et Mahakashyapa, les disciples principaux, le trouvaient changé, mais ils n'auraient su dire en quoi. Finalement ils allèrent le trouver, pleins de soupçons :

— Tu récites fort bien, Ananda, depuis quelque temps, bien que ta mémoire ait toujours été excellente. Nous voulions te demander quel était à ton avis le plus grand enseignement du Bouddha ? Comment résumerais-tu sa doctrine ?

— Facile ! dit Ananda.

Allait-il se mettre à déclamer les quatre nobles vérités, l'octuple sentier, ou le principe des douze nidanas et de la production conditionnée ? Shubbuti et Mahakashyapa se le demandaient. Tout cela était assez ardu. Ananda s'assit gravement et se prépara de la façon solennelle qui était la sienne pour ces sortes d'exposés. Son visage exprimait depuis une date récente cette paix moqueuse qui faisait qu'on se retournait sur son passage en croyant avoir reconnu le Bouddha. Quand il parlait, la ressemblance devenait hallucinante.

— Nous t'écoutons ! dirent les deux disciples, résignés à un sermon dans les règles qui risquait d'être fort long...

Ananda arrondit sa bouche.

Il se mit à siffler.

Shubbuti et Mahakashyapa n'en crurent pas leurs oreilles. Oui. C'était bien un merle!

Entendant cela, tous deux s'inclinèrent. Il avait atteint la grande illumination.

TABLE

« SPIRITUALITÉS VIVANTES »

Collection fondée par Jean Herbert

au format de poche

1. *La Bhagavad-Gitâ,* de Shrî AUROBINDO.
2. *Le Guide du Yoga,* de Shrî AUROBINDO.
3. *Les Yogas pratiques (Karma, Bhakti Râja),* de Swâmi VIVEKÂNANDA.
4. *La Pratique de la méditation,* de Swâmi SIVANANDA SARASVATI.
5. *Lettres à l'Ashram,* de GANDHI.
6. *Sâdhanâ,* de Rabindranâth TAGORE.
7. *Trois Upanishads (Ishâ, Kena, Mundaka),* de Shrî AUROBINDO.
8. *Spiritualité hindoue,* de Jean HERBERT.
9. *Essais sur le Bouddhisme Zen,* première série, de Daisetz Teitaro SUZUKI.
10. — *Id.,* deuxième série.
11. — *Id.,* troisième série.
12. *Jnâna-Yoga,* de Swâmi VIVEKÂNANDA.
13. *L'enseignement de Râmakrishna,* paroles groupées et annotées par Jean HERBERT.
14. *La Vie divine,* tome I, de Shrî AUROBINDO.
15. — *Id.,* tome II.
16. — *Id.,* tome III.
17. — *Id.* tome IV.
18. *Carnet de pèlerinage,* de Swâmi RÂMDAS.
19. *La Sagesse des Prophètes,* de Muhyi'd'dîn IBN'ARABÎ.
20. *Le Chemin des Nuages blancs,* de Lama ANAGARIKA GOVINDA.
21. *Les Fondements de la mystique tibétaine,* de Lama ANAGARIKA GOVINDA.
22. *De la Grèce à l'Inde,* de Shrî AUROBINDO.
23. *La Mythologie hindoue, son message,* de Jean HERBERT.
24. *L'Enseignement de Mâ Ananda Moyî,* traduit par Josette HERBERT.

Nouvelles séries dirigées par
Marc de Smedt

25. *La Pratique du Zen,* de Taisen DESHIMARU.
26. *Bardo-Thödol. Le Livre tibétain des morts,* présenté par Lama ANAGARIKA GOVINDA.
27. *Macumba. Forces noires du Brésil,* de Serge BRAMLY.
28. *Carlos Castaneda. Ombres et lumières,* présenté par Daniel C. NOËL.
29. *Ashrams. Grands Maîtres de l'Inde,* d'Arnaud DESJARDINS.
30. *L'Aube du Tantra,* de Chogyam TRUNGPA et H.V. GUENTHER.
31. *Yi King,* adapté par Sam REIFLER.
32. *La Voie de la perfection, l'enseignement secret d'un maître kurde en Iran,* de BAHRÂM ELÂHI.
33. *Le Fou divin. Drukpa Kunley, yogi tantrique du XVIe.* Traduction de D. DUSSAUSSOY.
34. *Santana, une expérience de vie auprès de Maître Goenka en Inde,* de Dominique GODRÈCHE.
35. *Dialogues avec Lanza del Vasto,* par René DOUMERC.

36. *Techniques de méditation et pratiques d'éveil,* de Marc de SMEDT.
37. *Le Livre des secrets,* de BHAGWAN SHREE RAJNEESH.
38. *Zen et arts martiaux,* de Taisen DESHIMARU.
39. *Traité des Cinq Roues (Gorin-no-Sho),* de Miyamato MUSASHI.
40. *La Vie dans la vie. Pratique de la philosophie du Sâmkhya d'après l'enseignement de Shrî Anirvân,* de Lizelle REYMOND.
41. *Satori. Dix ans d'expérience avec un Maître Zen,* de Jacques BROSSE.
42. *Discours et sermons,* de HOUEÏ-NÊNG, traduits par Lucien HOULNÉ.
43. *Tao Te King,* de Lao TSEU.
44. *Questions à un Maître Zen,* de Taisen DESHIMARU.
45. *Les Contes des arts martiaux,* recueillis par Pascal FAULIOT et présentés par Michel RANDOM.
46. *Essais sur les mystiques orientales,* de Daniel ODIER et Marc de SMEDT.
47. *Zen et vie quotidienne,* de Taisen DESHIMARU.
48. *Le Désert intérieur,* de Marie-Madeleine DAVY.
49. *La Sagesse de l'éveil,* textes présentés par Marc de SMEDT.
50. *L'Esprit guide, entretiens avec Karlfried Durckheim,* par Frantz WOERLY.
51. *Les Appeleurs d'âmes. L'Univers chamanique des Indiens des Andes,* de Sabine HARGOUS.
52. *Le Chemin de la Lumière, la Voie de Nur Ali Elâhi* par BAHRÂM ELÂHI.
53. *L'Art de la réalisation,* de CHANDRA SWAMI.
54. *Le Trésor du Zen,* de Maître DOGEN, traduit et commenté par Taisen DESHIMARU.
55. *Aphorismes,* de TCHOUANG TSEU, présentés par Marc de SMEDT.
56. *L'Esprit caché de la liberté,* de Lama Tarthang TULKOU.
57. *Métanoia. Phénomènes physiques du mysticisme,* d'Aimé MICHEL.
58. *L'Enseignement de Ramana Maharshi,* traduit par A. DUPUIS, A. PERRELI et J. HERBERT.
59. *Le bol et le bâton,* cent vingt contes Zen raconté par Maître Taisen DESHIMARU.
60. *Traité de l'amour,* d'IBN'ARABÎ, introduction, traduction de l'arabe et notes de Maurice GLOTON.
61. *L'Évangile de Thomas,* traduit et commenté par Jean-Yves LELOUP.
62. *L'Enseignement du Dalaï-Lama,* de Tenzin GYATSO, traduit par G. TULKU, G. DREYFUS et A. ANSERMET.
63. *La Montagne vide, anthologie de la poésie chinoise,* traduction de Patrick CARRÉ et Zéno BIANU.
64. *Mystères de la sagesse immobile,* de Maître TAKUAN, traduction et présentation de Maryse et Masumi SHIBATA.
65. *La Sagesse du désert, aphorisme des Pères du désert,* de Thomas MERTON, traduction de Marie TADIÉ.
66. *La Pratique du yoga intégral,* de Shrî AUROBINDO, textes groupés, traduits et préfacés par Jean HERBERT.
67. *L'Autre Rive,* textes fondamentaux du Zen commentés par Maître Taisen DESHIMARU. Présentation par Evelyne de SMEDT.
68. *Méditation et santé selon les traditions et médecines chinoises,* de Gérard EDDE.
69. *Métaphysique et psychologie,* de Shrî AUROBINDO.
70. *Le Mesnevi. 150 contes soufis,* de DJALÂL' AL-DÎN RÛMÎ.
71. *Initiation et sagesse des contes de fées,* de Dennis BOYES.
72. *Le Livre des Morts égyptiens,* par Fernand SCHWARZ.

Cet ouvrage
composé par Comp'Infor
à Saint-Quentin
a été imprimé par
l'Imprimerie Pollina, à Luçon
pour les Éditions Albin Michel

Achevé d'imprimer en juillet 1988
N° édition 10328. N° d'impression 10402
Dépôt légal, août 1988